中国
专利案例精读

罗东川 主编

2013年·北京

编 委 会

主　编

罗东川　最高人民法院政治部副主任、一级高级法官、教授

编　委

姜　颖　张晓津

执行编辑

丁文严

撰稿人

罗东川　陈文煊　佟　姝　焦　彦　许　波　石必胜

姜　颖　周云川　张晓都　张晓津　刘　莉　李燕蓉

周晓冰　韩羽枫　丁文严　刘晓军　吕　娜　孙海龙

姚建军　姚兵兵

致 谢

感谢北京市高级人民法院知识产权庭陈锦川法官、张雪松法官在《中国专利案例精读》的编写过程中在收集案例、研究案例问题等方面给予的大力支持帮助!

目 录

中国专利制度概述

一、中国专利制度的发展 /3
 （一）清末的专利制度（19 世纪末—1911 年） /3
 （二）民国时期的专利制度（1911—1949 年） /3
 （三）建国后中国的专利制度（1949 年至今） /4

二、中国专利制度的两大特色 /9
 （一）行政执法与司法保护的"双轨制" /9
 （二）民事侵权争议与权利有效性审查程序分立的
   "双轨制" /11

三、中国专利制度的行政执法和司法体系 /16
 （一）行政管理（执法）体系 /16
 （二）司法审判体系 /18

四、专利侵权救济程序 /24
 （一）行政执法程序 /24
 （二）司法程序 /28

目 录

专利无效行政纠纷案例

1. 专利权利要求和说明书中"笔误"的判断 /49
   ——韩元牧请求宣告日本三菱树脂株式会社"氧化铝纤维聚集体及其制造方法"发明专利权无效行政纠纷案

2. 外观设计的相近似性判断及如何在专利行政案件中正确提交和使用证据 /61
   ——盐城中威客车有限公司请求宣告德国尼欧普兰汽车有限公司"车"外观设计专利权无效行政纠纷案

3. 专利权人对专利文件的修改实质上改变了原技术方案构成修改超范围 /81
   ——刘永森请求宣告唐亚伟"一种计算机汉字输入专用键盘及其汉字输入方法"发明专利权无效行政纠纷案

4. 权利要求清楚及其与权利要求得到说明书支持的关系 /91
   ——吴慧瑛请求宣告安德鲁公司"天线控制系统"发明专利权无效行政纠纷案

5. 权利要求是否清楚、是否得到说明书的支持及新颖性、创造性的判断 /101
   ——微软(中国)有限公司请求宣告郑珑"字根编码输入法及其设备"发明专利权无效行政诉讼纠纷案

目 录

6. 客观技术问题的认定影响专利创造性的判断　　　／114
    ——江苏豪森药业股份有限公司请求宣告伊莱利利公司"N—(吡咯并[2,3—d]嘧啶—3—基酰基)—谷氨酸衍生物的制备方法"发明专利权无效行政纠纷案

7. 创造性判定中"事后诸葛亮"的避免　　　／127
    ——成都天成碳一化工有限公司请求宣告四川天一科技股份有限公司"用甲醇生产二甲醚的方法"发明专利权无效行政纠纷案

侵犯专利权纠纷案例

8. 专利权利要求中技术术语的解释　　　／141
    ——(德国)许茨工厂公司诉上海山海包装容器有限公司侵犯发明专利权纠纷案

9. 专利权利要求的区别解释原则　　　／148
    ——豪登集团有限公司诉上海科盛电力科技有限公司侵犯发明专利权纠纷案

10. 等同原则在专利侵权判定中的适用　　　／159
    ——北京英特莱摩根热陶瓷纺织有限公司诉北京德源快捷门窗厂侵犯发明专利权纠纷案

目 录

11. 功能性技术特征的认定及侵权判定　　　　　　　　／172
　　——胡贝尔和茹纳股份公司诉常州市武进凤市通信设备有限公司侵犯发明专利权纠纷案

12. 外观设计相同及相近似判断中的整体观察与综合判定原则　／190
　　——钧仕事务顾问有限公司诉广州市兆汇婴儿用品有限公司等侵犯外观设计专利权纠纷案

13. 外观设计专利的侵权判断标准　　　　　　　　　　／205
　　——（西班牙）车辆座位制造工业公司诉金龙联合汽车工业（苏州）有限公司、北京金通宝龙汽车销售有限公司侵犯外观设计专利权纠纷案

14. 专利侵权诉讼中的现有技术抗辩　　　　　　　　　／221
　　——科勒公司诉贝朗（上海）卫浴设备有限公司等侵犯发明专利权纠纷案

15. 在先专利说明书公开的非专利技术方案构成现有技术　／236
　　——徐炎、北京东方京宁建材科技有限公司诉北京锐创伟业房地产开发有限公司、北京锐创伟业科技发展有限公司等侵犯实用新型专利权纠纷案

16. 为药品注册审批目的使用专利方法不构成侵权　　　／253
　　——（日本）三共株式会社、上海三共制药有限公司诉北京万生药业有限责任公司侵犯发明专利权纠纷案

17. 侵犯专利权案件中制造、销售主体的确定　　　　　／263
　　——（美国）摩托罗拉公司诉付莲华、北京中天神州通讯市场有限公司等侵犯外观设计专利权纠纷案

目 录

18. 故意制造销售专门用于专利产品的关键部件构成共同侵权 /272
——深圳市捷顺科技实业股份有限公司诉浙江省东阳市冠科建筑智能工程有限公司等五被告侵犯外观设计专利权纠纷案

19. 专利权人不当行使权利造成被告损失应承担损害赔偿责任 /283
——袁利中诉扬中市通发气动阀门执行器厂、扬中市通发实业有限公司侵犯专利权案及扬中市通发实业有限公司诉袁利中损害赔偿案

20. 诉前禁令在进口专利产品侵权行为中的法律适用 /295
——炬力集成电路设计有限公司申请（美国）矽玛特有限公司（SIGMATEL INC.）、东莞市歌美电子科技有限公司、黄忠达诉前停止侵犯专利权纠纷案

后 记 /307

中国专利制度概述

中国专利制度概述

一、中国专利制度的发展

（一）清末的专利制度（19世纪末—1911年）

中国近现代意义的专利制度始于清朝末年。鸦片战争之后，西方的专利思想随着其他外来文明一道开始传入中国。太平天国运动的代表人物之一洪仁玕在其于1859年所提出的施政纲领《资政新编》中，第一次提出应当效仿西方国家建立专利制度[①]，并将英文"Patent"这一对于中国人来说陌生的词汇翻译为中文"专其利"，成为中文"专利"一词的词源。

1898年，清朝光绪皇帝接受了维新思想，开始了"戊戌变法"的政治变革，并于同年7月12日，以总理衙门的名义颁布了《振兴工艺给奖章程》，这是中国历史上第一个与专利有关的法律文件。然而，该章程颁布仅两个月，"百日维新"就被慈禧太后发动的政变终结，该章程也被废除。至1911年辛亥革命推翻清王朝的统治之前，清政府虽然于1904年、1911年分别颁布了有关商标权、著作权的《商标注册试办章程》、《大清著作权律》等法律文件，但由于清政府对于专利制度后果的疑虑，未再出台有关专利方面的法律制度。

（二）民国时期的专利制度（1911—1949年）

1911年辛亥革命之后，产生了孙中山领导的国民政府（1912—1914年）、北洋军阀（1914—1927年）、蒋介石领导的南京国民政府（1927—1949年）。民国政府工商部于1912年颁布了《奖励工艺品暂行章程》，1923年农商部颁布了《暂行工艺品奖励章程》，1928年颁布了《奖励工艺品暂行条例》，1932年颁布了《奖励工业技术暂行条例》。这些章程或条例规定了专利的申请、奖励或者保护。但

[①] 徐海燕："中国近代专利制度萌芽的过程"，载《科学研究》2010年第9期，第1295页。

从1912年颁布《奖励工艺品暂行章程》到1944年的32年间，民国政府总共授予了692件专利，平均每年只授予了20余件专利[①]。鉴于当时的历史条件及社会发展水平，专利制度的作用有限。

1944年5月29日，民国政府主席蒋介石和立法院院长孙科联名颁布了中华民国《专利法》，这是中国历史上颁布的第一部专利法，共133条。该法规定可获得授权的专利种类包括发明、实用新型和新式样，保护期限分别为15年、10年和5年，规定了"先申请原则"，规定了专利的审查和异议程序，规定了专利授权条件包括新颖性、创造性和实用性，规定了专利权的效力和侵犯专利权的法律责任，允许外国人在中国申请专利。由此可见，这是一部现代意义上的《专利法》。但由于历史原因，该《专利法》及其后于1947年颁布的《施行细则》在中国大陆没有真正予以实施，只是从1949年1月1日起在中国台湾地区施行。

（三）建国后中国的专利制度（1949年至今）

1. 改革开放以前的专利制度

1949年中华人民共和国成立之后，民国政府颁布的法律制度在中国大陆地区被废除。政务院于1950年8月11日颁布了《保障发明权与专利权暂行条例》，该条例主要规定了发明人申请专利的条件、程序、可以授权的发明客体、保护期限、居住在中国的外国人可以申请获得专利权等内容。同年10月，政务院财政经济委员会颁布了实施细则。但是，从1953年至1957年间，仅发放了6件发明证书、4件专利证书，此后，这项工作就停顿下来。1963年，国务院颁布了《发明奖励条例》和《技术改进条例》，取代了上述暂行条

[①] 赵元果：《中国专利制度的孕育与诞生》，知识产权出版社2003年版，第7—8页。

例，取消了专利制度，实行单一的发明奖励制度。因此，从1949年至1985年现行《专利法》正式施行之前，在国家实行计划经济的背景之下，发明创造只被视为国家指令性计划下发明人对国家的贡献，并由国家予以荣誉表彰和物质奖励，而主要不是作为一项私有权利予以保护。

2. 改革开放以后专利制度的发展

（1）现行《专利法》的制定

1978年12月中国共产党召开了十一届三中全会，揭开了"改革开放"的序幕。邓小平同志提出了"四个现代化，关键是科学技术的现代化"、"科学技术是第一生产力"等重要论述。原国家科学技术委员会于1979年3月19日组建了专利法起草小组。1980年1月中国专利局正式成立。在制定专利法的过程中，对是否应当在中国引进与西方类似的专利制度存在激烈的争论，致使专利法草案迟迟未获得通过。在此过程中，邓小平同志提出了"专利法以早通过为好"的意见。1984年4月12日，全国人民代表大会常务委员会表决通过了历时5年、历经25稿的专利法草案，即现行《中华人民共和国专利法》[①]（以下简称《专利法》），该法自1985年4月1日正式施行。1985年1月19日，国务院批准了《中华人民共和国专利法实施细则》（以下简称《专利法实施细则》），由专利局同日予以公布，与《专利法》同日施行。与其他知识产权法律制度相比，专利制度的建立走在了前列，略晚于《商标法》（1982年），早于《著作权法》（1990年）以及《反不正当竞争法》（1993年）等。

1984年《专利法》及《专利法实施细则》的颁布施行，标志着中国全面建立了现代的、与国际接轨的专利制度。根据《专利法》

---

① 本文所引用的法律名称，凡第一次出现均为全称，之后均为简称。

的规定,中国的专利权包括发明、实用新型、外观设计三种专利权,保护期限分别为自申请日之日起15年、5年、5年(实用新型和外观设计专利权可续展3年),采取"先申请原则"以及早期公布、请求审查制原则,对发明采取实质审查、对实用新型和外观设计采取初步审查、不进行实质审查,对专利权的保护实行司法和行政双轨制原则,严格履行加入《巴黎公约》所应当承担的国民待遇、优先权、专利独立三大原则。上述这些基本制度一直延续至今。同时,鉴于当时特定的社会历史条件,1984年《专利法》在保护客体方面作了一定的限制,规定对药品、用化学方法获得的物质、食品和调味品不授予专利权,在产权制度方面区分"所有"和"持有",规定全民所有制单位的专利权归单位"持有",并规定了公告之后经异议程序之后再授予专利权的制度。

(2)《专利法》三次修改的主要内容

自1984年颁布以来,中国《专利法》于1992年、2000年、2008年历经了三次修改,虽然条文数量变化不大,从69条增加到76条,但实质内容发生了一些重大变化。

《专利法》进行第一次修改是中美知识产权谈判的直接结果。1990年中国与美国展开了有关知识产权的深入谈判,并最终达成了《中美关于保护知识产权的谅解备忘录》,该协议对中国知识产权制度影响深远。全国人民代表大会常务委员会于1992年9月4日审议通过了《专利法》修正案,修正案还使中国《专利法》前瞻性地与当时已经基本成型的TRIPS协议一致,因此修正案既反映了中美知识产权谈判的成果,也反映了正在谈判过程中的TRIPS协议的精神。这次修改的内容主要有:允许对化学物质、药品、食品、饮料和调味品专利申请授权;增加了专利权的进口权能;增加了使用、销售依照专利方法直接获得的产品构成侵权的规定,也即将方法专利的保护范围延及产品；延长专利权的保护范围，规定发明专利的保护期为20年，实用新型和外观设计专利权为10年，均自申请日起计算；新增加了强制许可的规定；取消授权前的异议程序，改为授权之后的撤销程序。

《专利法》第二次修改是中国为适应加入WTO的需要对《专利法》进行的修改。2001年中国正式加入WTO。为了与WTO规则协调一致，全国人民代表大会常务委员会于2000年8月25日对《专利法》进行了第二次修改，这次修改的主要内容有：将发明、实用新型专利权的权能扩大至许诺销售（与之相比外观设计专利权未作变化）；以全面的"司法终局"取代部分"行政终局"的做法，规定对专利复审委员会就实用新型或者外观设计专利申请或者专利权作出的复审请求审查决定、无效宣告请求审查决定不服的，当事人均可以向人民法院提起诉讼（原规定只有涉及发明专利申请或者专利权的行政决定才可以提起诉讼）；将全民所有制单位专利权的归属由"持有"与其他权利主体一致统一为"所有"；取消专利授权之后的撤销程序，简化为仅保留无效宣告请求程序；规定了国家知识产权局有权依权利人的申请作出实用新型检索报告，以缓解实用新型专利权未经实质审查权利效力不稳定的问题。

为了适应新时期创新型国家建设战略的需求，全国人民代表大会常务委员会于2008年12月27日通过了《专利法》第三次修正案。此次修改的主要内容有：增加了保护国内遗传资源的规定；进一步明确了在中国的发明创造在国外申请的保密审查；外观设计专利权增加了许诺销售权能；改"相对新颖性"为"绝对新颖性"，即规定无论出版物、还是以使用或者其他方式公开，均采用全球标准（原规定仅就出版物公开采取全球标准，使用或者其他公开方式采取国内标准）；对外观设计专利权作了较大调整，如明确规定了与现有设计或者现有设计组合的"明显区别"的授权标准、对平面印刷品不再授予外观设计专利权、明确要求外观设计专利申请的图片或者照片应当清楚、增加了多项相似外观设计可以一件申请提出等；修改了强制许可的规定，使之与 TRIPS 议定书的内容相一致；将"假冒他人专利"和"冒充专利"合并为"假冒专利"，并加大了行政处罚力度；明确了现有技术和现有设计抗辩原则；允许平行进口；增加规定了不视为侵犯专利权的 BOLAR 例外等。

与上述三次《专利法》的修改相适应，《专利法实施细则》也在《专利法》修改后进行了三次相应的修改。

总的来说，中国《专利法》历次修改所涉及的条文内容与整部法律相比并不多，但内容却十分重要，总体呈现出对授权客体逐步扩大、对专利权逐步加强保护、与国际保持一致的趋势。前两次修改明显地体现出国外因素，其直接动因在于中国在签署了有关双边、多边国际条约之后履行国际义务的需要，修改内容主要反映了国际谈判、国际条约对中国的要求，同时对一些不适应时代发展的内容作了修改。而第三次修改则主要体现出国内发展的需求。从某种意义上说，《专利法》的修改深刻地反映了中国专利制度的发展逐步由"外部力量被动推动型"向"内部需求自发推动型"方向演变的过程。

近年来，随着中国专利制度的不断完善以及研发能力的不断提高，专利申请、授权量呈现出大幅增长的态势。据统计，1985—2005年21年间，中国共计受理专利申请2743179件，授权1468776件，而2010年仅一年间，受理专利申请量和授权量则达到了1222286件和814825件[①]。

[①] 国家知识产权局：《中国知识产权统计年报》，知识产权出版社2011年版，第3、18页。

（3）最高人民法院的司法解释

从 1985 年 2 月 16 日最高人民法院颁布《关于开展专利审判工作的几个问题的通知》以来，最高人民法院陆续通过司法解释对侵犯专利权纠纷案件的法律适用问题进行规范。其中，现仍然有效且较为重要的有三部司法解释，分别是 2001 年 6 月 7 日颁布的《关于对诉前停止侵犯专利权行为适用法律问题的若干规定》、2001 年 6 月 22 日颁布的《关于审理专利纠纷案件适用法律问题的若干规定》、2009 年 12 月 28 日颁布的《最高人民法院关于审理侵犯专利权纠纷案件应用法律若干问题的解释》。这些司法解释详细规定了专利权保护范围的确定、侵权判定的"全面覆盖原则"（即"全部要素原则"）、等同原则、禁止反悔原则、捐献原则以及侵权诉讼程序、民事责任的承担、损害赔偿的计算等内容。

最高人民法院颁布的司法解释与《专利法》、《专利法实施细则》等法律法规构成了中国专利制度的主要法律渊源。

二、中国专利制度的两大特色

中国专利制度是在借鉴吸收西方发达国家经验的基础上建立和发展起来的，其中，德国、日本、美国的制度对中国的影响较大。然而，与这些国家相比，中国专利制度也有自身的特色，突出表现在两个方面。

（一）行政执法与司法保护的"双轨制"

《专利法》第六十条规定，侵犯专利权的，可以协商解决，不愿协商或者协商不成的，专利权人或者利害关系人可以向人民法院起诉，也可以请求管理专利工作的部门处理。管理专利工作的部门处理时，认定侵权行为成立的，可以责令侵权人立即停止侵权行为，当事人不服的，可以自收到处理通知之日起十五日内依照《中华人民共和国行政诉讼法》向人民法院起诉；侵权人期满不起诉又不停止侵权行为的,管理专利工作的部门可以申请人民法院强制执行。进行处理的管理专利工作的部门应当事人的请求,可以就侵犯专利权的赔偿数额进行调解;调解不成的,当事人可以依照《中华人民共和国民事诉讼法》向人民法院起诉。

该条规定了侵权发生后权利人寻求救济的三种途径,当事人自行协商虽然不具有强制效力,但体现了中国一贯重视和倡导"调解"的传统;司法救济和行政救济是具有强制效力的公力救济方式,其中司法救济是世界通行做法,而行政救济是中国专利制度的一大特色。

按照《专利法》第六十条的规定,权利人在寻求救济时,可以选择向人民法院起诉[①],也可以选择向有权管辖的管理专利工作的部门——即地方知识产权局[②]请求处理,这两个程序是平行的关系。

早在1984年《专利法》制定之时,该法第六十条即规定了专利权司法保护和行政保护的"双轨制"。当时立法的背景主要考虑到专利纠纷的专业性较强,相对于较为薄弱的专利司法审判力量,专利管理机关具有一定的专业优势,并且相对于复杂、专业的司法审判程序,专利管理机关的处理程序较为简单、便民,在一些简单的专利侵权纠纷中可以减轻当事人的诉累。根据1984年《专利法》第六十条的规定,专利管理机关不仅有权责令侵权人停止侵权行为,还可以责令侵权人赔偿权利人的损失。到2000年《专利法》第二次修改,鉴于由行政机关确定损害赔偿数额并不符合民事权利保护的基本原则,也有违国际通行的做法,因此仅保留了行政机关责令

[①] 鉴于专利权是私权,该诉讼为依据《民事诉讼法》提起的民事诉讼。
[②] 在中国某些地区未设独立的知识产权局,是由科技局负责知识产权行政管理事务。

停止侵权的权力，取消了其责令赔偿的权力，改为当事人双方自愿的"调解"。

在"双轨制"下，司法保护和行政保护各有其特点。如前所述，司法保护的程序较为繁琐，周期较长，成本较高，而行政保护相对而言具有便捷、低廉的优势。但是，行政保护也有劣势：行政机关的处理决定并非终局决定，无论是权利人一方，还是被控侵权人一方，不服该行政决定均可向法院提起行政诉讼，且行政机关对于赔偿数额无权作出裁决或处理，在协商不成的情况下，权利人仍然不得不寻求法院的民事诉讼救济。此外，由于行政决定作出后，当事人有权提起行政诉讼，同时在行政处理的过程中可能无法达成调解协议，故实践中亦存在针对同一侵权纠纷，行政诉讼与民事诉讼同时进行的情况。实践中，对于争议较大的侵权纠纷而言，权利人在向行政机关提起处理请求之前，往往需要评估行政程序处理完毕之后对方提起后续司法程序的可能性，一旦进入司法程序，则行政保护的时间和成本优势则不复存在，甚至反而可能时限更长、费用更高。因此，在实践中，寻求行政手段保护专利权的权利人相对于寻求司法手段保护专利权的权利人较少，且一般均为事实清楚、法律关系简单、争议不大的纠纷。2010年全国各地区管理专利工作的部门对侵权纠纷的执法共立案1077件，结案712件，同时期全国各地人民法院审结的专利侵权案件为5785件[①]。

(二)民事侵权争议与权利有效性审查程序分立的"双轨制"

按照民法的基本理论，被告均可对民事权利的有效性提出质疑，通常情况下，这种质疑可以在侵权诉讼中作为抗辩提出，例如物权、

[①] 国家知识产权局：《中国知识产权统计年报》，知识产权出版社2011年6月版，第45、182页。

著作权等。在许多国家和地区，被告均可将确权争议作为抗辩或者反诉与原告的本诉在同一程序中提出，受理侵权诉讼的法院也可在同一个案件中就侵权纠纷和确权纠纷一并进行审理。但在中国，受理侵权纠纷的法院不能对涉及专利权的有效性问题作出肯定或者否定的判定，而只能由专利复审委员会以及随后的法院专门程序处理。这就是中国专利制度的另一大特色——民事侵权争议与权利有效性审查程序分立的"双轨制"。

《专利法》第四十五条规定，自国务院专利行政部门公告授予专利权之日起，任何单位或者个人认为该专利权的授予不符合本法有关规定的，可以请求专利复审委员会宣告该专利权无效。第四十六条第二款规定，对专利复审委员会作出的决定不服的，可以自收到通知之日起三个月内向人民法院起诉。上述条文规定了中国专利权的无效制度，也被称之为"专利权效力的集中审查原则"。

从《专利法》第四十五条、第四十六条规定的内容并不能直接推导出只有专利复审委员会有权审查确权纠纷、绝对排除侵权诉讼受理法院审查的结论。民事侵权争议与权利有效性审查程序分立的"双轨制"是由最高人民法院的司法解释确立的。最高人民法院在1984年《专利法》施行之后不久，于1985年2月16日颁布的第一部关于专利审判的司法解释性文件——《关于开展专利审判工作的几个问题的通知》中，明确规定：在专利侵权诉讼过程中，遇有被告反诉专利权无效时，受理专利侵权诉讼的人民法院，应当告知被告按照《专利法》第四十八条和第四十九条的规定办理。在此期间，受理专利侵权诉讼的法院，可根据"民事诉讼法（试行）"第一百一十八条第四项的规定中止诉讼，待专利权有效或无效的问题解决后，再恢复专利侵权诉讼①。虽然该司法解释目前已经失效，但其确立的规则被一直延续至今，并在随后的批复中被重申。如最高人民法院知识产权审判庭《关于不属于外观设计专利的保护对象、但又授予外观设计专利的产品是否保护的请示的答复》中认为：产品外观设计专利申请是否应当授予专利权，依据《专利法》第四十条和第四十三条的规定，应当由中国专利局或者专利复审委员会审查决定，而不应由人民法院在侵权诉讼中审查决定②。

之所以采用侵权和无效审查的"双轨制"，是因为专利权的效力审查系具有较强技术性和专业性的工作，在专利制度建立之初，全国各地法院的专业人员和审判经验均较为欠缺，由管理专利的专业行政机关进行审查具有法院无可比拟的优势。而发展至今天，行政机关和法院在专业性、技术性上的差距已日益缩小，坚持该原则的合理理由主要体现为审查标准统一的需要，因中国幅员辽阔，各地发展水平参差不齐，专利案件审判经验也具有不同程度的差异，由于中国设置有四级法院，而专利侵权纠纷一般由中级人民法院一审、高级人民法院二审（终审），进入最高人民法院的案件极其有限，如此一来，终审权分属全国不同的高级人民法院，如果在侵权诉讼中同时审理权利有效性的争议，那么极易出现审查标准不一致的情况，而在目前"双轨制"的制度下，全国的无效案件由专利复审委员会统一进行审查，对其作出的行政决定不服的案件，统一由北京市第一中级人民法院一审、北京市高级人民法院二审（终审），这种模式有利于维护执法、司法标准的统一。

中国所施行的民事侵权争议与权利有效性审查程序分立的"双

---

① 该条文所指的"《专利法》"、"《民事诉讼法（试行）》"均指当时生效的法律。
② 1997年2月17日发布，该条文所指的"专利法"指当时生效的法律。

轨制"是彻底的、严格的"双轨制",在实践中逐步发展为"专利权有效性原则",也就是说,即便侵权诉讼受理法院认为原告所主张的专利权具有明显不应当授权的情形,也不能以此为由驳回原告的诉讼请求,更不能判决原告所享有的专利权无效,如果被告因种种原因不向或者不愿向专利复审委员会提出无效宣告审查请求,人民法院只能判决被告的行为构成侵权。最高人民法院很早就意识到"双轨制"存在的弊端,并在上述1985年出台的司法解释中规定了当被告启动无效程序时,受理侵权诉讼的人民法院可以中止诉讼,以避免对不当授权的专利权提供不必要的保护。此后,最高人民法院在1992年、2000年颁布的司法解释中又对中止诉讼制度进行了进一步完善。但是,绝对的"双轨制"仍然存在一些无法克服的缺点。在专利权人的保护方面,实践中有的被告恶意提无效、反复多次提无效,并利用侵权诉讼中的中止程序,故意拖延诉讼,以达到迟延停止侵权、赔偿损失的目的;就被控侵权人的保护方面,面对明显应当无效的专利权,被告无法在同一个程序中提出抗辩,只能到专利复审委员会启动无效程序,还可能面临随后进行的行政诉讼,大大增加了诉讼成本。并且,由于只有发明专利权的授权经过实质审查,实用新型、外观设计专利权的授权只进行形式审查、不进行实质审查,因此实用新型、外观设计专利权的权利稳定性较差,无效的比例较高,也增加了"双轨制"的社会成本。

　　正因如此,社会上也出现了要求废除或者缓和严格的"双轨制"的呼声。就目前而言,在中国,坚持"双轨制"仍然是学术界和司法实务界的主流意见,但在某些特定的方面出现了缓和的迹象。2001年2月最高人民法院颁布的《关于审理专利纠纷案件适用法律问题的若干规定》第九条规定,人民法院受理的侵犯实用新型、外观设计专利权纠纷案件，被告提供的证据足以证明其使用的技术已经公知的，人民法院可以不中止诉讼。虽然该条文没有明确写明"不中止"之后应当如何处理，但字里行间隐含了被告可以以其使用的系公知技术为由提出抗辩。此后，各地的中级人民法院和高级人民法院陆续在审判实践中作出了适用现有技术和现有设计抗辩的判决。在总结司法经验的基础上，2008年《专利法》第三次修改明确增加了对"现有技术和现有设计抗辩"，该法第六十二条规定：在专利侵权纠纷中，被控侵权人有证据证明其实施的技术或者设计属于现有技术或者现有设计的，不构成侵犯专利权。2009年最高人民法院司法解释第十四条对现有技术和现有设计抗辩进行了进一步细化：被诉落入专利权保护范围的全部技术特征，与一项现有技术方案中的相应技术特征相同或者无实质性差异的，人民法院应当认定被诉侵权人实施的技术属于专利法第六十二条规定的现有技术。被诉侵权设计与一个现有设计相同或者无实质性差异的，人民法院应当认定被诉侵权人实施的设计属于专利法第六十二条规定的现有设计。如此一来，如果被告实施的被控侵权技术方案属于现有技术、设计或者其细微的变化，则不需要再比较其与原告专利技术的相同点，即便被控侵权技术方案落入专利权的保护范围，被告也不需要再历经专利无效宣告审查程序，而直接可以在侵权诉讼中主张现有技术抗辩，在抗辩成立的情况下，虽然原告的专利权仍然具备权利效力，但不能向被控侵权行为人主张权利，这将大大节约程序、时间和经济成本。

  在涉及专利权效力的其他方面，如权利要求的内容不清楚、权利要求得不到说明书的支持等，虽然也有提出希望在侵权诉讼中允许被告抗辩的呼声，但在中国目前还不是主流，可以说"双轨制"还是目前坚持的一种做法。

三、中国专利制度的行政执法和司法体系

（一）行政管理（执法）体系

1. 各级知识产权行政管理部门

《专利法》第三条规定：国务院专利行政部门负责管理全国的专利工作；统一受理和审查专利申请，依法授予专利权。省、自治区、直辖市人民政府管理专利工作的部门负责本行政区域内的专利管理工作。《国务院关于机构设置的通知》对国家知识产权局[①]的职能进行了进一步的规定。按照上述规定，国家知识产权局为管理专利行政事务的最高行政机关，各省、自治区、直辖市以及省、自治区下辖的许多地级市均设立了省级和市级知识产权局，个别县级行政区划也设立了知识产权执法机关。在知识产权系统中，国家知识产权局是国务院直属局，下设专利局和专利复审委员会，地方各级知识产权局分别隶属于各级地方政府，上级知识产权局对下级知识产权局在业务上进行指导。各地设立专利管理机关，也是中国与世界上许多国家专利制度相比的一大特色。

从有关规定看，中央及地方知识产权局的职能存在明确的划分。国家知识产权局的主要职能有：负责全国专利工作；下设专利局统一受理和审查专利申请；下设专利复审委员会受理和审理不服驳回复审决定的复审请求、宣告专利权无效的请求；拟定法律、法规草案、拟定实施专利管理工作的政策和制度；指导地方处理、调解侵犯专利权的纠纷案件以及查处假冒他人专利行为和冒充专利行为；统筹协调涉外知识产权谈判、交流和合作事宜；负责专利发展、公开、传播、统计工作；开展普法工作，进行教育和培训；负责行政复议受理和

[①] 实际上，国家知识产权局仅有管理专利事务的行政权力，商标权、著作权分属于国家工商行政管理总局、国家版权局主管。

行政诉讼应诉工作；对专利代理人进行管理。由此，中国对专利申请的受理、审查、授权以及权利有效性审查采取集中统一方式进行，而不是以分散在各省、自治区、直辖市的方式进行。对于地方各级管理专利的知识产权工作部门的职能而言，由各地方有关人民政府制定的规范性文件予以确定，主要是对国家知识产权局职能的地方化，以及负责处理和调解侵犯专利权纠纷案件以及查处假冒他人专利和冒充专利的违法行为。

2. 海关执法体系

除了知识产权局体系，另一个对专利权具有执法权的体系是海关部门。海关负责货物进出口环节的包括专利权在内的知识产权保护。

《中华人民共和国海关法》第四十四条规定：海关依照法律、行政法规的规定，对与进出境货物有关的知识产权实施保护。第九十一条规定：违反本法规定进出口侵犯中华人民共和国法律、行政法规保护的知识产权的货物的，由海关依法没收侵权货物，并处以罚款；构成犯罪的，依法追究刑事责任。上述规定赋予了海关对于侵犯知识产权的进出口货物进行没收、罚款的行政处罚权。2003年12月，在中国加入WTO之后，为达到TRIPS的要求，国务院颁布了《中华人民共和国知识产权海关保护条例》，对海关如何针对知识产权进行行政执法作了详细的规定。进一步明确规定了权利人可以在海关总署对其知识产权进行备案，对于侵犯备案知识产权的进出口货物，海关可以扣留、没收、拍卖或者依法销毁，涉嫌犯罪的，移交公安机关处理。该条例第三条规定，不仅禁止侵犯知识产权货物的进口，而且还禁止侵犯知识产权货物的出口，也即对于出口货物海关也进行知识产权侵权执法，这与TRIPS协议第五十一条仅要求成员国对涉嫌侵权的假冒商标商品或盗版商品的进口采取海关中止放行的程序和措施而言,大大提高了保护力度。

在实践中,由于海关一般对于复杂的专利侵权不具备审查的条件,因此其一般只对设计较为简单的外观设计专利权和技术方案较为简单的发明、实用新型专利权进行甄别,且一般仅就相同侵权作出判断,而复杂的专利权,以及存在差异的、涉及非实质相同的外观设计专利权、等同侵权的发明、实用新型专利权,一般要求权利人提供人民法院有关侵权成立的生效判决或者知识产权局有关侵权成立的行政决定。

(二)司法审判体系

1. 专利行政诉讼

(1)不服专利复审委员会决定的专利复审、无效纠纷

《专利法》第四十一条规定:专利申请人对国务院专利行政部门驳回申请的决定不服的,可以自收到通知之日起三个月内,向专利复审委员会请求复审。专利申请人对专利复审委员会的复审决定不服的,可以自收到通知之日起三个月内向人民法院起诉。第四十六条第二款规定:对专利复审委员会宣告专利权无效或者维持专利权的决定不服的,可以自收到通知之日起三个月内向人民法院起诉。人民法院应当通知无效宣告请求程序的对方当事人作为第三人参加诉讼。专利复审委员会作出的行政决定一共有两类:一是基于专利申请人不服国家知识产权局作出的驳回其专利申请的驳回决定、向专利复审委员会提出的驳回复审申请而作出的驳回复审决定;二是基于任何单位或者个人认为已经授权的专利权不符合授权条件、请求专利复审委员会宣告该专利权无效而作出的无效宣告请求审查决定。对于这两类行政决定不服的,专利申请人、无效请求人或者专利权人均可以向人民法院以专利复审委员会为被告提起行政诉讼,

分别为专利驳回复审行政纠纷和专利无效行政纠纷。在专利无效行政纠纷案件中，人民法院通知无效宣告请求程序的对方当事人作为第三人参加该行政诉讼。

如前所述，1984年《专利法》规定只有对专利复审委员会有关发明专利申请的复审决定、宣告发明专利权无效或者维持发明专利权的决定不服的，才可以提起行政诉讼，而对有关实用新型和外观设计专利申请的复审决定、宣告实用新型和外观设计专利权无效的请求所作出的决定为终局决定。与此相适应，最高人民法院于1985年颁布的《关于开展专利审判工作的几个问题的通知》中规定，关于是否应当授予发明专利权的纠纷案件、关于宣告授予的发明专利权无效或者维持发明专利权的纠纷案件、关于实施强制许可的纠纷案件、关于实施强制许可使用费的纠纷案件实施"集中管辖"，由当时的北京市中级人民法院作为第一审法院、北京市高级人民法院为第二审法院。由于中国的行政诉讼采取二审终审制，故北京市高级人民法院所作出的判决为终审判决。

2000年《专利法》第二次修改时，为适应TRIPS"司法终局"的要求①，取消了实用新型和外观设计专利申请和专利权复审决定、无效宣告决定为最终决定的规定，统一规定均可向人民法院起诉。至此，中国《专利法》全面确立了"司法终局原则"。面对《专利法》的修改，最高人民法院于2002年5月21日作出的《关于专利法、商标法修改后专利、商标相关案件分工问题的批复》重申了"集中管辖"原则，并对法院不同审判庭的内部分工进行了明确：按照

---

① TRIPS第六十二条第五款规定，在知识产权的获得与维持以及有关当事人之间的程序中作出的终局行政决定应当受司法机关或者准司法机关的复审。

行政诉讼法有关规定，此类案件应由北京市高、中级人民法院管辖。对于人民法院受理的涉及专利权的民事诉讼，当事人就同一专利或者商标不服专利复审委员会的无效宣告请求复审决定而提起诉讼的行政案件，由知识产权审判庭审理；不服专利复审委员会的复审决定的其他行政案件，由行政审判庭审理。不过，实践中是否涉及民事纠纷一般有赖于当事人自行主张，案件分工具有一定的偶然性。鉴于1993年北京市中级人民法院改组为北京市第一中级人民法院、北京市第二中级人民法院，北京市高级人民法院依据该批复进一步出台了工作意见①，规定此类案件由北京市第一中级人民法院管辖。基于上述的批复和规定，对于不服专利复审委员会作出的驳回复审决定和没有民事争议的无效宣告请求审查决定而提起的行政诉讼，由北京市第一中级人民法院行政审判庭、北京市高级人民法院行政审判庭分别作为一、二审审判机关，而无效宣告请求程序双方当事人就同一专利权曾经存在民事诉讼、或者正在进行民事诉讼的，专利复审委员会就该专利权作出的无效宣告请求审查决定由北京市第一中级人民法院知识产权审判庭、北京市高级人民法院知识产权审判庭分别作为一、二审审判机关。

随着社会的发展，尽管人民法院不同审判庭之间的做法基本相同，但在具体操作层面上，仍然存在不完全一致的情况。为了更好地统一司法和执法标准，2009年最高人民法院最终统一了此类案件的审判机关，规定今后所有涉及专利复审委员会的行政诉讼均由知

---

① 北京市高级人民法院2002年8月13日《关于执行〈最高人民法院关于专利法、商标法修改后专利、商标相关案件分工问题的批复〉及国际贸易行政案件分工的意见（试行）》。

识产权审判庭审理[①]。这样，以被告专利复审委员会的行政诉讼，由北京市第一中级人民法院、北京市高级人民法院、最高人民法院知识产权审判庭分别作为第一、二审、再审审判机关，有利于推动专利授权、确权司法统一的进程。

（2）不服专利侵权行政处理纠纷

如前所述，中国对专利权的保护实行行政执法与司法保护的"双轨制"。《专利法实施细则》第七十九条规定：专利法和本细则所称管理专利工作的部门，是指由省、自治区、直辖市人民政府以及专利管理工作量大又有实际处理能力的设区的市人民政府设立的管理专利工作的部门。第八十一条规定：当事人请求处理专利侵权纠纷或者调解专利纠纷的，由被请求人所在地或者侵权行为地的管理专利工作的部门管辖。两个以上管理专利工作的部门都有管辖权的专利纠纷，当事人可以向其中一个管理专利工作的部门提出请求；当事人向两个以上有管辖权的管理专利工作的部门提出请求的，由最先受理的管理专利工作的部门管辖。管理专利工作的部门对管辖权发生争议的，由其共同的上级人民政府管理专利工作的部门指定管辖；无共同上级人民政府管理专利工作的部门的，由国务院专利行政部门指定管辖。由上述规定可知，并非任何级别的地方人民政府设立的管理专利工作的部门都有权处理专利权侵权纠纷，只有设区的市以上级别的人民政府设立的管理专利工作的部门才有行政执法

[①] 最高人民法院 2009 年 6 月 26 日《关于专利、商标等授权确权类知识产权行政案件审理分工的规定》第一条：下列一、二审案件由北京市有关中级人民法院、北京市高级人民法院和最高人民法院知识产权审判庭审理：（一）不服国务院专利行政部门专利复审委员会作出的专利复审决定和无效决定的案件……第二条：当事人对于人民法院就第一条所列案件作出的生效判决或者裁定不服，向上级人民法院申请再审的案件，由上级人民法院知识产权审判庭负责再审审查和审理。

权。同样，在专利权的行政执法中，也实施专利侵权判定与效力审查的"双轨制"，地方各级知识产权局也无权就专利权的效力争议进行处理。

对于行政执法机关处理决定不服的，依照《中华人民共和国行政诉讼法》第三十九条的规定，可以在知道作出具体行政行为之日起的三个月内向人民法院提起行政诉讼。1984年《专利法》的有关规定与《行政诉讼法》基本一致，但三个月的起诉期对于专利保护来说明显过长，为了及时保护专利权人利益、防止侵权损害后果的进一步扩大，2000年专利法修改时将三个月的起诉期缩短为现行规定的十五日。同时依照《行政诉讼法》第十四条第（一）项的规定，相关案件由作出行政决定的行政机关所在地的中级人民法院作为一审法院管辖、高级人民法院作为二审法院管辖。

2. 专利民事诉讼

（1）专利民事诉讼的案件类型

最高人民法院2001年司法解释《最高人民法院关于审理专利纠纷案件适用法律问题的若干规定》第一条规定，人民法院受理的专利纠纷案件主要有九类：（1）专利申请权纠纷案件；（2）专利权权属纠纷案件；（3）专利权、专利申请权转让合同纠纷案件；（4）侵犯专利权纠纷案件；（5）假冒他人专利纠纷案件；（6）发明专利申请公布后、专利权授予前使用费纠纷案件；（7）职务发明创造发明人、设计人奖励、报酬纠纷案件；（8）诉前申请停止侵权、财产保全案件；（9）发明人、设计人资格纠纷案件。此外，该司法解释规定了民事侵权纠纷与行政处理相互独立原则，第二十五条规定：人民法院受理的侵犯专利权纠纷案件，已经过管理专利工作的部门作出侵权或者不侵权认定的，人民法院仍应当就当事人的诉讼请求进行全面审查。

中国专利制度概述

2011年2月18日,最高人民法院修改了《民事案件案由规定》,依照修改后的规定,与专利有关的纠纷案件有专利合同纠纷、技术合同纠纷、专利权权属、侵权纠纷、发明权纠纷、确认不侵害专利权纠纷、因申请诉前停止侵害专利权损害责任纠纷、因申请海关知识产权保护措施损害责任纠纷、因恶意提起知识产权诉讼损害责任纠纷、专利权宣告无效后返还费用纠纷。以上案由与2001年司法解释规定的范围基本一致,大体上而言,可归类为合同纠纷、权属纠纷、发明人资格纠纷、侵权或者确认不侵权纠纷、滥用诉讼措施引发的损害责任纠纷、返还费用纠纷等。其中,合同纠纷又细分为转让合同、实施许可合同、质押合同、委托开发合同、合作开发合同、代理合同纠纷等,权属、侵权纠纷又可分为申请权权属、专利权权属、侵害专利权、假冒他人专利权、临时保护期使用费、职务发明人、设计人奖励、报酬、发明人、设计人署名权纠纷等。

(2)专属管辖

鉴于专利纠纷的复杂性和专业性,与一般的知识产权纠纷不同,最高人民法院确立了专利案件由经过批准的中级人民法院作为一审法院的"专属管辖"原则。最高人民法院2001年司法解释《最高人民法院关于审理专利纠纷案件适用法律问题的若干规定》第二条规定:专利纠纷第一审案件,由各省、自治区、直辖市人民政府所在地的中级人民法院和最高人民法院指定的中级人民法院管辖。截至2011年底,中国共有82个中级人民法院具有专利纠纷的一审管辖权。2011年,最高人民法院开展由个别基层人民法院审理专利纠纷案件的试点工作,指定北京市海淀区、浙江省义乌市、江苏省昆山市人民法院为首批有权审理除涉及发明专利权纠纷、涉外案件以外的专利纠纷案件的一审基层人民法院。

3. 专利刑事诉讼

与种类繁多的专利民事诉讼不同,专利刑事诉讼仅包括假冒他人专利诉讼和冒充专利诉讼两类,因这两类纠纷一般不涉及技术方案的确认和比对,故对技术性的要求相对较低,根据《中华人民共和国刑事诉讼法》的规定,一般由基层人民法院作为一审法院管辖,而涉外案件则由中级人民法院管辖,均由刑事审判庭审理。

值得一提的是,进入二十一世纪以后,根据《国家知识产权战略纲要》的精神,中国法院开展了"三审合一"试点工作。"三审合一"改变了以前民事、刑事、行政知识产权案件分别由不同审判庭审理的"三审分立"模式,将案件全部集中到知识产权审判庭统一审理。截至2010年12月底,全国已有5个高级法院、49个中级法院和42个基层法院开展了"三审合一"试点工作。[1]

四、专利侵权救济程序

(一)行政执法程序

如前所述,依照《专利法》第六十条的规定,管理专利工作的部门有权处理和调解侵犯专利权的纠纷案件。第六十三条规定:假冒专利的,除依法承担民事责任外,由管理专利工作的部门责令改正并予公告,没收违法所得,可以并处违法所得四倍以下的罚款;没有违法所得的,可以处二十万元以下的罚款;构成犯罪的,依法追究刑事责任。综合以上条文,专利行政执法总体上包括三类内容:一是处理专利权侵权纠纷,二是调解专利纠纷,三是查处假冒专利的违法行为。国家知识产权局为此制定了《专利行政执法办法》,对执法的程序和实体问题进行了进一步的细化。

---

[1]《中国法院知识产权司法保护状况(2010年)》(白皮书)。

中国专利制度概述

1. 处理专利侵权纠纷

专利纠纷案件中占有最重要地位的无疑是专利权的保护。如前所述，行政保护和司法保护"双轨制"的公力救济是中国专利制度的特色之一。值得讨论的一个问题是，专利权人或者利害关系人是否可以既向人民法院提起民事诉讼、又请求行政机关处理专利侵权纠纷？从制度设计的本意来看，权利人应当只能选择一种救济手段。专利侵权纠纷一开始就进入司法保护程序与经过行政保护程序之后再进入司法保护程序有着不同的程序轨迹，前者属于民事诉讼，后者属于行政诉讼。民事诉讼与行政诉讼审理的客体、程序和原则均有所不同。由于行政机关仅可作出责令被控侵权人立即停止侵权行为，而对损害赔偿数额只能进行调解，且如果穷尽所有程序的话，请求行政机关处理专利侵权需要历经行政程序、行政诉讼一审、二审程序、民事诉讼确定赔偿数额一审、二审程序，与直接提起民事诉讼只需历经民事诉讼一审、二审程序相比，不具有经济上的优势，但是，相对于法院被动、居中裁决的角色，行政机关往往更为积极主动地调查取证，这不仅有利于减轻权利人关于损失计算的举证责任，并且有利于发现侵权工具、库存产品从而能够通过销毁模具、库存侵权产品，遏制二次侵权的发生。

处理专利侵权纠纷的行政执法程序根据当事人的投诉申请启动，它不是由行政机关主动查处。该程序首先由专利权人或者利害关系人向有管辖权的管理专利工作的部门提交请求书及有关主体、被控侵权行为的材料，有关部门对符合立案条件的，通知请求人，并指定三名或者三名以上单数承办人员办理案件，对于不符合立案条件的，应当通知请求人不予受理，并说明理由。行政机关在立案之日起七日内将请求书及有关材料的副本送达被请求人，并通知被请求人自收到之日起十五日内答辩。在处理专利侵权纠纷的过程中，行政机关可以依职权调查收集有关证据。调查收集证据时，可以查阅、复制有关的合同、账册等文件，询问当事人和证人，采用测量、拍照、摄像等方式进行现场勘验。涉嫌侵犯制造方法专利权的，行政机关可以要求被调查人进行现场演示。调查收集证据可以采取抽样取证的方式。如果被请求人向专利复审委员会提出无效宣告请求的，可以请求行政机关中止处理程序。行政机关有权决定是否中止。实践中一般综合考虑无效的理由和证据，在综合分析无效可能性的情况下作出有关决定。行政机关可以根据案情需要决定是否进行口头审理。决定进行口头审理的，应当至少提前三日通知双方当事人并告知时间和地点。除当事人调解、和解或者请求人撤回请求之外，行政机关应当制作处理决定书。认定侵权行为成立的，行政机关可以责令侵权人立即停止侵权行为，当事人不服的，可以自收到处理通知之日起十五日内依照《行政诉讼法》向人民法院提起诉讼。侵权人期满不起诉又不停止侵权行为的，行政机关可以申请人民法院强制执行。

2. 调解专利纠纷

按照《专利法》及《专利法实施细则》的规定，应当事人的请求，行政机关不仅可以对专利侵权纠纷的赔偿数额进行调解，还可以对下列专利纠纷进行调解：（1）专利申请权和专利权权属纠纷；（2）发明人、设计人资格纠纷；（3）职务发明的发明人、设计人的奖励和报酬纠纷；（4）临时使用费纠纷。

调解程序也依当事人的申请启动。行政机关收到调解请求书后，将请求书副本送达被请求人，同时通知其自收到之日起十五日内提交意见陈述书。只有被请求人也同意接受调解的，行政机关才予以立案，并通知当事人双方进行调解的时间和地点。被请求人逾期未提交意见陈述书，或者在意见陈述书中表示不接受调解的，不予立案并通知请求人。当事人经调解达成协议的,应当制作调解协议书,由双方当事人签名或者盖章。与人民法院作出的民事调解书不同,行政机关作出的调解协议书不具有强制执行的效力。一方当事人反悔的,可以以另一方当事人为被告,向人民法院提起民事诉讼。未能达成调解协议的,行政机关撤销案件,并通知双方当事人。

3. 假冒专利的查处

《专利法》第六十三条规定假冒专利的,除依法承担民事责任外,由管理专利工作的部门责令改正并予公告,没收违法所得,可以并处违法所得四倍以下的罚款;没有违法所得的,可以处二十万元以下的罚款;构成犯罪的,依法追究刑事责任。《专利法实施细则》第八十四条对假冒专利进行了定义:(1)在未被授予专利权的产品或者其包装上标注专利标识,专利权被宣告无效后或者终止后继续在产品或者其包装上标注专利标识,或者未经许可在产品或者产品包装上标注他人的专利号;(2)销售第(1)项所述产品;(3)在产品说明书等材料中将未被授予专利权的技术或者设计称为专利技术或者专利设计,将专利申请称为专利,或者未经许可使用他人的专利号,使公众将所涉及的技术或者设计误认为是专利技术或者专利设计;(4)伪造或者变造专利证书、专利文件或者专利申请文件;(5)其他使公众混淆,将未被授予专利权的技术或者设计误认为是专利技术或者专利设计的行为。

由上述规定可知,假冒专利可分为假冒他人专利和冒充专利两种行为,其与实施他人受专利权保护的技术方案或者设计的侵犯专利权的损害他人私权的行为不同,属于欺骗公众、以次充好、以劣充优、扰乱社会公共秩序的行为。假冒专利并不以侵犯他人专利权为前提,故常常伴随着假冒伪劣商品的出现,具有较大的社会危害性,属于侵犯公共秩序的违法行为,管理专利工作的部门不仅可以依据权利人的请求启动查处程序，也可以根据群众举报、自行掌握的线索依职权主动启动查处程序。假冒他人专利的，不仅应当承担民事责任，而且应当依照《专利法》第六十三条的规定承担行政责任，乃至依照《刑法》承担刑事责任[①]。而冒充专利的行为，没有具体的被侵害对象，因此行为人不承担民事责任，但仍应当承担行政责任乃至刑事责任。

与行为危害性相对应，行政机关在查处假冒专利的案件中所采取的调查取证力度、职权与处理侵犯专利权纠纷案件相比更大，《专利法》第六十四条特别规定：对涉嫌假冒专利行为进行查处时，可以询问有关当事人，调查与涉嫌违法行为有关的情况；对当事人涉嫌违法行为的场所实施现场检查；查阅、复制与涉嫌违法行为有关的合同、发票、账簿以及其他有关资料；检查与涉嫌违法行为有关的产品，对有证据证明是假冒专利的产品，可以查封或者扣押。依照行政权法定原则，上述规定并不适用于对侵犯专利权纠纷案件的查处。

（二）司法程序

1. 行政诉讼程序

对专利权的行政保护所引发的行政诉讼可分为两类：一类是处理专利侵权纠纷引起的行政诉讼，另一类是查处假冒专利违法行为引起的行政诉讼。

（1）处理专利侵权纠纷引起的行政诉讼

《专利法》第六十条规定了管理专利工作的部门对专利侵权行为的行政处理权，即可"责令立即停止侵权行为"。该行政措施的法律性质在理论上存在争议。其与《行政诉讼法》第十一条和《行政复

[①]《中华人民共和国刑法》第二百一十六条。

议法》第六条中规定的"责令停产停业"属于包含与被包含的关系，故属于行政处罚之列，但是，与行政处罚的主动性不同，"责令立即停止侵权行为"的作出只能基于权利人的请求，并且在调查取证方面行政机关的权力也不如其行使行政处罚权时大。因此，该措施属于行政强制措施，可纳入行政诉讼的受案范围。

关于此类案件的管辖，最高人民法院《关于审理专利纠纷适用法律问题的若干规定》第一条、第二条规定，不服管理专利工作的部门作出的行政决定的案件属于人民法院受理的专利纠纷案件，第一审由各省、自治区、直辖市人民政府所在地的中级人民法院和最高人民法院指定的中级人民法院管辖。据此，并非所有的作为被告的管理专利工作的部门所在地的中级法院均有管辖权，应当由有专利纠纷案件管辖权的中级人民法院作为一审管辖法院。由于此类案件是行政诉讼，故实践中一般由行政审判庭审理。

关于此类案件的当事人，只要是与具体行政行为有利害关系的当事人均可起诉，包括提起行政程序的权利人一方，也包括被行政机关处理的侵权人一方，被告为作出处理决定的行政机关。

关于起诉期限，为节约时间，相对于《行政诉讼法》规定的三个月起诉期限，《专利法》特别规定了十五日的起诉期限，属于《行政诉讼法》关于起诉期限"法律另有规定的除外"的除外情形。

关于审查范围，《行政诉讼法》第五条规定，人民法院审理行政案件，对具体行政行为是否合法进行审查。该条文即通常所指的行政诉讼"合法性审查"原则。这意味着人民法院在审理专利行政诉讼纠纷案件时，一般仅对行政机关处理行为的合法性而不是合理性进行审查，在一定程度上对于行政机关作出的技术性判断和运用专门知识所进行的行政认定保持尊重。

关于证据，行政诉讼采取被告举证原则，作为作出具体行政行为的一方，管理专利工作的部门负有举证责任，应当在收到起诉状副本之日起十日内向人民法院提供作出具体处理决定的证据和所依据的法律。

关于裁判方式，人民法院经过审理以后，如果认为被诉处理决定证据确凿、适用法律法规正确、程序合法的，判决维持；如果认为被诉处理决定具有主要证据不足、适用法律法规错误、违反法定程序、超越职权、滥用职权等情形之一的，可判决撤销被诉处理决定，并可以判令被告重新作出具体行政行为，但不能直接取代行政机关作出决定。如果原告起诉被告行政不作为、人民法院经审理认为确有不履行或者拖延履行法定职责的，可判令被告在一定期限内履行。

关于强制执行，侵权人一方在管理专利工作的部门作出处理决定之后，不起诉又不停止侵权行为的，管理专利工作的部门可以申请人民法院强制执行；侵权人一方在人民法院作出生效裁判之后，不履行生效判决的，管理专利工作的部门可以依法申请人民法院强制执行。

（2）查处假冒专利违法行为引起的行政诉讼

《专利法》第六十三条规定：假冒专利的，除依法承担民事责任外，由管理专利工作的部门责令改正并予公告，没收违法所得，可以并处违法所得四倍以下的罚款；没有违法所得的，可以处二十万元以下的罚款；构成犯罪的，依法追究刑事责任。由该条规定可知，假冒专利行为的查处既包括行政强制，也包括行政处罚，二者均属于行政诉讼的受案范围。

与处理专利侵权纠纷引起的行政诉讼相比，查处假冒专利违法行为引起的行政诉讼在案件管辖、审查范围、证据等方面基本相同，此处不再赘述。在起诉期限方面，由于《专利法》未作出特别规定，故应当适用《行政诉讼法》关于三个月的一般规定。在裁判方式方面，《行政诉讼法》规定人民法院有权直接判决变更显失公平的行政处罚。

中国专利制度概述

2. 民事诉讼程序

如前所述，提起侵犯专利权民事诉讼是最重要的权利保护方式。广义上说，侵犯专利权纠纷诉讼包括未经许可实施他人专利、假冒他人专利、要求支付发明专利临时保护期使用费所引发的诉讼，而狭义上说，侵犯专利权诉讼仅指未经许可实施他人专利引发的侵权诉讼。专利侵权民事诉讼涉及的法律问题主要有以下几方面：

（1）起诉

依照《专利法》第十一条的规定，发明和实用新型专利权被授予后，任何为生产经营目的制造、使用、许诺销售、销售、进口其专利产品，或者使用其专利方法以及使用、许诺销售、销售、进口依照该专利方法直接获得的产品的行为均构成侵权；外观设计专利权被授予后，任何为生产经营目的制造、许诺销售、销售、进口其外观设计专利产品的行为均构成侵权。在侵权判定方面，2009年最高人民法院《关于审理侵犯专利权纠纷案件应用法律若干问题的解释》第七条明确规定了发明和实用新型专利权侵权判定的"全面覆盖原则"（全部要素原则）[①]，并重申了2001年《关于审理专利纠纷案件适用法律问题的若干规定》司法解释第十七条所规定的"等同原则"[②]。2009年司法解释第八条明确规定了外观设计专利权侵

[①] 第七条规定：人民法院判定被诉侵权技术方案是否落入专利权的保护范围，应当审查权利人主张的权利要求所记载的全部技术特征。被诉侵权技术方案包含与权利要求记载的全部技术特征相同或者等同的技术特征的，人民法院应当认定其落入专利权的保护范围；被诉侵权技术方案的技术特征与权利要求记载的全部技术特征相比，缺少权利要求记载的一个以上的技术特征，或者有一个以上技术特征不相同也不等同的，人民法院应当认定其没有落入专利权的保护范围。

[②] 第十七条第二款规定：等同特征是指与所记载的技术特征以基本相同的手段，实现基本相同的功能，达到基本相同的效果，并且本领域的普通技术人员无需经过创造性劳动就能够联想到的特征。

权判定"相同或者近似"侵权的判断标准①。权利人或者利害关系人凡是认为被控侵权人所实施的被控侵权行为符合以上实质性要件的,均可向有管辖权的人民法院提起诉讼。

关于利害关系人的范围,2001年最高人民法院《关于对诉前停止侵犯专利权行为适用法律问题的若干规定》第一条第二款规定:提出申请的利害关系人,包括专利实施许可合同的被许可人、专利财产权利的合法继承人等。专利实施许可合同被许可人中,独占实施许可合同的被许可人可以单独向人民法院提出申请;排他实施许可合同的被许可人在专利权人不申请的情况下,可以提出申请。在侵犯专利权纠纷诉讼中,一般参照该规定确定适格原告。

(2)地域管辖与级别管辖

关于地域管辖,2001年司法解释第五条规定:因侵犯专利权行为提起的诉讼,由侵权行为地或者被告住所地人民法院管辖。侵权行为地包括:被控侵犯发明、实用新型专利权的产品的制造、使用、许诺销售、销售、进口等行为的实施地;专利方法使用行为的实施地,依照该专利方法直接获得的产品的使用、许诺销售、销售、进口等行为的实施地;外观设计专利产品的制造、销售、进口等行为的实施地;假冒他人专利的行为实施地。上述侵权行为的侵权结果发生地。第六条规定:原告仅对侵权产品制造者提起诉讼,未起诉销售者,侵权产品制造地与销售地不一致的,制造地人民法院有管辖权;以制造者与销售者为共同被告起诉的,销售地人民法院有管辖权。销售者是制造者分支机构,原告在销售地起诉侵权产品制造者制造、

---

① 第八条规定:在与外观设计专利产品相同或者相近种类产品上,采用与授权外观设计相同或者近似的外观设计的,人民法院应当认定被诉侵权设计落入《专利法》第五十九条第二款规定的外观设计专利权的保护范围。

销售行为的,销售地人民法院有管辖权。通常认为,侵权结果发生地应当指直接的结果发生地,不能因为原告遭受了损失则认为其所在地也是侵权结果发生地。此外,虽然上述规定未明确在以制造者与销售者为共同被告起诉时,制造者所在地人民法院是否有管辖权,但实践中本着彻底解决纠纷的原则,一般认为制造者与销售者所在地人民法院均有管辖权,原告可选择其一起诉。

关于级别管辖,如前所述,一审案件由各省、自治区、直辖市人民政府所在地的中级人民法院和最高人民法院指定的中级人民法院管辖。如果被告住所地中级人民法院不具备审理专利纠纷案件的管辖权,则应当由被告住所地所在的省、自治区人民政府所在地的中级人民法院管辖。

(3)确认不侵权之诉

2002年7月22日,最高人民法院在《关于苏州龙宝生物工程实业公司与苏州朗力福保健品有限公司请求确认不侵犯专利权纠纷案的批复》中明确原告可以针对被告发函指控其侵犯专利权的行为向人民法院提起确认不侵权之诉。确认不侵权诉讼制度是在知识产权领域对侵权诉讼制度的一种补充,提起确认不侵权诉讼一般以利害关系人受到侵权警告而权利人又未在合理期限内依法启动程序请求有权机关作出处理为基本条件。所谓合理期限要根据具体案情而定,一般可掌握在不少于三个月。基于同一法律事实发生的纠纷,已经由有管辖权的法院依法处理完毕或者正在处理中的,当事人就此提出的确认不侵权诉讼,应不再重复受理。

(4)诉前临时禁令

诉前临时禁令,也称为诉前临时措施,《专利法》第六十六条对此予以了详细规定:专利权人或者利害关系人有证据证明他人正在实施或者即将实施侵犯专利权的行为,如不及时制止将会使其合法权益受到难以弥补的损害的,可以在起诉前向人民法院申请采取责令停止有关行为的措施。申请人提出申请时,应当提供担保;不提供担保的,驳回申请。人民法院应当自接受申请之时起四十八小时内作出裁定;有特殊情况需要延长的,可以延长四十八小时。裁定责令停止有关行为的,应当立即执行。当事人对裁定不服的,可以申请复议一次;复议期间不停止裁定的执行。申请人自人民法院采取责令停止有关行为的措施之日起十五日内不起诉的,人民法院应当解除该措施。申请有错误的,申请人应当赔偿被申请人因停止有关行为所遭受的损失。

1984年《专利法》及1992年《专利法》修订时均未对诉前禁令作出规定。2000年修改《专利法》时,为了充分保护权利人的利益,同时与TRIPS第五十条的要求相适应,《专利法》首次对临时禁令进行了规定,并在2008年修订中予以完善。

诉前临时措施应当由专利权人或者利害关系人提出。申请人应当向专利侵权案件管辖权的法院提出,关于级别管辖和地域管辖的要求与正式提起侵犯专利权纠纷诉讼的要求相同。从举证责任上来看,申请人不仅应当提交请求成立的初步证据,而且应当证明损害的即发性或者业已存在,以及及时制止的必要性,即如不及时制止则申请人的利益将受到难以弥补的损害。由于临时禁令的作出将对被申请人的经营活动造成重大的影响,且临时禁令的作出审查过程简短、给予被申请人准备的时间也相当短,被申请人往往来不及提出相关的抗辩或者向专利复审委员会提出宣告涉案专利权无效的请求,因此为避免临时禁令制度被滥用、保护被申请人的合法利益,法律、司法解释规定申请人应当提供担保,并且临时措施并不因被申请人提出反担保而解除。人民法院作出采取临时措施的裁定之后,应当立即执行,当事人对裁定不服的可以申请复议一次,复议期间不停止裁定的执行。裁定的效力一般维持到终审法律文书生效时止，人民法院也可以根据案情，确定具体的期限，期限届满时可根据当事人的申请延长期限。在作出裁定之后，申请人负有在十五日内起诉的义务，申请错误的，申请人应当赔偿被申请人因停止有关行为所遭受的损失，这些措施都是为了督促申请人谨慎地行使临时禁令申请权，避免该制度被滥用。

（5）证据保全

《民事诉讼法》第七十四条规定：在证据可能灭失或者以后难以取得的情况下，诉讼参加人可以向人民法院申请保全证据，人民法院也可以主动采取保全措施。该条规定了在普通民事诉讼过程中人民法院可以依申请或者依职权采取证据保全的措施。由于侵犯专利权纠纷诉讼属于民事诉讼，因此在诉讼中保全证据也同样适用该条的规定。

《专利法》于2008年修改时增加了第六十七条关于诉前证据保全的规定：为了制止专利侵权行为，在证据可能灭失或者以后难以取得的情况下，专利权人或者利害关系人可以在起诉前向人民法院申请保全证据。人民法院采取保全措施，可以责令申请人提供担保；申请人不提供担保的，驳回申请。人民法院应当自接受申请之时起四十八小时内作出裁定；裁定采取保全措施的，应当立即执行。申请人自人民法院采取保全措施之日起十五日内不起诉的，人民法院应当解除该措施。

（6）财产保全

2000年《专利法》修改时，在增加规定诉前临时措施的同时，在同一条文中增加了诉前财产保全的规定。2008年《专利法》修改时将诉前财产保全删除，意味着《专利法》不再对专利侵权诉讼中的财产保全作特别规定，而是统一适用《民事诉讼法》的有关规定。

《民事诉讼法》第九十二条至九十六条对诉前财产保全和诉讼中财产保全措施进行了详细规定。关于诉前财产保全的条件,规定利害关系人因情况紧急,不立即申请财产保全将会使其合法权益受到难以弥补的损害的,可以在起诉前向人民法院申请采取财产保全措施。关于诉讼中财产保全的条件,规定人民法院对于可能因当事人一方的行为或者其他原因,使判决不能执行或者难以执行的案件,可以根据对方当事人的申请,作出财产保全的裁定;当事人没有提出申请的,人民法院在必要时也可以裁定采取财产保全措施。关于是否应当提供担保,规定诉前财产保全应当提供担保,诉讼中财产保全人民法院可以责令申请人提供担保;申请人不提供担保的,驳回申请。关于措施的作出时限,规定人民法院接受申请后,对情况紧急的,必须在四十八小时内作出裁定,裁定采取财产保全措施的,应当立即开始执行,申请人在人民法院采取保全措施后十五日内不起诉的,人民法院应当解除财产保全。关于反担保,规定被申请人提供担保的,人民法院应当解除财产保全。关于担保错误的救济,规定申请有错误的,申请人应当赔偿被申请人因财产保全所遭受的损失。

(7)诉讼中止

《民事诉讼法》第一百三十六条第(五)项规定:本案必须以另一案的审理结果为依据,而另一案尚未审结的,中止诉讼。

中国实施专利侵权判定和权力有效性审查分离的"双轨制",且实用新型专利权和外观设计专利权的授权不经过实质审查,仅进行初步审查,其权利稳定性较差,因此在侵犯专利权纠纷案件的审理过程中,当被告向专利复审委员会提出请求宣告原告专利权无效、并同时提出中止侵权诉讼的审理时,应当如何处理,成为原告、被告双方十分关注的问题,该问题直接影响到权利的救济是否及时、充分。

中国专利制度概述

2001年最高人民法院《关于审理专利纠纷案件适用法律问题的若干规定》第八条至十一条对此作出了明确的规定。依照上述规定，对于侵犯发明专利权纠纷案件或者经专利复审委员会审查维持专利权的侵犯实用新型、外观设计专利权纠纷案件，人民法院可以不中止诉讼；侵犯实用新型、外观设计专利权纠纷案件的被告请求中止诉讼的，应当在答辩期（收到起诉状之日起十五日）内对原告的专利权提出宣告无效的请求，答辩期间届满后请求宣告该项专利权无效的，人民法院不应当中止诉讼，但经审查认为有必要中止诉讼的除外；人民法院受理的侵犯实用新型、外观设计专利权纠纷案件，被告在答辩期间内请求宣告该项专利权无效的，人民法院应当中止诉讼，但具备下列情形之一的，可以不中止诉讼：（一）原告出具的检索报告未发现导致实用新型专利丧失新颖性、创造性的技术文献的；（二）被告提供的证据足以证明其使用的技术已经公知的；（三）被告请求宣告该项专利权无效所提供的证据或者依据的理由明显不充分的；（四）人民法院认为不应当中止诉讼的其他情形。

从以上规定可知，诉讼是否中止需要受理专利侵权诉讼的人民法院根据当事人所提交的证据进行综合判断，实用新型专利权检索报告可作为评价原告所主张的实用新型专利权效力是否稳定的初步证据。值得注意的是，2008年《专利法》修改后，实用新型专利权检索报告被专利权评价报告所取代，对于实用新型、外观设计专利权，国务院专利行政部门均可依照申请作出专利权评价报告。

（8）第一审、第二审及再审程序

中国实行四级法院、二审终审制。对一审法院第一审程序所作出的裁定、判决不服的当事人，可以在法定期限内向上级人民法院提起上诉，经第二审程序作出的裁定或者判决，为终审裁定或者判决。未在法定期限内提起上诉的，第一审程序所作出的裁定或者判决，则发生法律效力。

再审程序也称为审判监督程序,是纠正已经发生法律效力的裁判文书的补救程序。再审程序与第二审程序一样,并非必经程序,但与第二审程序不同,其不因当事人提出再审申请而必然发生,是否启动再审程序,由人民法院依照民事诉讼法规定的条件审查后决定,或者由人民法院自行提出,或者由人民检察院提出抗诉而启动。

第一审诉讼程序是民事诉讼的基本程序,凡是在第二审程序、再审程序或者涉外民事诉讼程序的相关规定中未予以特别规定的,均适用第一审程序。第一审程序大致为:法庭核对各方当事人主体身份、告知各方当事人诉讼权利和义务、告知合议庭组成、宣布开庭、法庭调查、法庭辩论、最后陈述、法庭调解、休庭评议和宣判等。法庭调查和法庭辩论是诉讼程序的核心。

法庭调查首先由原告方陈述起诉的事实、理由和诉讼请求,由被告方进行答辩,由第三人(如有)陈述意见。根据各方当事人的诉辩主张,合议庭可以当庭归纳诉讼争议焦点,并在随后的程序中围绕这些争议焦点展开事实调查和辩论。其次,由各方当事人举证,依照原告、被告、第三人的顺序出示各自的证据,陈述证据的名称、种类、来源、内容以及证明目的,并由其他方当事人对这些证据进行质证,围绕着证据的真实性、合法性、关联性发表质证意见。未经质证的证据不能作为认定案件事实的依据。证据包括书证、物证、视听资料、证人证言、当事人的陈述、鉴定结论、勘验笔录等。有证人出庭作证的,当事人应当在规定的期限内提出传唤申请,由法庭通知证人出庭作证。通知书应告知证人作证的权利和义务以及作伪证应当承担法律责任。证人出庭作证陈述的一般顺序是:根据法庭提示的调查事项由证人作陈述;举证当事人提问,法庭指示证人回答;质证当事人提问,法庭指示证人回答;法庭向证人提问,证人回答。证人退庭后,法庭组织当事人对证人出庭作证的证言进行说明和质证。鉴定人、勘验人、专家出庭作证的程序,参照证人出庭作证的程序进行。在法庭调查阶段,一般不允许双方当事人直接对话,在特殊情况下,根据案件审理的需要,可给予双方互相发问的机会。

法庭调查结束后,进入法庭辩论阶段。法庭辩论一般围绕着合议庭归纳的争议焦点问题进行,可针对案件所涉及的事实和法律问题发表意见。法庭辩论可分为对等辩论和互相辩论。对等辩论是指由各方当事人依次进行发言,互相辩论是指各方当事人就某一问题展开对抗的辩论。当事人要求发言的,需向法庭提出,获得法庭准许。法庭将制止未经许可的、与案件审理无关的、重复的或者侮辱性的发言。在法庭辩论过程中如果发现有关案件事实还需要补充调查的,可中止法庭辩论,恢复法庭调查,法庭调查结束后再恢复法庭辩论。

法庭辩论结束后,由当事人作最后陈述,一般由当事人表达是否坚持起诉意见、答辩意见、陈述意见即可。最后陈述之后,法庭将对各方当事人作调解工作,询问各方当事人是否接受法庭的调解。调解达成协议的,制作调解书,或者双方达成庭外和解,原告申请撤诉。但与调解书具有强制执行力不同,庭外和解协议不具有强制执行力。最后,合议庭宣布休庭,并进行合议。合议有结果的,恢复开庭,进行宣判;或者另行择日宣判。

民事诉讼第二审程序即上诉程序,分为开庭审理和径行裁判两种审理方式。经过阅卷和调查、询问当事人之后,合议庭认为不需要开庭审理的,可以径行作出判决、裁定。但进行裁判方式并非仅进行书面审理,询问当事人的程序一般在各方当事人都当场的情况下进行听证。第二审程序的其他方面与第一审程序基本相同,但不能适用简易程序审理。

（9）侵权民事责任的承担方式

《专利法》并未就侵犯专利权的民事责任承担方式作出特别规定，因此应当适用《民法通则》、《侵权法》关于民事权利保护和侵权责任的一般规定。

《民法通则》第一百一十八条规定，公民、法人的著作权、专利权、商标专用权、发现权、发明权和其他科技成果权受到剽窃、篡改、假冒等侵害的，有权要求停止侵害、消除影响、赔偿损失。由于专利权属于财产权利，并不涉及权利人的名誉权、荣誉权等精神权利，故实践中普遍认为侵犯专利权的民事责任不应当包括消除影响、赔礼道歉，仅有停止侵害、赔偿损失两类责任承担方式。实践中权利人常常提出销毁库存侵权产品、销毁生产模具的诉讼请求，对于销毁库存侵权产品，一般认为包含在停止侵害之中，不再单独作出裁判，对于销毁生产模具，如果权利人确有证据证明该生产模具是专用于实施侵权行为的，则法院可依权利人的请求判令销毁生产侵权产品的专用设备和模具。

3. 刑事诉讼程序

1997年3月14日，全国人民代表大会对《刑法》进行了修改，在第二篇"分则"第三章"破坏社会主义市场经济秩序罪"中增加了第七节"侵犯知识产权罪"，其中第二百一十六条规定：假冒他人专利，情节严重的，处三年以下有期徒刑或者拘役，并处或者单处罚金。鉴于当时实施的1992年《专利法》同时有关于冒充专利的规定，依据"罪刑法定"原则，因此由此可推知只有假冒他人专利可以追究刑事责任，冒充专利、侵犯他人专利权的行为均不构成刑事犯罪。2008年《专利法》修改后，假冒他人专利与冒充专利合并为"假冒专利"，但《刑法》的有关条文未作修改，因此现行《刑法》所规定的"假冒他人专利"与《专利法》所规定的"假冒专利"二者并不等同，

"假冒他人专利"只是"假冒专利"的一种情形。

追究假冒他人专利行为人的刑事责任，主要有刑事侦查、起诉、审判、执行等程序。

(1) 刑事侦查

依照《刑事诉讼法》的有关规定，对假冒他人专利犯罪行为的追诉，包括公诉和自诉两种形式。刑事公诉是指对严重危害社会秩序和公共利益的犯罪行为，由公安机关立案侦查、检察机关负责批准逮捕和移送人民法院起诉，最终由人民法院对其定罪量刑的程序。自诉则由受害人自行收集证据，直接向人民法院提起刑事诉讼。依照最高人民法院有关司法解释的规定，知识产权犯罪须由公安机关立案侦查的，应具备以下情形之一：一是证据不足，权利人无法自诉的；二是有可能判处三年有期徒刑以上刑罚的；三是严重危害社会秩序和国家利益的。实践中，对知识产权犯罪的刑事追诉，绝大多数是通过公诉途径进行的。

刑事侦查首先要历经受案、初查和立案程序。受案即受理案件，主要来源于公民报案、举报、犯罪嫌疑人自首以及行政、司法机关移送等。对于上述来源的案件，公安机关应当立即接受，不得拒绝，如果不属于自己管辖范围，应当于接受之后再向主管机关移送。接受案件之后，公安机关对举报人提交的有关材料和侦查人员调查获取的询问笔录、盘问笔录进行审查，以决定是否立案。审查的内容主要包括：查明原始材料指控的犯罪嫌疑是否成立；查明案件涉及的数额和情节是否符合立案标准；查明案件是否属于本部门管辖。对照立案条件应当在十五日内（复杂案件经批准可延长至三十日）作出立案侦查、移送或不予立案的决定。决定不予立案的，应当在七日内将《不予立案通知书》送达控告人或移送案件的行政执法机关。由于假冒他人专利属于经济犯罪，故一般由公安机关内设的经济犯罪侦查部门负责刑事侦查。

决定立案的,应当制作《刑事立案报告书》,经县或县级以上公安机关负责人审批,影响较大、案情复杂、跨省市、地区的案件,应当报省、市、自治区公安厅局领导复核审批。

立案之后,公安机关展开侦查取证工作,较为重要的措施有缉捕主要嫌疑人以及搜查、扣押证据等。搜查的范围包括犯罪嫌疑人的身体、物品、住处和其他可能隐匿证据的处所。除逮捕、拘留遇有紧急情况外,必须向被搜查人出示《搜查证》,且应在被搜查人或者其家属、邻居或者其他见证人在场的情况下进行搜查。在勘验、搜查中发现可用以证明犯罪嫌疑人有罪或者无罪的各种物品和文件应当扣押,与案件无关的物品、文件不得扣押。公安机关还可以根据需要,依法查询、冻结犯罪嫌疑人的存款、汇款。如果发现犯罪嫌疑人以外的单位或者个人持有与案件有关的物证、书证或者视听资料,经县级以上的公安机关领导批准,可向有关单位或者个人调取物证、书证。应当逮捕的犯罪嫌疑人如果在逃,公安机关可发布通缉令,采取有效措施追捕归案。可同时在边防口岸采取边控措施。为查明案情,公安机关还可以指派、聘请专业人员进行鉴定与评估,包括文件检验、印章鉴定、会计鉴定、技术鉴定、税务鉴定等。

《刑事诉讼法》第九十六条规定:犯罪嫌疑人在被侦查机关第一次讯问后或者采取强制措施之日起,可以聘请律师为其提供法律咨询、代理申诉、控告。该规定明确了律师可于刑事侦查阶段介入并提供法律帮助。

依据《刑事诉讼法》的有关规定,在满足以下要求的情况下,侦查终结:犯罪事实、情节清楚;证据确实充分;案件性质认定准确;法律手续完备。对符合侦查终结条件的案件,依据《刑事诉讼法》第一百二十九条、第一百三十条的规定,需依法追究刑事责任的,侦查人员制作《起诉意见书》，连同案卷材料及全部证据，移送同级人民检察院审查起诉；不应对犯罪嫌疑人追究刑事责任的，应作撤销案件处理，如犯罪嫌疑人已被羁押的，应当立即释放，已被逮捕的，还应通知原批准逮捕的人民检察院。

此外，依据《刑事诉讼法》第六十八条、第一百四十条、第一百六十五条、第一百六十六条、第一百六十八条的规定，在以下三种情况下公安机关应当补充侦查：公安机关提请批准逮捕后，人民检察院经审查认为需要补充侦查的，通知公安机关补充侦查；人民检察院审查起诉的案件，对于需要补充侦查的，可以退回公安机关补充侦查，也可以自行侦查，补充侦查的时间以一个月为限，次数以两次为限；在法庭审判过程中，检察人员发现提起公诉的案件需要补充侦查的，人民检察院可以提出补充侦查的建议，人民法院应当延期审理，补充侦查的时间以一个月为限。

（2）刑事公诉

公诉是检察机关针对犯罪嫌疑人的犯罪行为向人民法院提出控告，要求通过审判确定犯罪事实、定罪量刑的诉讼活动。公诉权是人民检察院的一项专属法定职权。

在提起公诉之前，人民检察院首先对公安机关侦查终结移送起诉的假冒他人专利犯罪案件进行审查，以决定是否对犯罪嫌疑人提起公诉。审查起诉主要针对犯罪的事实问题、法律问题和其他问题进行。事实问题涉及犯罪的主体、时间、地点、动机和目的、行为、行为的危害后果等。法律问题涉及是否应受刑罚处罚、罪轻罪重、量刑等。其他问题涉及管辖、验明犯罪嫌疑人身份、采取强制措施是否适当等。审查起诉应当在公安机关移送起诉一个月内作出起诉或者不起诉的决定，重大复杂的案件可以延长半个月。

人民检察院经审查认为犯罪事实清楚，证据确实、充分，应当追究刑事责任的，人民检察院代表国家对犯罪嫌疑人向人民法院提起诉讼，要求对被告人处以刑事处罚。

人民检察院经审查认为具有法律规定的不起诉的情形之一的[①]，或者犯罪情节轻微，经酌量依照《刑法》规定不需要判处刑罚或者免除刑罚，或者证据不足的，人民检察院作出不起诉的决定。决定书送达后，如果被不起诉人在押，应当立即释放。

（3）刑事自诉

依据《刑事诉讼法》第一百七十条的规定，被害人有证据证明的轻微刑事案件，可以直接向人民法院提起自诉；侦查机关应当立案而不予立案，经向人民检察院申诉后仍不予立案侦查，或人民检察院应当提起公诉而未提起公诉，被害人有充分证据证明假冒他人专利构成犯罪的，可以向人民法院提起自诉。自诉的主体即为被害人，既可以是自然人，也可以是法人等单位组织。由于自诉案件由自诉人承担举证责任，自诉人及其诉讼代理人有权自行调查取证，对于因为客观原因不能取得并提供的有关证据，有权申请人民法院调查取证。

（4）刑事审判

依据《刑事诉讼法》的有关规定，与民事诉讼类似，人民法院的刑事审判可分为第一审程序、第二审程序和审判监督程序。中国刑事审判与民事审判、行政审判相同，均实施四级法院二审终审制，对已经发生法律效力的判决、裁定，在发现确有错误时，也可以进行再审重新处理。

---

① 如情节轻微、危害不大，不构成犯罪；犯罪已过追诉时效期限；经特赦令免除刑罚的；依照刑法告诉才处理的犯罪，没有告诉或者撤回告诉的；犯罪嫌疑人、被告人死亡的，等等。

关于级别管辖，假冒他人专利案件一般由基层人民法院管辖，但外国人犯罪的刑事案件，应当由中级人民法院作为第一审管辖法院。关于地域管辖，一般由犯罪地人民法院管辖，如果由被告人居住地的人民法院管辖更为适宜的，可以由被告人居住地的人民法院管辖。

第一审知识产权犯罪案件，除依照法律规定可以按照简易程序审理的以外，基层人民法院、中级人民法院审判的，应当由审判员三人或者由审判员和人民陪审员共三人组成合议庭进行。

在开庭审理之前，一般在法官的主持下由各方当事人进行庭前证据交换。对于刑事案件，人民法院也有权采取审前责令停止假冒他人专利行为的措施。

人民法院至迟在开庭十日前将起诉书副本送达被告人，对于未委托辩护人的被告人，应当通知其可以委托辩护人，在必要时，为其指定承担法律援助义务的律师为其提供辩护。人民法院至迟在开庭三日前，将开庭的时间、地点通知人民检察院，传票送达当事人。公开审判的案件，在开庭三日前公布案由、被告人姓名、开庭时间和地点。

开庭审判过程分为宣布开庭、法庭调查、法庭辩论、被告人最后陈述、休庭评议和宣判五个阶段。

（5）刑事责任的承担方式

《刑法》第二百一十六条规定的"情节严重"，依照《知识产权案件解释》第四条的规定，指的是以下情形之一：非法经营数额在二十万元以上或者违法所得数额在十万元以上的；给专利权人造成直接经济损失五十万元以上的；假冒两项以上他人专利，非法经营数额在十万元以上或者违法所得数额在五万元以上的；其他情节严重的情形。同时依依照《刑法》第二百一十六条的规定，假冒他人专利的，处三年以下有期徒刑或者拘役，并处或者单处罚金。并且，刑事责任与民事责任、行政责任互相之间并不排斥，侵权人可能同时承担多种性质的责任。

（撰稿人：罗东川、姜　颖、陈文煊）

专利无效行政纠纷案例

1. 专利权利要求和说明书中"笔误"的判断

——韩元牧请求宣告日本三菱树脂株式会社"氧化铝纤维聚集体及其制造方法"发明专利权无效行政纠纷案

案件索引：北京市第一中级人民法院（2010）一中知行初字第315号，2010年7月22日判决；北京市高级人民法院（2010）高行终字第1303号，2011年1月10日判决。

基本案情

日本三菱树脂株式会社（以下简称"三菱株式会社"）是名称为"氧化铝纤维聚集体及其制造方法"的发明专利（以下简称"本专利"）的专利权人。

氧化铝纤维聚集体具有优良的耐热性，由其作为原料加工制成的氧化铝纤维支架可作为隔热材料使用。氧化铝纤维聚集体的一种现有生产方法为吹制法，该方法的原理是首先调制纺丝液，随后将纺丝液供给于高速的纺丝气流中进行吹制形成氧化铝纤维前驱体（该过程又名纺丝液的纤维化），之后经过针刺和烧制工序，最终得到氧化铝纤维聚集体。但当纤维化制成的氧化铝短纤维直径过小时，容易分散，影响后续操作，并且容易通过呼吸进入人体的肺泡，造成疾病。本专利给出了一种氧化铝纤维聚集体的制造方法，可制备直径较大的氧化铝短纤维。该方法相对于现有技术的创新之处在于纺丝液的调制,即纺丝液的成分及其数值范围。

本专利权利要求 7 为:"一种权利要求 1—3 中任一项所述的氧化铝纤维聚集体的制造方法,利用吹制法对含有碱性氯化铝、硅化合物、水溶性高分子化合物及水的纺丝液进行纺丝,然后对所得到的氧化铝短纤维前驱体的聚集体以 500—1400℃ 的温度进行烧制,所述硅化合物是硅溶胶或水溶性硅化合物,其特征在于:使用铝和硅之比换算成 Al_2O_3 和 SiO_2 的重量比为 99:1—65:35、碱性氯化铝的浓度为 180—200g/L、水溶性高分子化合物的浓度为 20—40g/L 的纺丝液作为所述的纺丝液。"

本专利说明书第 1—5 页"发明内容"中所记载的参数均为"碱性氯化铝的浓度",本专利说明书所记载的两个实施例和四个比较例中所涉及的纺丝液的参数也均记载为"碱性氯化铝的浓度"。在本专利说明书中具体实施例部分公开了与权利要求 7 对应的氧化铝纤维聚集体的制造方法的两个实施例,这两个实施例均涉及纺丝液的调制步骤,均同时出现了"铝浓度"和"碱性氯化铝的浓度",例如实施例 1:

在每 1.0L 的铝浓度为 165g/L 的碱性氯化铝:$Al(OH)_{3-x}Cl_x$(X=0.51)的水溶液中添加 20 重量%硅溶胶溶液 606g、5 重量%聚乙烯醇(聚合度 1700)水溶液 608g 并进行混合后,在 50℃ 下减压浓缩,得到纺丝液。纺丝液的黏度为 60 泊(25℃ 下由旋转黏度计测定的测定值),铝和硅之比(Al_2O_3 和 SiO_2 的重量比)为 72.0:28.0,碱性氯化铝的浓度为 190g/L,有机聚合物的浓度为 35.0g/L。

韩元牧向国家知识产权局专利复审委员会请求宣告本专利权全部无效,其中请求宣告权利要求 7、8(权利要求 8 引用权利要求 7)

专利权利要求和说明书中"笔误"的判断

无效的理由为：本专利的说明书和权利要求书中记载关于纺丝液组分中的"碱性氯化铝的浓度"是错误的，应为"铝的浓度"，本专利中记载的碱性氯化铝的浓度在 180—200g/L 的范围时根本无法制备出本专利权利要求 1—6 所述的氧化铝纤维聚集体，碱性氯化铝的浓度应为 583—648g/L，本领域技术人员根据说明书记载的内容，无法实现本专利的技术方案，因此本专利的说明书不符合《中华人民共和国专利法》第二十六条第三款[①]的规定。

三菱株式会社答辩认为，权利要求以及说明书中出现的"碱性氯化铝的浓度"系"铝的浓度"的笔误，只要将"碱性氯化铝的浓度"修改为"铝的浓度"，即能够很好地克服不能实施的矛盾。

专利复审委员会作出第 13880 号决定认定，"碱性氯化铝的浓度"是纺丝液中的一种重要组分，无论是在本专利的权利要求书还是说明书中只要涉及纺丝液组分的地方，均为"碱性氯化铝的浓度"，并且除了实施例部分以外，该术语均与其所在的段落的上下文所要表达的意思完全对应，而且语意清楚连贯，并没有出现前后不一致的情况；而就实施例而言，以实施例 1 为例，当本领域技术人员为了解决实施例 1 中存在的矛盾，除了将"碱性氯化铝的浓度"修改为"铝浓度"外，通过演算，还存在多种合理、可行的修改方式，例如，可将"20 重量%硅溶胶溶液 606g"修改为"6.2 重量%硅溶胶溶液 606g"的情况下，同时将"1.0L 的铝浓度为 165g/L 的碱性氯化铝的水溶液"修改为"1.0L 铝浓度为 51g/L 的碱性氯化铝的水溶液"或者修改为"0.3L 铝浓度为 165g/L 的碱性氯化铝的水溶液"。因此，将"碱性氯化铝的浓度"修改为"铝浓度"并不是唯一的修

---

① 该款规定："说明书应当对发明或者实用新型作出清楚、完整的说明，以所属技术领域的技术人员能够实现为准。"

改方式。因此,三菱株式会社关于"碱性氯化铝的浓度"全部应为"铝浓度"的明显笔误的观点不能成立。本专利说明书不符合《专利法》第二十六条第三款的规定,遂宣告该专利无效。

三菱株式会社不服专利复审委员会无效决定,起诉至北京市第一中级人民法院称,"碱性氯化铝的浓度"系明显的笔误,而"铝的浓度"是该笔误的唯一正确的修改结果。第13880号决定列举了一种其他的修改方式,其在参数、结果上存在瑕疵,因此本领域技术人员不会产生进行该种修改的动机。

判决与理由

北京市第一中级人民法院、北京市高级人民法院经一审、二审审理后均认为:

首先,从本专利权利要求书和说明书所记载的内容来看,本专利"发明内容"一节中所记载的纺丝液参数均为"碱性氯化铝的浓度";本专利说明书配制纺丝液的过程中所涉及到的组分名称也均为"碱性氯化铝";本专利说明书列举出的两个实施例和四个比较例中配制出的纺丝液的参数也均表述为"碱性氯化铝的浓度"而非"铝的浓度",本专利权利要求7限定的内容也系"碱性氯化铝浓度"。同时,在本专利说明书中,除了具体实施方式以外,"碱性氯化铝浓度"这一参数与其所在段落要表达的内容一致,没有出现意思表达不连贯的情况。因此,从上述本专利说明书及权利要求书所记载的上下文内容来看,"碱性氯化铝的浓度"而非"铝的浓度"是衡量本专利纺丝液配制的重要技术参数,本专利文献没有给出任何将"碱性氯化铝浓度"替换为"铝的浓度"作为技术参数的启示,本领域技术人员在

专利权利要求和说明书中"笔误"的判断

阅读本专利的文献时,也不会想到使用"铝的浓度"作为计算纺丝液的技术参数。因此,原告主张的本专利文献中的"碱性氯化铝浓度"系"铝的浓度"笔误的诉讼主张无法得到本专利说明书和权利要求书记载的内容的支持,也无法从上述文献中直接地、毫无疑义地推导出来。

其次,鉴于"碱性氯化铝的浓度"是本专利纺丝液的重要技术参数,本领域技术人员在遇到本专利说明书实施例各个参数之间所存在的矛盾时,一般不容易想到"碱性氯化铝的浓度"这一参数本身存在撰写上的问题,更可能会考虑到改变其他的参数数值以解决上述矛盾。在此情况下,本专利说明书存在多个合理的、可行的修改方式,而将"碱性氯化铝的浓度"修改为"铝的浓度"并不是唯一的修改方式。

综上,一、二审法院均判决维持专利复审委员会第13880号决定。

评 析

本案的争议焦点在于"碱性氯化铝的浓度"是否为"铝的浓度"的笔误,这涉及本专利的效力问题。该问题的实质在于如何确定"笔误"。

一、权利要求书和说明书的作用

专利权利要求书和说明书是专利文献的主要组成部分和核心内容。二者所承担的功能有所不同。

就权利要求而言,其根本功能在于界定专利权的保护范围。权利要求的作用可被区分为"主观作用"和"客观作用"。前者指权利要求系专利申请人表达其请求保护以及所欲保护的客体范围的主观意愿的语言载体。体现申请人的内在主观愿望是权利要求产生的原初动力。后者指权利要求系向社会不特定公众传递权利人要求保护的意思表示、公示专利权的保护客体范围的语言工具，只有经由明确、清晰的外部意思表示，社会公众才能准确地了解专利权的保护边界，从而鼓励后续创新。

就说明书而言，其根本功能在于准确地向社会公众揭示发明创造本身的技术领域、背景、内容、具体实施方式、功能、效果等，使得仅具有本领域普通技术人员知识和水平的社会公众能够顺利地、容易地实施发明创造，从而保证专利制度"以公开换保护"基本目的的实现。说明书的作用与权利要求不同，一方面是全面公开新的技术信息，另一方面用以解释权利要求，从而准确确定专利权的保护范围。由于说明书也是通过语言文字的外在表现方式传递信息内容的，因此也存在"主观信息"和"客观信息"的区分，即存在权利人或者申请人主观上所欲表达的技术内容和社会公众在客观上所能够获取的技术内容的区别。

《专利法》第五十九条第一款从确定保护范围的角度反映了权利要求和说明书的上述重要作用："发明或者实用新型专利权的保护范围以其权利要求的内容为准，说明书及附图可以用于解释权利要求的内容。"为了实现上述作用，《专利法》有关条文对权利要求书和说明书的撰写提出了严格的要求。《专利法》第二十六条第三款规定："说明书应当对发明或者实用新型作出清楚、完整的说明，以所属技术人员能够实现为准。"这里强调了三点：一是说明书必须清楚、完整；二是说明书必须充分公开；三是说明书的质量应由本专业的普通技术人员来评价，也即本技术领域的任何一名普通的技术人员阅读说明书后，就能实施该项发明创造。《专利法》第二十六条第四款规定："权利要求书应当以说明书为依据，清楚、简要地限定要求专利保护的范围。"这里强调了两点：一是权利要求书的语言表达必须清楚、简要；二是权利要求书应当概括适当，其所要求保护的技术内容必须在说明书中找到依据。国家知识产权局颁布的《审查指南》对于权利要求书和说明书的撰写要求作出了更为详尽的规定。

二、"主观笔误"与"客观笔误"

由于权利要求书和说明书均为语言表达，在撰写的过程中，因疏忽导致的撰写错误并不罕见。专利制度力图在权利人和社会公众之间达到动态的平衡，一方面鼓励发明创造，另一方面为社会公众预留创新空间。虽然在事后对体现在申请文件中的申请人主观意志进行客观探寻，能够或多或少地找到撰写错误的蛛丝马迹，但是，由于专利制度存在的价值目标并非仅仅偏向于权利人，这些"主观笔误"一旦损害《专利法》所追求的充分公开、清楚划界等根本目标时，应当从社会公众信赖利益保护和交易安全维护的角度出发，对更正撰写错误的做法予以一定的限制。只有那些在社会公众看来也会被认为是"笔误"的"客观笔误"，才应当被认定为可以在授权后程序中加以更正的"笔误"。

上述结论由专利文献撰写历程的角度观之亦有其合理性和正当性。由于专利文献是由申请人撰写的，在审查员提出修改意见之后，申请人也有权选择是否修改以及具体的修改内容和方向，因此申请人在专利文献的成文化过程中占有绝对的主导地位。申请人有充分的时间对其撰写内容进行反复推敲、校对、核实，其也理应对其行为负责。一旦出现撰写上的失误，理应由申请人、权利人承担相应的法律后果。对于社会公众而言，其有理由相信专利文献作为具有法律效力的文件，是申请人或者权利人深思熟虑的结果，作为专利文献最重要组成部分的权利要求书和说明书具有公示公信的法律效力，社会公众由此产生的不可做一定行为、可做一定行为的明确预期应当受到法律的保护。从这个意义上说，只要专利文献经授权公告之后，即取得法定权利产生的效力，其内容不应当再进行变更，否则社会公众的预期无法得到保护，其义务边界无法固定，其行为将无所适从。

不过，凡有原则必有例外。专利文献中的撰写错误，有些是如此明显，以至于社会公众在完整地阅读了通篇专利文献之后，能够明白无误地意识到该错误的存在，并作出"应然"的正确解读。在这种情况下，这些"客观笔误"不至于对社会公众的信赖利益构成损害，裁判者可以本着实事求是的原则对其进行正确的解释性更正，不必再严格地拘泥于字面的含义，从而演变为纯粹的对申请人疏忽大意的惩罚。有鉴于此，现行行政法规、规章对于在实审、复审、无效程序中可以更正笔误进行了相应的规定[①]。

三、"笔误"的构成要件

正因为并非所有的"主观笔误"均为"客观笔误"、只有在构成"客观笔误"的情况下，才允许权利人对权利要求书和说明书中出现的笔误进行更正、澄清和修改，因此"客观笔误"的构成要件是决定相关技术信息是否可被变更的重要判断标准。

《审查指南》第二部分第八章第 5.2.2.2 节第（11）项规定：可以"修改由所属技术领域的技术人员能够识别出的明显错误，即语法错误、文字错误和打印错误。对这些错误的修改必须是所属技术领域的技术人员能从说明书的整体及上下文看出的唯一正确答案。"

[①]《中华人民共和国专利法实施细则》第五十一条第四款规定："国务院专利行政部门可以自行修改专利申请文件中文字和符号的明显错误。"《审查指南》第一部分第一章第 8 节规定，根据《专利法实施细则》第五十一条第四款的规定，对于发明专利申请文件中文字和符号的明显错误，审查员可以在初步审查合格之前依职权进行修改。第四部分第二章第 4.2 节规定，复审请求人可修改权利要求或者说明书中明显的文字错误。

专利权利要求和说明书中"笔误"的判断

笔者认为，认定专利文献中某一技术术语的错误为"客观笔误"，必须同时满足以下两个构成要件：（一）该技术术语的错误对于本领域技术人员而言必须是明显的，而非深层次的、隐藏的信息；（二）对该错误的修正结论必须唯一，即必须是所属技术领域的技术人员能从专利文献的整体及上下文看出的唯一的正确答案，而不能是多种可能的修改方式之一。之所以应当坚持上述两项构成要件，主要基于以下两个方面的考量。

首先，权利要求书是表达权利人所要求保护的客体范围的载体，其所表达的内容必须是明确的，而说明书作为完整描述发明创造内容的文献资料，也应当是确定的、无歧义的。权利要求书"划圈"的目的和作用要求其应当能够迅速地、便捷地使公众明确专利权的保护范围，说明书公开发明创造的目的和作用也要求传递给公众的技术信息应当是准确的、易于理解和再现的。如果申请人撰写的错误并非明显的错误，社会公众在阅读有关的权利要求书及说明书的内容时，无法第一时间意识到该撰写错误的存在，其将会基于对专利文献的信赖，而以其所得到的错误的公开信息确定权利的保护范围以及理解发明创造的具体内容和实施方式，如此一来，或者导致公众所理解的保护范围与权利人主观上意图确定的保护范围出现严重的偏差，或者导致公众无法得到正确的技术信息、无法准确地实施和再现发明人所本应公之于众的技术贡献。虽然在某些情况下，在社会公众对专利文献作出深入的研究之后可以意识到撰写错误的存在，但此时该错误已不能满足"明显"的条件。如果此时也允许权利人对此类错误进行修正和澄清，那么势必将损害专利文献的公信力、增加社会公众为获取正确技术信息所付出的研究成本，不利于社会公众快速、便捷、低成本地获取新技术信息以及确定权利的保护范围，不符合"公开换保护"以及"清楚、简要地确定保护范围"

的立法的根本目的。

其次，即便社会公众能够第一时间意识到撰写错误的存在，但如果存在多种合理的修改方式，那么无论该错误存在于权利要求书中，还是说明书中，都因为结论的不唯一，而导致社会公众无法通过专利文献的整体以及上下文自行得出唯一确定的修正结果。换言之，"客观笔误"不仅要求错误容易被发现，而且还要求对于社会公众而言，修改的方向是唯一的、确定无疑的。这同样是基于清晰界定权利保护范围、准确传达新科学技术信息的根本立法宗旨的要求。

当然，在"客观笔误"的认定中，还应当注意以下两个方面的问题，避免走向对专利权人过于严苛的另一极端。首先，"笔误"的判断主体是本领域的普通技术人员，而不是一般的社会公众。某些撰写错误对于普通人而言也许不是明显的，但站在本领域普通技术人员的角度，能够迅速地识别出来，此时应当认为该撰写错误能够满足"明显"的要件。其次，"笔误"的判断应当是在通篇阅读了专利文献、理解了发明内容之后所作出的判断。在某些情况下，虽然孤立地看待部分文字内容，并不能认识到撰写错误的存在或者得出正确的修正结论，但结合其他权利要求、说明书记载的其他内容、附图等，却能够确定"笔误"的存在以及正确结论的，仍然应当允许权利人将撰写错误作为"笔误"加以修正，尤其在权利要求书或者说明书相应内容存在前后记载矛盾的情况下，往往需要结合专利文献的各部分内容来加以判断。

四、针对本案的具体分析

就本案而言，各方当事人均确认，以本专利具体实施例所披露的技术方案进行实验，无法制得如权利要求书以及说明书所述的较粗的氧化铝短纤维，权利人也明确认可说明书及权利要求书在撰写过程中存在错误。权利人认为只要把"碱性氯化铝的浓度"修改为

专利权利要求和说明书中"笔误"的判断

"铝的浓度",则可以圆满地克服上述错误。无效请求人虽然承认这种修改方式可行,但并不认可"碱性氯化铝的浓度"满足笔误的要求。因此本案的争议焦点——"碱性氯化铝的浓度"是否系"铝的浓度"的笔误,应当从笔误认定的两项构成要件出发进行判断。

首先,本专利权利要求书和说明书"发明内容"一节中所有出现铝元素浓度的部分,均为"碱性氯化铝的浓度",而从未出现过"铝的浓度"的字样。本专利的发明创新点在于纺丝液的调制,而"碱性氯化铝"为纺丝液必不可少的重要组分。以"碱性氯化铝的浓度"作为参数对纺丝液进行定义,更符合本领域技术人员的习惯,而以"铝的浓度"作为参数对纺丝液进行定义,虽然也属于本领域的通常做法之一,但需要对"碱性氯化铝的浓度"进行换算,相对而言并非最方便的参数记载方式。因此,在反复出现的"碱性氯化铝的浓度"与其前后文意思连贯的情况下,本领域普通技术人员并不能第一时间认识到纺丝液的组分参数存在撰写上的错误。虽然说明书实施例1、2中同时出现了"铝浓度"和"碱性氯化铝的浓度",但如果不经过换算,并不能认识到错误的存在。更何况,即便经过计算认识到实施例的矛盾,本领域普通技术人员也不能确定是"碱性氯化铝的浓度"而不是"铝的浓度",或者其他的参数或者参数数值存在撰写错误。事实上,本领域普通技术人员只有通过实验的方式,才能知晓本专利权利要求所要求保护的技术方案不可实施,才可能明确地认识到相应的撰写内容存在错误[①]。

其次,由于本专利技术方案所记载的纺丝液的制备为多项参数所限定,而"碱性氯化铝的浓度"系本领域普通技术人员通常采取

[①] 更有甚者,当本领域技术人员通过实验的方式发现得不到发明产品时,在最初的一段时间里更有可能首先检查自身的实验条件、设备是否符合专利文献的记载,只有在经过反复多次实验之后,才能确信实验失败系专利文献本身的错误所导致。

的参数定义方式，因此即便本领域普通技术人员通过多次实验确定专利文献所公开的纺丝液存在错误，也不能当然地、明确地、毫无疑义地确定系"碱性氯化铝的浓度"、抑或是其他技术参数、还是参数数值范围撰写错误所致。易言之，本领域技术人员无法准确定位错误的位置。事实上，本领域技术人员可能更倾向于对权利要求书及说明书中给出的各种参数的数量范围进行调整，而非对参数本身进行调整，来"推测"专利技术的正确技术内容以及保护范围。专利复审委员会在第13880号决定中即站在本领域普通技术人员的角度，例举式地给出了对其他参数进行调整的一种修改方式，该修改方式符合本领域普通技术人员的认知水平，充分证明了将"碱性氯化铝的浓度"修改为"铝的浓度"并非唯一合理的、可行的修改方法。

综上，作为社会公众的本领域普通技术人员在充分阅读了本专利整篇专利文献的基础上，并不能明显地意识到撰写错误的存在，也不能明显地确定撰写错误的位置所在，更不能唯一地、确定地得到正确的修改方式，从而以较低的成本正确获取发明创造的技术内容以及准确确定权利要求的保护范围，因此，本案"碱性氯化铝的浓度"难以被认定为"笔误"，从而得以澄清、修改和更正。

（撰稿人：陈文煊）

2. 外观设计的相近似性判断及如何在专利行政案件中正确提交和使用证据

——盐城中威客车有限公司请求宣告德国尼欧普兰汽车有限公司"车"外观设计专利权无效行政纠纷案

案件索引：北京市第一中级人民法院（2008）一中行初字第59号，2008年3月31日判决。北京市第一中级人民法院（2008）一中行初字第905号，2008年11月18日判决。

基本案情

2004年9月23日，德国尼欧普兰汽车有限公司（以下简称"尼欧普兰公司"）向国家知识产权局提出名称为"车"的外观设计专利（以下简称"本专利"）申请，其优先权日为2004年9月20日。本专利于2005年8月24日被授权公告。本专利包括7幅视图，即主视图、后视图、左视图、右视图、俯视图、立体图1、立体图2。从各视图观察，本专利由车头、车身和前后车轮等组成，整体形状大致呈长方体，车头由一条形棱将前车窗和顶窗分隔，其中部有雨刷设计，顶窗向车顶部倾斜，并向车身两侧圆弧过渡，与平行四边形的车侧窗、前车窗和车身连接，呈楔形，前车窗正面竖直，其两侧各有一长形后视镜，在前车窗的下端有一近似"T"形设计，其中下部为车牌安装部位，沿"T"形横下沿为车前灯安装部位，车前灯呈"豆荚"状斜置，车身右侧设有驾驶室门和乘客门，乘客门位于车身中部，在车身左后侧有一不规则形散热格栅，车身的后上部略向车顶部倾斜，后视窗和发动机罩均呈倒梯形，车后灯呈三角形，有两组后车轮，前后车轮上的翼子板下沿分别为"∩"和"∩∩"形状，车顶部设有天窗和空调压缩机，天窗位于前半部和中部，空调压缩机位于后半部略向上凸起，其上有六个圆形、一个长形和两个梯形设计。

本专利各视图如下

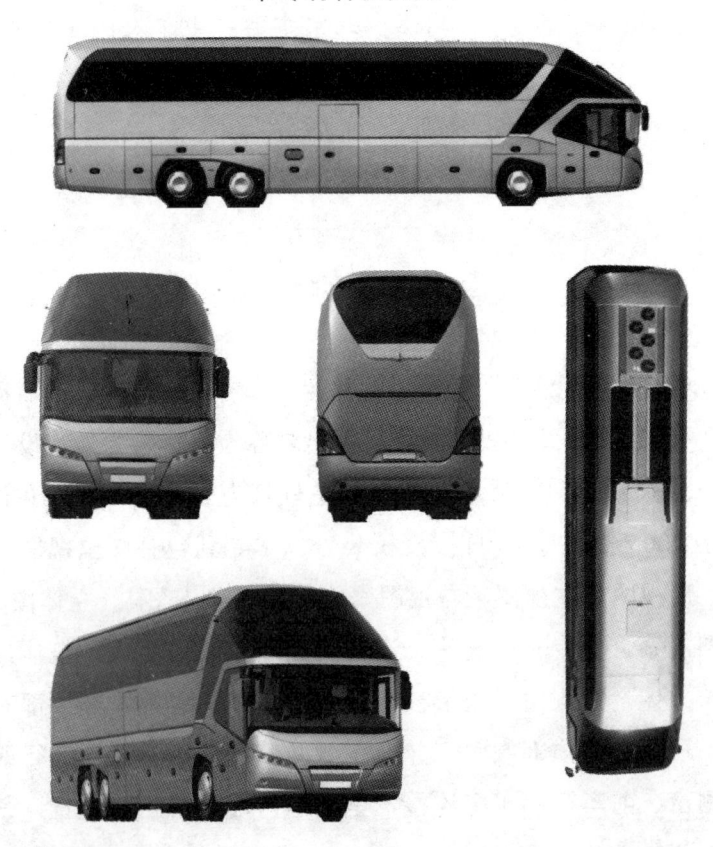

外观设计的相近似性判断及如何在专利行政案件中正确提交和使用证据

盐城中威客车有限公司（以下简称"中威公司"）于2006年10月26日向专利复审委员会提出无效宣告请求，其理由是本专利不符合《中华人民共和国专利法》（简称《专利法》）第九条和第二十三条的规定。中威公司同时提交了如下附件作为证据：附件1—附件4；附件5（即《商用汽车》2004年第3期封面及第32页复印件共2页），后中威公司放弃将附件5作为证据使用。

附件1是经国家知识产权局专利检索咨询中心2006年10月24日确认的第02305512.X号外观设计专利公报，申请日是2002年3月27日，授权公告日为2003年2月19日，授权公告号是CN3278537D，外观设计的产品名称为"豪华客车（JNP6127）"。经核实，该复印件所示内容属实，其授权公告日在本专利申请日（本案指优先权日）之前，可作为认定本专利是否符合《专利法》第二十三条规定的证据。附件1包括4幅视图，即主视图、后视图、左视图、右视图。从各视图观察，附件1由车头、车身和前后车轮等组成，整体形状大致呈长方体，车头包括前车窗和顶窗，车顶窗的上部有雨刷设计，顶窗向车顶部倾斜，并向车身两侧圆弧过渡，与平行四边形的车侧窗连接，在连接处形成一三角形侧窗，前车窗正面竖直，其两侧各有一长形后视镜，车身正面的中下部为车牌安装部位，车前灯呈长条形一字排列，车身右侧设有驾驶室门和乘客门，乘客门与后车轮相邻，在车身左后侧有一圆角长方形散热格栅，后视窗略呈圆角梯形，发动机罩呈圆角长方形，在发动机罩的上方有五组并列的散热格栅，车后灯呈梯形，有一组后车轮，前后车轮上的翼子板下沿为圆弧形状。

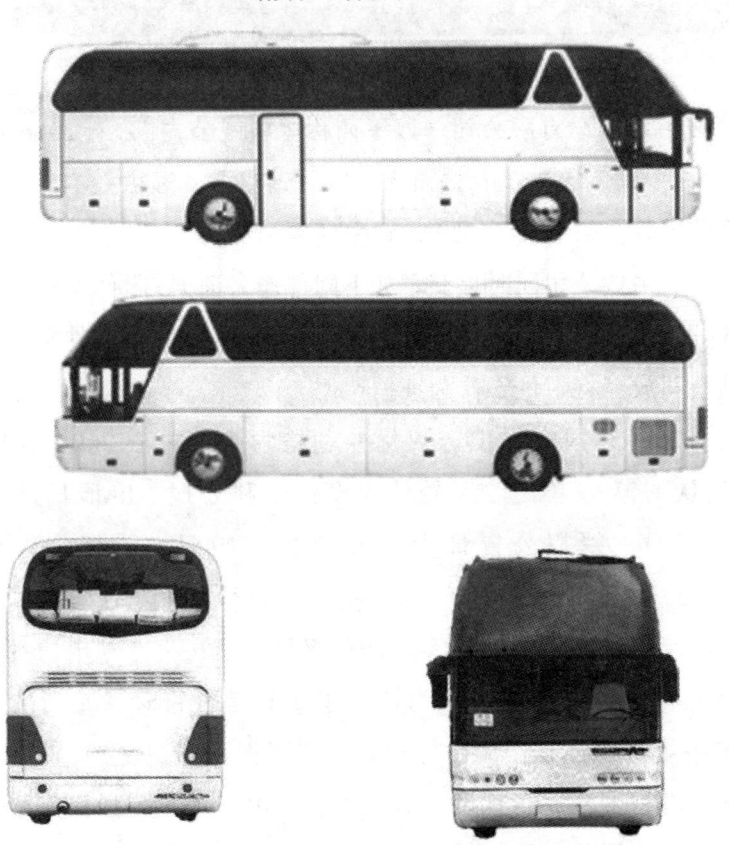

附件1各视图如下

附件2是经国家知识产权局专利检索咨询中心2006年10月24日确认的第02309580.6号外观设计专利公报，申请日是2002年5月21日，授权公告日为2002年12月25日，授权公告号是CN3269701D，使用外观设计的产品名称为"（JNP6127）豪华客车"，授权公告日在本专利申请日之前，可作为认定本专利是否符合《专

外观设计的相近似性判断及如何在专利行政案件中正确提交和使用证据

利法》第二十三条规定的证据。附件2包括5幅视图，即主视图、后视图、左视图、右视图、俯视图。从各视图观察，附件2由车头、车身和前后车轮等组成，整体形状大致呈长方体，车头包括前车窗和顶窗，车顶窗的上部有雨刷设计，顶窗向车顶部倾斜，并向车身两侧圆弧过渡，与车侧窗连接，呈梯形状，前车窗正面竖直，其两侧各有一长形后视镜，车身正面的中下部为车牌安装部位，车前灯呈长条形一字排列，车身右侧设有驾驶室门和乘客门，乘客门与后车轮相邻，在车身左后侧有一圆角长方形散热格栅，后视窗略呈圆角梯形，发动机罩呈圆角长方形，在发动机罩上方有5组并列的散热格栅，车后灯呈梯形，有一组后车轮，前车轮上的翼子板下沿为圆弧形状，后车轮上的翼子板略凸起，覆盖大部分车轮，车顶部设有天窗和空调压缩机，车顶部的前后部各有一天窗，空调压缩机位于车顶部的中后部略向上凸起，其上有6个圆形和4个两两对称的长形格栅设计。

附件2各视图如下

专利无效行政纠纷案例

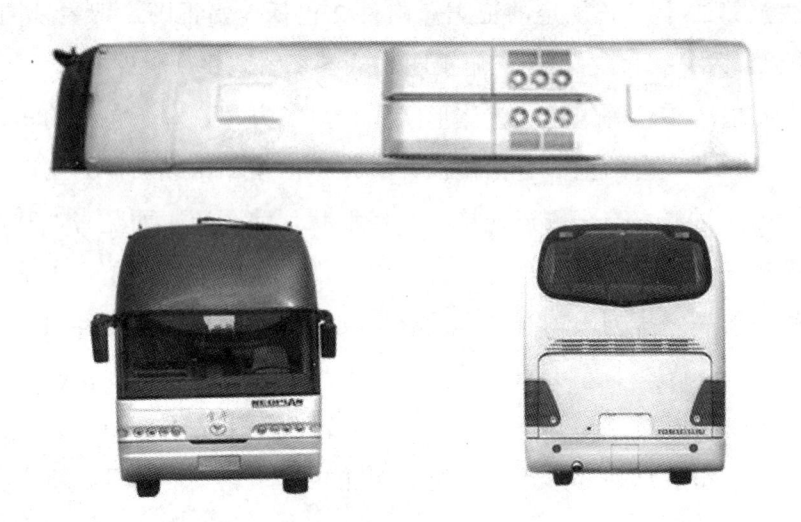

附件 3 是经国家知识产权局专利检索咨询中心 2006 年 10 月 24 日确认的第 02344703.6 号外观设计专利公报，申请日是 2002 年 10 月 17 日，授权公告日为 2003 年 5 月 14 日，授权公告号是 CN3294311D，使用外观设计的产品名称为"豪华客车（JNP6127A）"，授权公告日在本专利申请日之前，可作为认定本专利是否符合《专利法》第二十三条规定的证据。附件 3 包括 5 幅视图，即主视图、后视图、左视图、右视图、俯视图。从各视图观察，附件 3 由车头、车身和前后车轮等组成，整体形状大致呈长方体，车头包括前车窗和顶窗，车顶窗的上部有雨刷设计，顶窗向车顶部倾斜，并向车身两侧圆弧过渡，与平行四边形的车侧窗连接，在连接处形成一三角形侧窗，前车窗正面竖直，其两侧各有一长形后视镜，车身正面的中下部为车牌安装部位，车前灯呈长条形一字排列，车身右侧设有驾驶室门和乘客门，乘客门与后车轮相邻，在车身左后侧有一圆角长方形散热格栅，后视窗略呈圆角梯形，发动机罩呈圆角长方形，在发动机罩上方有五组并列的散热格栅，车后灯呈梯形，有一组后

外观设计的相近似性判断及如何在专利行政案件中正确提交和使用证据

车轮，前车轮上的翼子板下沿为圆弧形状，后车轮上的翼子板略凸起，覆盖大部分车轮，车顶部设有天窗和空调压缩机，车顶部的前后部各有一天窗，空调压缩机位于车顶部的中后部略向上凸起，其上有3个圆形和4个两两对称的长形格栅设计。

附件3 各视图如下

附件 4 是经国家知识产权局专利检索咨询中心 2006 年 10 月 24 日确认的第 200430061131.8 号外观设计专利公报，申请日是 2004 年 6 月 3 日，授权公告日为 2005 年 1 月 12 日，授权公告号是 CN3418608D，外观设计的产品名称为"豪华客车（6137）"，专利权人是金华尼奥普兰车辆有限公司，与本专利不是同一专利权人，申请日早于本专利申请日，属于他人在先申请的专利，可适用《专利法》第九条对该证据进行审查。附件 4 包括 5 幅视图，即主视图、后视图、左视图、右视图、俯视图。从各视图观察，附件 4 由车头、车身和前后车轮等组成，整体形状大致呈长方体，车头包括前车窗和顶窗，顶窗向车顶部倾斜，并向车身两侧圆弧过渡，与平行四边形的车侧窗连接，在连接处形成一三角形侧窗，前车窗正面竖直，其两侧各有一长形后视镜，车身正面的中下部为车牌安装部位，车前灯呈长形一字排列，车身右侧设有驾驶室门和乘客门，乘客门与后车轮相邻，在车身左后侧有一长方形散热格栅，后视窗略呈圆角梯形，发动机罩呈圆角长方形，在发动机罩上方有 5 组并列的散热格栅，车后灯呈梯形，有两组后车轮，前车轮上的翼子板下沿为圆弧形状，后车轮上的翼子板略凸起，覆盖少部分车轮，车顶部设有天窗和空调压缩机，车顶部的前后部各有一天窗，空调压缩机位于车顶的中部略向上凸起，其上有 4 个圆形和 2 个对称的长形格栅设计。

附件 4 各视图如下

主视图

外观设计的相近似性判断及如何在专利行政案件中正确提交和使用证据

后视图

左视图　　　　　　　　右视图

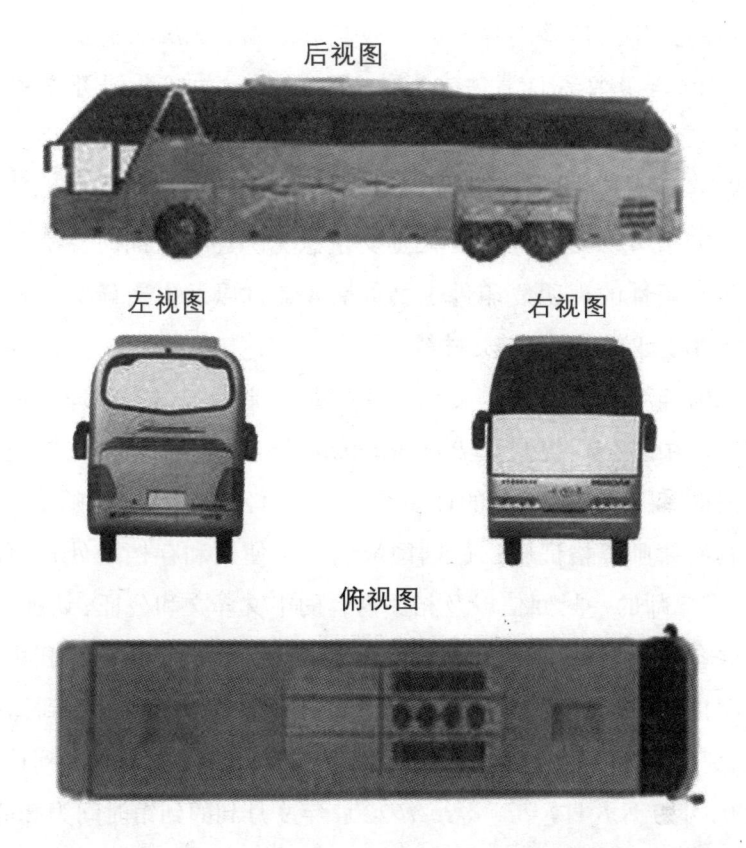

俯视图

　　2007年5月25日，中威公司以本专利与申请日之前在外文期刊 Bus Magazin 上公开发表的客车外观设计完全相同，不符合《专利法》第二十三条的规定为由，再次向专利复审委员会提出无效宣告请求，并提交了本专利公报复印件以及附件2（德文期刊 Bus Magazin 的复印件）、附件3（江苏省南京市公证处出具的〔2007〕宁证内经字第4301号公证书，公证的事项为证据保全。该公证的内容是：刘青文于2007年1月8日下午在公证员面前拨通了0049—341—2271567的电话，并对整个通话过程进行了录音，随后由刘青文对录音内容进行了整理并译成中文。公证书附有录音整理资料和现场工作记录，通话的主要内容是询问 Morgenstern 女士，德国国家图书馆的工作人员是在什么时间收到 Bus Magazin 杂志的,对方回答是 2004 年 9 月 6 日)。2007 年 6 月 23 日,中威公司补充提交了 Bus Magazin 杂志第 85 页复印件以及该页相关内容的中文译文和目录页以及图片下方文字的中文译文。

2007 年 7 月 6 日,第三人提交了意见陈述书,同时提交了关于不丧失新颖性的声明复印件 1 页、证人证言以及中文译文、相关的公证文件复印件等共 15 页材料。

2007 年 12 月 11 日,专利复审委员会举行了口头审理。在口头审理中,中威公司提交了 Bus Magazin 杂志的原件,补充提交了由德国彼得·科强律师出具的证明;科隆律师公会为德国律师彼得·科强出具的律师资格证明;德国国家图书馆使用和存档处处长写给彼得·科强律师的一封回信以及相关内容的中文译文和公证、认证文件。回信内容是:"您查询的刊物准确出版日期无法确定,因为刊物中没有标明出版日期。在绝大部分情况下,本图书馆在刊物寄到图书馆的之后一天对刊物进行登记。Bus Magazin 2004 年 9 月刊的到馆时间为 2004 年 9 月 6 日,Bus aktuell 2004 年 9 月刊的到馆时间为 2004 年 10 月 8 日。我们希望为您提供了帮助。"信的下方盖有德国国家图书馆的印章。针对德国国家图书馆使用和存档处处长耶尔格·罗伊保的来信,彼得·科强律师出具了一份证明,证明内容为:"兹证明由本人,彼得·科强(Peter Koczian)律师,因接受中国南京吴建斌律师的委托,请求莱比锡德国国家图书馆出具了随文附上的、由使用和存档处处长耶尔格·罗伊保于 2007 年 11 月 13 日撰写的证明书(编号为 Abt.L3.2/Hn)。本人在此证明此份证明书是由莱比锡德国国家图书馆直接寄给本人的律师事务所的。"信件及证明均由朱叔夏先生翻译成中文,同时提交了朱叔夏先生的翻译资格和彼得·科强律师资格的公证认证材料。尼欧普兰公司认可附件 2、3 复印件与原件相符,

外观设计的相近似性判断及如何在专利行政案件中正确提交和使用证据

但对 Bus Magazin 杂志的真实性以及附件3公证书中德文译文的真实性有异议，认为中文译文与德文不相符，应由有资质的翻译公司进行翻译。专利复审委员会将中威公司口头审理中补充提交的材料转给尼欧普兰公司，并给予尼欧普兰公司一个月的答复期。

2008年1月10日，专利复审委员会收到尼欧普兰公司提交的意见陈述。在该陈述中，尼欧普兰公司认为中威公司在口头审理中补充提交的新证据不属于《审查指南》规定的法定例外情形，补充证据超过法定举证期限不应被采纳。即便专利复审委员会考虑接受中威公司提交的新证据，该证据也不能证明 Bus Magazin 2004年9月刊的真实性。尼欧普兰公司同时提交了两份反证支持其上述主张：反证1. 中国国家图书馆科技查询中心出具的检索报告，证明中国国家图书馆未见 Bus Magazin 的任何期卷，Bus Magazin 2004年9月刊也没有馆藏；反证2. 德国国家图书馆行政主管米歇埃尔·费尔璐出具并盖有德国国家图书馆印章的证人证言的公证书，其中说明"德国国家图书馆法定赠阅本的交付日期与媒体著作的发表或公开日期不是相同的日期"，同时附上由翻译公司对该证人证言的中文译文。

2007年8月6日及2008年3月6日，专利复审委员会针对上述无效请求分别作出第10362号决定和第11155号决定，认为无效请求人中威公司针对本专利所提无效理由均不能成立，故维持名称为"车"的第200430088722.4号外观设计专利权（即本专利）继续有效。

判决与理由

北京市第一中级人民法院经审理认为：

中威公司并未对第10362号决定中关于本专利与在先设计是否

构成相同或者相近似的外观设计以及是否构成同样的发明创造一节提出异议,经审查,专利复审委员会对于上述问题的认定并无不当,因此对专利复审委员会第 10362 号决定应当予以维持。

而对于第 11155 号决定,中威公司在提出无效宣告请求时提交的 *Bus Magazin* 系在德国出版的刊物,属于域外证据。但中威公司未办理相关的证明手续,该证据不符合法定形式要件的要求,专利复审委员会据此认定附件 2 *Bus Magazin* 杂志不能作为评价本专利是否符合《专利法》第二十三条的证据正确。中威公司在口头审理中补充提交的 4 份证据及其公证、认证文件,系证明附件 2 中 *Bus Magazin* 杂志公开日期的证据,并非针对作为域外证据的杂志本身提交的相关证明手续,不属于为完善附件 2 的法定形式而提交的证据,专利复审委员会对该证据不予考虑的做法是正确的。

综上,专利复审委员会第 10362 号决定、第 11155 号决定认定事实清楚,适用法律正确,审理程序合法,对其应予维持,对中威公司的诉讼请求不予支持。据此,依照《中华人民共和国行政诉讼法》第五十四条第(一)项的规定,判决如下:

维持被告中华人民共和国国家知识产权局专利复审委员会作出的第 10362 号、第 11155 号无效宣告请求审查决定。

两案宣判后,各方当事人均未提起上诉,判决已发生法律效力。

评 析

上述两个案件中所涉及的法律问题虽然并不相同,但都具有一定的典型意义。两案中的争议焦点问题有两个:一为外观设计的相近似性判断问题;二为在专利无效诉讼程序中怎样正确把握提交证据的时机及正确理解证据证明力的问题。下面分别从这两个争议的焦点问题作出分析。

一、外观设计相近似性对比的问题

中威公司虽然在第10362号决定所涉及的行政诉讼中未对本专利与在先设计的相近似性进行对比或者是否构成相同的发明创造提出异议，但本案客观上存在外观设计的相近似性判断问题。

对于外观设计的授权标准，《专利法》第二十三条规定，授予专利权的外观设计，应当同申请日以前在国内外出版物上公开发表过或者国内公开使用过的外观设计不相同和不相近似，并不得与他人在先取得的合法权利相冲突。但《专利法》在2008年修正时（以下简称"2008年《专利法》"），对外观设计的授权标准作出了较大的修改，这体现在2008年《专利法》第二十三条的规定："授予专利权的外观设计，应当不属于现有设计；也没有任何单位或者个人就同样的外观设计在申请日以前向国务院专利行政部门提出过申请，并记载在申请日以后公告的专利文件中。现有设计，是指申请日以前在国内外为公众所知的设计。"可以看出，2008年《专利法》用"不属于现有设计"替代了"不相同和不相近似"，用"国内外为公众所知"替代了"国内公开使用"，从而大大提高了外观设计的授权标准。根据2008年《专利法》的上述修改，国家知识产权局颁布的《专利审查指南》（2010）也对外观设计相同相近似的标准作出了较大修改，对于2008年《专利法》第二十三条中规定的"不属于现有设计"，2010年的《审查指南》解释为"是指在现有设计中，既没有与涉案专利相同的外观设计，也没有与涉案专利实质相同的外观设计"。对于什么是"外观设计相同"，《审查指南》认为，外观设计相同，是指涉案专利与对比设计是相同种类产品的外观设计，并且涉案专利的全部外观设计要素与对比设计的相应设计要素相同，其中外观设计要素是指形状、图案以及色彩。《审查指南》同时规定，在相同或者相近种类产品的外观设计是否相近似的比较上，还需要进一步使用外观设计实质相同的判断标准，在两者的差别仅在于局部细微的差别，或区别在于使用时不容易看到或者看不到的部位，或者反映为惯常设计的相应要素时，可以认定为二者是实质相同的外观设计。由此可见，2010年《审查指南》根据2008年《专利法》的修改，对外观设计无效审查过程中近似性的判断标准上，也作出了较大的调整，不仅提出了"实质相同"、"独特的视觉效果"等新的概念，还较大幅度地提高了外观设计的无效审查标准。

本案所涉及的外观设计的相近似性对比问题所依据的仍然是2000年修改的《专利法》中的相关规定，即需要判断本专利与在先设计是否属于"相同或者相近似的外观设计"。对于是否构成"相同或者相近似"的判断原则，也曾经经历过较大的变化。在国家知识产权局于2001年颁布的《审查指南》中明确规定了"综合判断"与"要部判断"两种判断方式，并通过"经过对产品的整体观察，仍难以确定该产品中容易引起一般消费者注意的部分的，对其外观设计可以使用综合判断的方式进行相同和相近似性判断"的方式在一定程度上凸显了"要部判断"原则的重要性。但2006年颁布的《审查指南》中对上述判断原则作出了重大修改，其中明确指出，外观设计应当采用整体观察、综合判断的方式进行相同或者相近似判断。所谓整体观察、综合判断的方式是指，由被比设计的整体来确定是否与在先设计相同或者相近似，而不从外观设计的部分或者局部出发得出与在先设计是否相同或者相近似的结论。2006年《审查指南》实际上全面否定了"要部判断"的方式，这一改变的主要原因在于通过多个实际案例反映出来的情况看，专利复审委员会同法院之间、各法院之间，对于不同产品是否存在要部以及

外观设计的相近似性判断及如何在专利行政案件中正确提交和使用证据

哪个部位是要部的问题存在着很多不同的认识，这导致执法和司法标准的不统一，并难以使当事人形成合理的预期。但同时也应当认识到，虽然2006年《审查指南》删除了与"要部判断"相关的内容，但要部在整体中所具有的显著影响的精神仍然体现在外观设计相近似性的判断之中①。

专利复审委员会和法院对本专利与在先设计是否属于相同或者相近似的外观设计的判断中，充分体现了"整体观察，综合判断"的原则，如多次指出：二者的整体形状相近似……从客车外观的整体来观察，这些都属于在外观设计相近似的判断中对综合判断原则的正确运用。同时，对"要部"在整体中所具有的显著影响这一精神，在专利复审委员会和法院的认定中也均得到了体现，如在将本专利与附件1进行对比时，专利复审委员会指出，从客车外观的整体观察，虽然本专利和附件1存在着相近似之处，但由于二者在前后车灯、顶窗和前车窗与车身和车侧窗连接的形状、两侧窗的形状、后车窗、后车轮的数量、翼子板下沿的形状、乘客门的位置等处的造型设计或设置的位置明显不同，这些差别对本专利与附件1的外观设计的整体视觉效果具有显著的影响，因此，二者的不同点足以构成显著差别，应属于不相同且不相近似的外观设计。所以，虽然2006年《审查指南》删除了"要部判断"的原则，但我们仍不能忽视"要部"在外观设计相近似性判断中所可能起到的重要作用。

二、关于证据的提交期限和公证证据的运用问题

程序法是各国法律制度的重要组成部分，也是整个法律制度得以有效运行的基础。因此，无论是在民事诉讼或者行政诉讼程序中，程序法律的严格执行均被各国司法机关所重视。本案所涉及的正是

---

① 参见张广良主编：《外观设计的司法保护》，法律出版社2008年版，第31页。

在专利无效行政案件当中，如何正确地把握提交证据的时间和理解证据的证明效用，以使其充分地发挥应有的证明作用，并尽可能地避免诉讼资源的浪费等问题。在本案中，特别值得给予关注的是以下两个问题：

（一）证据的提交期限问题

本案中，中威公司于 2007 年 5 月 25 日对本专利提出了无效宣告请求，并于同日提交了附件 2 即德文期刊 *Bus Magazin* 的复印件。2007 年 6 月 23 日，中威公司提交了该德文期刊的部分中文译文。2007 年 12 月 11 日，在专利复审委员会口头审理的当日，中威公司提交了 *Bus Magazin* 的原件，但由于从该期刊本身不能判断具体的出版时间，中威公司又补充提交了德国律师公会的证明以及德国国家图书馆出具的一些证明。但是，上述证据最终都没有被法院所采信，其中的一个重要原因就在于当事人并没有在规定的时间内提交相关证据。

《审查指南》是由国家知识产权局颁布的部门规章，它是专利复审委员会进行无效宣告审查程序、依法行政的依据，无论是请求人还是权利人，都应当按照《审查指南》中的各项规定，参与无效审查程序。《审查指南》对行政审查程序中各项证据的提交时间均作出了明确和严格的规定，其中的第四部分第三章第 4.3.1 节规定："原告在提出无效宣告请求之日起一个月后补充证据的，专利复审委员会一般不予考虑，但下列情形除外：（1）针对第三人以合并方式修改的权利要求或者提交的反证，请求人在专利复审委员会指定的期限内补充证据，并在该期限内结合该证据具体说明相关无效宣告理由的；（2）在口头审理辩论终结前提交技术词典、技术手册和教科书等所属技术领域中的公知常识性证据或者用于完善证据法定形式的公证书、原件等证据，并在该期限内结合该证据具体说明相关无

外观设计的相近似性判断及如何在专利行政案件中正确提交和使用证据

效宣告理由的。"从上述规定可以看出，有关法律法规及行政规章都对证据的提交时间作出了严格的规定，当事人超出期限提交证据的行为可能会产生极为严重的法律后果，即该证据在整个行政或者诉讼程序中均不会被考虑。虽然在部分情况下（如符合法律规定的正当事由、考虑证据的特定类型等）当事人享有一定程度的豁免，但法律法规或行政规章对此设定的条件是相当严格的。例如在本案当中，中威公司主张其在口头审理当日提交的德国律师公会的证明等内容属于《审查指南》所规定的第二种例外情形即"用于完善证据法定形式的公证书、原件等证据"，故专利复审委员会对此应予考虑。但事实上，中威公司补充提交这些证据的目的是要对德文期刊 *Bus Magazin* 上无法看出出版时间这一缺陷的补强，也就是说，中威公司提交这些新证据的目的是为了与 *Bus Magazin* 形成一个完整的证据链来证明 *Bus Magazin* 在本专利申请日前已经公开这一事实，而不是为了完善该外文期刊的法定形式。因此，中威公司在口头审理当日提交的这些证据显然不属于可以在提出无效宣告请求一个月后补充的证据，专利复审委员会对其不予考虑符合《审查指南》的规定。

中威公司在无效审查程序中提交的证据未能被专利复审委员会和法院予以采纳的根本原因就是其延误了提交证据的时机，无论证据的内容最终能否被采信，中威公司获取上述证据都已经付出了时间与财力，在资格审查阶段即被否定还是非常可惜的。在我们的司法实践当中，当事人因延误提交证据的时机从而导致关键证据无法为行政机关或者司法机关考虑的现象时有发生。因此，在诉讼活动当中，当事人应当充分重视对程序规则的运用和遵守，以免导致因自身的疏忽而遭受不应有的诉讼损失。

（二）公证证据的运用问题

首先，正确理解公证证据的证明力。

公证证据，是指借助公证程序取得或者固定下来的证据。我国《民事诉讼法》第六十九条规定：经过法定程序公证证明的法律事实和文书，人民法院应当作为认定事实的根据。但有相反证据足以推翻公证证明的除外。根据这条规定，公证文书在形式上被赋予了高于一般证据的法律效力，故而在通常情况下司法机关对公证文书的内容都会给予肯定。正是由于认识到经公证的法律行为、法律事实和文书在证据认定方面所具有的优越性，越来越多的当事人开始在行政和诉讼程序中将各种各样的证据赋予公证的形式，如销售发票、证人证言、出版物、检测报告甚至是实物照片等等，以期达到专利复审委员会和法院能够直接对公证书中所包含的证据内容予以肯定的目的。随着我国公证法律制度在社会中的逐步推行和整个社会对其认知、接受程度的加深，经公证的证据在行政和诉讼程序中的广泛使用将是必然的趋势，也是当事人法律意识提高的一种重要体现，它在一定程度上也将减轻专利行政机关和司法机关在查证事实方面的工作压力。然而，相伴而生的一个问题是公证程序或者公证证据的作用在部分情况下被当事人所误解或夸大，甚至认为公证程序能够解决一切与真实性有关的问题，导致在部分案件当中出现了公证证据被滥用的现象。在这种情况下，具有居中裁断职能的行政机关和司法机关应当保持一种客观和审慎的态度。这表现在，既要注重引导当事人合理地使用经公证的证据，并在可能的情况下充分依靠公证制度保护自己的合法权益，又要防止公证制度被滥用而导致对一方当事人严重不公平的现象出现。

本案中，原告通过公证程序固定下来的证据是附件3，原告提交附件3意图证明其曾向德国国家图书馆的工作人员询问过 *Bus Magazin* 杂志到达德国国家图书馆的时间，且该工作人员确认的时间早于本专利的申请日。但通过对附件3的分析我们看出，附件3

外观设计的相近似性判断及如何在专利行政案件中正确提交和使用证据

所依托的公证程序至少存在以下几方面的问题：第一，公证书中虽然记载了对方的电话号码，但未对电话号码所对应的单位予以核实或者查证，故在此情况下即在公证书中记载当事人所拨打的是德国国家图书馆的电话号码显然是不妥的；第二，即使当事人拨打的的确为德国国家图书馆的电话号码，而接听电话的工作人员也确实作出了 *Bus Magazin* 于何日到馆的陈述，仅凭此内容而没有其他证据予以佐证的情况下，也不足以证明 *Bus Magazin* 杂志确实在本专利申请日之前已经公开出版、发行。这一结论就关系到公证文书究竟可以证明什么而没有能力证明什么这一问题了。在司法实践当中，确实发现不少公证文书在对当事人的若干陈述进行如实记载后，又在文书结尾处加入"当事人的意思表示真实，与客观情况相符"的结论的情况，这种公证结论的作出显然已经超出了公证机关的职权范围。我们知道，公证员应当扮演的是一个忠实的客观事实记录者的角色，而绝不应充当裁判者。也就是说，公证机关的职权范围仅限于在公证文书中对有关行为、事实或文书存在的客观情况进行如实描述，证明有关当事人的行为、陈述或一些客观现象的存在状况，而不能对有关的行为、陈述或文书内容本身的真实性、合法性及与案件的关联性等问题进行法律上的判断，否则就超越了法律为公证机关划定的职权范围。因此，当事人在诉讼活动当中既要懂得充分利用公证程序及时固定或证明相关事实，也不能过于依赖公证文书并认为只要戴上了公证的帽子，公证书中的内容都成为了不言自明的事实。即使当事人对相关事实作出了陈述，公证文书所能证明的也仅仅是当事人于何时何地陈述了何内容这一事实，至于陈述内容本身的真实性，仍必须依赖于对该事实的发生具有证明力的证据的支持。

其次，对域外取得的证据所需公证、认证形式的理解。

根据最高人民法院《关于行政诉讼证据若干问题的规定》(法释〔2002〕21号)第十六条的规定,当事人向人民法院提供的在中华人民共和国领域外形成的证据,应当说明来源,经所在国公证机关证明,并经中华人民共和国驻该国使领馆的认证,或者履行中华人民共和国与证据所在国订立的有关条约中规定的证明手续。我国相关法律法规对当事人自域外取得的证据规定必须附有公证认证形式的要求主要基于两方面的考量:首先,由于各国经济、文化、法律制度等诸方面存在的较大差异,法官一般都难以掌握对来自于其他法域的证据材料所必需的信息或经验,而附之以公证认证形式,在相当程度上减轻了法院的查证负担;其次,要求当事人提交的域外证据经所在国公证认证,也在无形中约束了当事人自身的行为,即主动、积极地提交通过真实途径取得的证据。所以,从根本上说,公证认证形式的目的是为了保证自域外取得的证据的真实性。但是,同在国内赋予了公证文书形式的证据一样,也不能对赋予了公证认证形式的域外证据所具有的"真实性"作出机械的理解。举个例子,一份由外国公民出具的陈述,虽然完成了公证认证程序,但它所能够证明的仅仅是该外国公民曾经作出了这样的陈述,至于陈述内容本身的真实性,除非有其他证据予以佐证,否则,仅凭公证认证的形式不足以证明所述事实确已发生。正如中威公司在口头审理当庭所提交的公证认证材料,即使忽略超期提交的问题,其也很难起到证明附件2中的 *Bus Magazin* 杂志在原告所主张的时间已经公开的事实,除非中威公司能够同时提交其他可证明在先公开事实的证据对其形成有力的佐证。

(撰稿人:佟 姝)

3. 专利权人对专利文件的修改实质上改变了原技术方案构成修改超范围

——刘永森请求宣告唐亚伟"一种计算机汉字输入专用键盘及其汉字输入方法"发明专利权无效行政纠纷案

案件索引：北京市第一中级人民法院（2008）一中行初字第1591号，2009年7月13日判决；北京市高级人民法院（2009）高行终字第1192号，2009年11月12日判决。

基本案情

唐亚伟系名称为"一种计算机汉字输入专用键盘及其汉字输入方法"的发明专利权（以下简称"本专利"）的权利人。

本专利授权公告的权利要求1为："一种计算机汉字输入专用键盘，其特征是：所述键盘共有24键，分左右两区、三排对称排列；第一排键位定义是：A、N、I、G、D、D、G、I、N、A；第二排键位定义是：O、E、U、W、Z、Z、W、U、E、O，其中'W'键为'删除'和'省略'功能；第三排键位定义是：B、X、X、B，'X'键同时也做'空格'和'省略'功能；所述第一排和第二排键的相应键垂直对齐，第一排和第二排键之间的距离小于/等于2mm；其中：

所有键位开关分别都是在释放时导通，且当多个键位被同时按压时，只有当被按压的所有键位开关都被释放时，其键位开关才导通。"

针对本专利权，刘永森于2007年12月3日向专利复审委员会提出无效宣告请求，认为：本专利权利要求1—4不符合2000年修订的《中华人民共和国专利法》（以下简称"《专利法》"）第三十三条以及《专利法》第二十六条第三、四款的规定，权利要求5、6属于《专利法》第二十五条第一款第（二）项所规定的不能授予专利权的范围。

2008年7月3日，专利复审委员会作出第11855号决定，认定：本专利权利要求1包括如下技术特征：（1）键盘共有24键；（2）分左右两区、三排对称排列；（3）第一排键位定义是：A、N、I、G、D、D、G、I、N、A；（4）第二排键位定义是：O、E、U、W、Z、Z、W、U、E、O；（5）第三排键位定义是：B、X、X、B；（6）其中"W"键为"删除"和"省略"功能；（7）"X"键同时也做"空格"和"省略"功能；（8）所述第一排和第二排键的相应键垂直对齐；（9）第一排和第二排键之间的距离小于/等于2mm；（10）所有键位开关分别都是在释放时导通，且当多个键位被同时按压时，只有当被按压的所有键位开关都被释放时，其键位开关才导通。

权利要求1中的特征（6）、（7）、（9）、（10）在本专利原始申请文本中均没有记载。因此，权利要求1的修改超出了原始申请文件记载的范围，不符合《专利法》第三十三条的有关规定。在权利要求1无效的前提下，其他权利要求也无效。据此，专利复审委员会宣告本专利权全部无效。

唐亚伟不服专利复审委员会作出的第11855号决定，向北京市第一中级人民法院起诉，请求撤销专利复审委员会的第11855

专利权人对专利文件的修改实质上改变了原技术方案构成修改超范围

号决定。

北京市第一中级人民法院经审理认为，本案的焦点问题在于本专利权利要求是否符合《专利法》第三十三条的规定。鉴于该专利的技术特征（6）、（7）、（9）、（10）均无法从原始申请文本中直接地毫无疑义地予以确定，故本专利权利要求1不符合《专利法》第三十三条的规定。故判决：维持专利复审委员会作出的第11855号决定。

唐亚伟不服一审判决提出上诉，请求撤销原审判决及第11855号决定。

判决与理由

北京市高级人民法院经审理认为：本案中，对于本专利权利要求1特征（6）、（7），其所限定的内容为"X"键同时也做"空格"和"省略"功能，"W"键为"删除"和"省略"功能。但是，原始申请文件中的相应内容中并无"X"与"W"键为"功能键"的表述，而仅是将其表述为"标志键"，并进一步指出"W"有表示数目的作用，"X"有表示数字互换位置及数字重复等作用，但均未指出其有"删除"、"空格"和"省略"的功能。故从上述文字表述中不能当然地确定"X"与"W"键为"功能键"，且有"删除"、"空格"和"省略"的功能这一结论。因此，特征（6）、（7）在本专利原始申请文本中并无记载，亦不可从原始申请文本中直接地毫无疑义地予以确定。

对于本专利权利要求1特征（9），其限定的特征是第一排和第二排键之间的距离小于/等于2mm。对此，原始申请文件中并没有相关的记载，有关键盘的附图均为示意图，其第一排与第二排键之间未标明有任何间隙,因此,在无相应文字记载的情况下,从附图中无法确定特征(9)。据此,特征(9)在本专利原始申请文本中并无记载,亦不能从原始申请文本中直接地毫无疑义地予以确定。

对于本专利权利要求1特征(10),其限定的是"所有键位开关分别都是在释放时导通,且当多个键位被同时按压时,只有当被按压的所有键位开关都被释放时,其键位开关才导通"。该特征在本专利原始申请文本中并无记载,亦不可从原始申请文本中直接地毫无疑义地予以确定。唐亚伟认为本专利原说明书记载的"用一只手多键并击就可打出一个音节,用两手同时多键并击就可打出一组双音节词"即可证明原说明书中已经明确记载了该技术特征。但是,键盘设计者完全可以根据需要定义键位的导通状态,并非必然在释放时导通。唐亚伟提交的证据并不能证明本领域技术人员在阅读了原说明书中"多键并击"的内容后能够毫无疑义地确定本专利权利要求1中的特征(10)。据此,特征(10)在本专利原始申请文本中并无记载,亦不能从原始申请文本中直接地毫无疑义地予以确定。综上,鉴于特征(6)、(7)、(9)、(10)均无法从原始申请文本中直接地毫无疑义地予以确定,故本专利权利要求1不符合《专利法》第三十三条的规定。在本专利权利要求1不符合《专利法》第三十三条的规定的前提下,其他从属权利要求亦不符合《专利法》第三十三条的规定。

综上,北京市高级人民法院在二审中维持了一审判决。

评　析

本案的核心问题在于,判断专利权人对专利申请文件的修改是

专利权人对专利文件的修改实质上改变了原技术方案构成修改超范围

否符合《专利法》第三十三条①关于修改超范围的规定时,应当考虑哪些因素。

一、我国《专利法》第三十三条"修改超范围"规定的历史沿革

我国《专利法》自1984年颁布以来,一共修订了三次,分别是1992年、2000年及2008年,虽历经三次修订,但立法者一直没有改变第三十三条的内容。

1984年我国《专利法》第三十三条规定:"申请人可以对其专利申请文件进行修改,但是不得超出原说明书记载的范围。"1992年的《专利法》第三十三条规定:"申请人可以对其专利申请文件进行修改,但是,对发明和实用新型专利申请文件的修改不得超出原说明书和权利要求书记载的范围,对外观设计专利申请文件的修改不得超出原图片或者照片表示的范围。"2000年和2008年对《专利法》的修订和修改,都没有涉及到该条款。

《中华人民共和国专利法实施细则》(以下简称《专利法实施细则》)涉及到修改超范围的共两条,分别是《专利法实施细则》第四十三条第一款及第六十八条。其中第四十三条第一款系针对分案申请进一步规定:"依照本细则第四十二条规定提出的分案申请,……但是不得超出原申请公开的范围。"该款源自1984年《专利法实施细则》第四十三条规定。值得注意的是,1984年《专利法实施细则》第四十三条虽然根据《专利法》第三十三条修改的内容相应作出调整,但是却规定为:"依照本细则第四十二条规定提出的分案申请,……但是不得超出原说明书记载的范围。"也就是说,该条的修改从原有

---

① 我国《专利法》第三十三条规定:"申请人可以对其专利申请文件进行修改,但是,对发明和实用新型专利申请文件的修改不得超出原说明书和权利要求书记载的范围,……"

的"不得超出原说明书记载的范围"改为"不得超出原申请公开的范围",并一直延续至2001年《专利法实施细则》。2010年修改的《专利法实施细则》第四十三条第一款直接将原来的"公开的范围"改为"记载的范围"。

作为专利审查实践中的操作手册,《审查指南》对如何适用修改超范围也存在不同的规定。1993年《审查指南》第二部分第六章中的第3.2之(5)重申了"修改不得超出原申请公开的范围"。2001年《审查指南》第二部分第六章中的第3.2之(5),标题是"分案申请的内容",其规定:"分案的内容不能超出原申请公开的范围,否则,应当以不符合《专利法实施细则》第四十三条第一款规定为理由驳回该分案申请。"2006年《审查指南》第二部分第六章中的第3.2之(2)在重申"分案的内容不能超出原申请公开的范围"的同时,又解释道:此处"公开的范围"应当理解为《专利法》第三十三条所述的"记载的范围"。由于2010年的《专利法实施细则》第四十三条第一款直接将原来的"公开的范围"改为"记载的范围",故2010年的专利《审查指南》未保留关于"公开的范围"应当理解为《专利法》第三十三条所述的"记载的范围"。

值得注意的是,2000年《专利法》修改后,国家知识产权局条法司编著的《新专利法详解》对该条所作出的解释中指出,"所谓原说明书和权利要求书记载的范围,是指在申请日所提交的说明书(包括附图)和权利要求书所表达的内容,以及本领域技术人员从说明书和权利要求书所表达的内容中能够直接推导的内容。"[①]

二、关于"专利文件修改超范围"的立法目的分析

众所周知,专利制度的设计目的是"以公开换保护",这是专利

---

① 国家知识产权局条法司:《新专利法详解》,2001年8月第1版,第228页。

专利权人对专利文件的修改实质上改变了原技术方案构成修改超范围

法的基本原理,进一步讲,专利文件公开的范围应当与其获得保护的范围相适应。此外,我国专利制度采用的是先申请原则。为了确保体现先申请原则,对于发明和实用新型专利申请而言,申请日所提交的申请文件(即说明书和权利要求书)就成为判断的依据,"如果允许申请人对申请文件的修改超出原始提交的说明书和权利要求书记载的范围,就会违背先申请原则,造成对其他申请人来说不公平的后果。"也就是说,《专利法》第三十三条的立法宗旨是对专利申请修改的内容作出限制以防止由于修改而违反《专利法》第九条规定的先申请原则。

但是,由于文字表达自身的局限性以及专利文件撰写人自身表达能力的限制,专利文件或多或少存在问题。因此,各国都允许专利申请人或专利权人进行一定程度的修改。正如我国《专利法》第三十三条规定:"申请人可以对其专利申请文件进行修改,但是,对发明和实用新型专利申请文件的修改不得超出原说明书和权利要求书记载的范围,……"对于授予专利权的审查程序而言,专利文件的修改及对修改是否超范围的审查主要目的是给予专利申请人对其专利申请文件适当的修改权利,以便其更正其中的错误信息,并对原始申请文件中的瑕疵予以纠正,从而提高授权专利的质量和专利权的稳定性。

对于发明专利而言,无论是专利申请人主动修改,还是按照实质审查阶段审查员发出通知书的要求进行修改,或者虽未按照实质审查阶段审查员通知书要求修改,但修改弥补了原申请文件中存在的问题,总之,该专利最终被国家知识产权局授权,专利权人也缴纳了相应的维持费。经过了多年的实施,一些专利已经产生了可观的经济效益。在这种情况下,一旦专利复审委员会以修改超范围宣告该专利无效,专利权人往往难以接受。所以,对于已经授予的专利权来说，从保持其权利的稳定性、维护交易安全以及公众利用专利文件信息的安全性角度考虑，不应当对修改超范围设置过于严格的标准，不能简单的适用《专利法》、《实施细则》以及《审查指南》的规定。主要理由在于：（一）由于《专利法》第三十三条的目的主要是为了保护社会公众利用专利文件公开信息的利益，维护其对于专利文件的信赖利益，以避免由于专利权人对专利文件的修改而使得第三人的行为落入其专利权的保护范围之内。因此，对于未影响到专利权保护范围的修改，则可以适当放宽。（二）对于一项已经授予的权利，对于专利权人在权利获得的程序中进行的不影响权利要求保护范围的修改适当放宽不仅仅有利于保护专利权，还有利于保持专利法律关系的稳定性。相反，如果因为这一小的瑕疵而认定其无效则显得过于严厉，不利于专利权的保护。（三）这符合我国现实国情的需要。经过20多年的努力，我国专利申请人及代理人的撰写水平有了长足的进步，但不可否认的是，相对于《专利法》、《实施细则》以及《审查指南》的要求，还具有一定的差距，很多申请中不仅仅存在表达不准确、不严谨的缺陷，甚至可能存在导致专利权被无效的不清楚、公开不充分的缺陷，以及由此引起的修改超范围的缺陷。

因此，对于请求人以专利申请文件的修改不符合《专利法》第三十三条的规定为由请求宣告专利权无效的，应当适度把握标准，对于确实超出了原申请的范围的专利，应当正确适用《专利法》第三十三条的规定宣告无效。

三、适用《专利法》第三十三条时应考虑的几个因素

2006年《审查指南》第二部分第八章第5.2.1节"修改的要求"中对"原说明书和权利要求书记载的范围"做了进一步解释："原说明书和权利要求书记载的范围包括原说明书和权利要求书文字记载

专利权人对专利文件的修改实质上改变了原技术方案构成修改超范围

的内容和根据原说明书和权利要求书文字记载的内容以及说明书附图能直接地、毫无疑义地确定的内容。"这部分内容是2006年版《审查指南》新增加的内容,实际上将"原说明书和权利要求书记载的范围"分为两个层次:一是"原说明书和权利要求书文字记载的内容";二是"根据原说明书和权利要求书文字记载的内容以及说明书附图能直接地、毫无疑义地确定的内容"。从上述我国《审查指南》规定的审查原则可以看出,判断修改是否超范围时,应当包括两个层次的判断过程:首先,审查员需要判断修改后的内容是否在原申请文件中有明确的文字记载;如果文字记载不能简单地判断出,则还要进一步判断修改后的内容是否可以从原申请文字记载及附图中直接地、毫无疑义地确定。显然,第一个层次的判断着重看有没有客观的文字记载,第二个层次的判断则需要本领域技术人员进行一定程度地主观推导。从《专利法》第三十三条规定的立法本意及《专利法》的基本原则来看,《审查指南》中关于《专利法》第三十三条规定的解释是妥当的,然而,对于这一标准的适用不应过于机械,否则,就会违背专利法的立法本意,侵害专利权人的合法利益。

如何理解"直接地、毫无疑义地"是一个非常重要的问题。首先,从字面上理解,"直接"的含义是指"不经过中间事物的",与"间接"相对,在这里,"直接地确定的内容"应当是无需其他证据材料或工具等辅助,仅依赖本领域技术人员自身所具备的专业知识就能推导出的内容,包括有相应文字记载以及隐含的内容。其次,"毫无疑义"即指可以明确确定,不会有第二种理解。据此,"直接地、毫无疑义地确定的内容"应当是指本领域技术人员通过阅读原申请文件,依据文字记载即可以明确确定的内容。

具体而言,在判断修改是否超范围时应当主要考虑以下因素:

(一)修改的内容是否在原申请文件中有相应的文字记载。一般而言，修改的内容在原申请文件中应当有相应的文字记载，但这种文字记载并非严格地一字不差。

（二）修改的内容是否实质上改变技术方案，本领域技术人员在阅读了原申请文件后对技术方案的理解与修改后的技术方案是否有区别。

（三）修改的内容是否超出了本领域技术人员所具备的专业知识和能力，是否需要借助实验设备、工具或其他非该领域专业知识。

（四）专利申请档案对相关技术特征的解释。实践中，发明专利授权过程中专利行政部门往往会就申请专利的缺陷以《审查意见通知书》的形式通知申请人，申请人在答复中会就有关技术特征进行解释。该专利文档一定程度上对理解技术特征有重要作用，但是，仅仅有专利文档的记载是不够的，必须结合原申请中的记载及本领域的公知常识进行综合判断。

本案中，对于本专利权利要求1特征（6）、（7）、（9）、（10）的修改已经与原申请文件公开的内容存在明显区别，实际上已经构成了一个新的技术方案，由此可见，本案属于典型的修改超范围应予无效的情形。

（撰稿人：焦　彦）

4. 权利要求清楚及其与权利要求得到说明书支持的关系

——吴慧瑛请求宣告安德鲁公司"天线控制系统"发明专利权无效行政纠纷案

案件索引：北京市第一中级人民法院（2008）一中行初字第631号，2008年8月20日判决；北京市高级人民法院（2008）高行终字第682号，2008年12月19日判决。

基本案情

安德鲁公司系名称为"天线控制系统"发明专利（以下简称"本专利"）的专利权人，其申请日为1995年10月16日，申请号为95196544.1。本专利授权公告的权利要求14为独立权利要求，其内容为："14.一种天线系统，包括：天线，具有两个或两个以上的发射元件和用于移动至少一个相位移动元件的部件、以改变提供给所述发射元件的信号的相位、以改变天线波束下倾的机电装置；以及与所述天线不在一处的控制器，用于提供驱动信号给机电装置以调整天线波束的下倾。"同时，本专利说明书第7页关于权利要求14所述的天线系统有"相对移动一个或几个相位移动元件的零件"的记载。

2006年11月29日，吴慧瑛以本专利权利要求14—24不符合2001年《中华人民共和国专利法实施细则》（以下简称"《专利法实施细则》"）第二十条第一款、2001年《中华人民共和国专利法》（以下简称"《专利法》"）第二十六条第四款等规定为由，向专利复审委员会提出无效宣告请求。

专利复审委员会经审查认为：相位移动元件和相位移动元件的部件均有多个，根据说明书的记载不能够直接地、毫无疑义地导出权利要求14中出现的"至少一个"是修饰相位移动元件而不是用来修饰相位移动元件的部件，且权利要求14也未对机电装置的构成、各构成之间以及它们与天线系统中其他组成元件之间的连接关系作出清楚、明确的限定。因此，权利要求14是不清楚的，其从属权利要求15—24亦未克服此缺陷，均不符合2001年《专利法实施细则》第二十条第一款的规定。据此，专利复审委员会作出第10009号无效宣告请求审查决定（简称"第10009号决定"），宣告本专利权利要求14—24无效。

安德鲁公司不服专利复审委员会第10009号决定，向北京市第一中级人民法院提起行政诉讼称：本专利权利要求14—24符合有关"权利要求清楚"的规定，请求人民法院依法撤销专利复审委员会第10009号决定。

判决与理由

北京市第一中级人民法院经审理认为：从语法结构上讲，"至少一个"应当理解为修饰紧跟其后的词语，即"相位移动元件"，而不

权利要求清楚及其与权利要求得到说明书支持的关系

应当理解为用于修饰"部件"。因此,权利要求14记载的"用于移动至少一个相位移动元件的部件"是清楚的。根据权利要求14记载的内容可知,机电装置"用于移动至少一个相位移动元件的部件",由控制器"提供驱动信号给机电装置",上述特征的记载限定了机电装置的功能及与相位移动单元、控制器的相互作用关系,结合说明书记载的内容,本领域技术人员可以清楚地确定权利要求14保护的技术方案。并且,只要权利要求记载的内容能够清楚地限定请求保护的技术方案即为清楚,与其保护范围大小没有关系,权利要求的概括是否不适当地扩大了专利权的保护范围系2001年《专利法》第二十六条第四款以及2001年《专利法实施细则》第二十一条第二款调整的范围。此外,相关法律法规均未规定功能性限定会导致权利要求不清楚,亦未绝对排除对产品权利要求采用功能性限定的书写方式。若功能性限定的概括超出了说明书记载的范围,则应属于权利要求是否得到说明书支持的问题,而非权利要求是否清楚的问题。因此,专利复审委员会对权利要求14—24不清楚的认定错误,故判决撤销专利复审委员会第10009号决定并责令专利复审委员会重新作出决定。

专利复审委员会和吴慧瑛不服一审判决,提起上诉。北京市高级人民法院经审理,判决驳回了专利复审委员会和吴慧瑛上诉的请求,对原审判决予以维持。

评 析

本案审理主要涉及以下三个焦点问题:1.权利要求清楚的认定;2.产品权利要求的功能性限定是否会导致权利要求不清楚;3.权利

要求清楚与权利要求得到说明书支持的关系。

一、权利要求清楚的认定

保护专利权人的合法权益是专利制度的重要方面，具体表现为由国家专利行政主管部门对符合授权条件的发明创造授予一定期限内的专利权。为了获得专利权的保护，申请人需将请求保护的技术方案及相关技术信息以权利要求书、说明书等形式公开，以使公众清楚专利权的保护范围，即"以公开换保护"，避免公众利益因不知情而受到威胁或损害，也为社会公众在专利基础上进行改进创新提供了条件。

根据专利法的相关规定，专利权的保护范围以权利要求为准，权利要求的内容决定了专利权的保护范围。权利要求能否清楚记载请求保护的技术方案，直接关系到社会公众是否能以合理的确定性预知发明创造的保护范围，从而才能有意识地规范自己实施有关技术的行为，自觉避免侵犯他人的专利权[1]。因此，权利要求应当"清楚"记载请求保护的技术方案是对权利要求的本质要求之一。该要求之前体现于2001年《专利法实施细则》第二十条第一款，并于2008年《专利法》修改后上升为新法第二十六条第四款，通过法律位阶的提升进一步强调其重要性。作为参照，美国专利法中也有类似的表述[2]，其将"明确性"（Definiteness）作为可专利的实质要件之一。需要明确的是，权利要求清楚并不排斥对权利要求的文字表述进行解释，只要该解释能使权利要求含义确定，则仍应认定权利要求符合有关清楚的规定。正如美国联邦巡回上诉法院所言："我们并未要求权利要求必须平铺直叙地呈现以避免遭受权利范围不明确的责难；

---

[1] 尹新天：《中国专利法详解》，知识产权出版社2011年第1版，第366页。

[2] See 35 U.S.C. § 112, paragraph 2. "The specification shall conclude with one or more claims particularly pointing out and distinctly claiming the subject matter which the applicant regards as his invention."

我们一直所要求者,为权利要求必须能够被解释,而无论解释有多困难。"[1]实践中,在判断权利要求是否清楚时应主要考虑以下因素:

(一)判断主体应为本领域技术人员

权利要求外在表现形式为模糊性难以彻底消除的语言文字的组合,加之不同的人因其技术背景、生活阅历、价值取向等方面的不同,进一步导致了各人对权利要求所记载技术方案理解上的差异,使得不同的人可能就同一权利要求的保护范围作出截然不同的判断。因此,在权利要求是否清楚的判断过程中,应尽量避免主观因素的干扰,而作为专利审查中拟制的"人",本领域技术人员无疑是克服上述主观缺陷最为合理、客观、公正的主体。

强调本领域技术人员的判断主体地位,能够有效避免专利审查人员、法官及社会公众从各自视角出发对权利要求是否清楚作出"见仁见智"的判断。同时,由于本领域技术人员知晓申请日之前发明所属技术领域所有的普通技术知识和常规实验手段,能够更加客观、真实地理解权利要求中所用术语在相关技术领域中的通常含义,确保不同的人就同一权利要求的保护范围得到一致结论。本案中,各方对本领域技术人员的判断主体地位并无分歧,争议更多地集中在本领域技术人员应当如何理解权利要求的用语。

(二)对权利要求用语的理解应符合语言使用习惯

本领域技术人员虽然只是法律上拟制的"人",其存在目的在于结合发明所属技术领域专业知识,客观、公正地发现权利要求用语的真实含义,但该技术属性并不应排斥其对权利要求中的语言文字作出符合正常使用习惯的理解。若根据语言使用习惯已能清楚理解权利要求,则该权利要求的表述形式应当符合专利法对清楚的要求。

---

[1] See *Exxon Research & Eng'g Co. v. United States*, 265 F.3d 1371, 1375 (Fed. Cir. 2001).

语言使用习惯不仅包括权利要求文字在现实生活中的通常含义（除非该用语在权利要求中具有区别于通常含义且得到说明书支持的另外含义），还应包括文字之间符合一般语法修辞习惯的表述方式。若权利要求文字之间的修饰限定关系能使本领域技术人员在阅读之后得到确定结论，则权利要求应当是清楚的。本案中，各方当事人就权利要求 14 中"用于移动至少一个相位移动元件的部件"的表述是否清楚产生了分歧，其争议焦点就在于"至少一个"修饰的是"相位移动元件"，还是"部件"。结合上文的论述，此时应首先按照符合一般语法修辞习惯的方式进行判断。就语法结构而言，"至少一个"以数量词为定语对其后的名词进行修饰限定，而按照汉语语法习惯，定语通常置于它所修饰的中心语之前，即对所限定的名词进行就近修饰。因此，"至少一个"应该就近修饰"相位移动元件"而非"部件"，若需对"部件"进行修饰，则应表述为"相位移动元件的至少一个部件"方符合语法修辞习惯。所以，权利要求中"用于移动至少一个相位移动元件的部件"的表述是清楚的，且结合说明书的相关记载也能确知"至少一个"限定的是"相位移动元件"。

（三）必要时应结合说明书及附图判断权利要求是否清楚

字面含义清楚的权利要求当然符合专利法有关权利要求清楚的规定，但实践中大量存在着权利要求用语需要说明书及附图解释以澄清其真实含义的情形。对此主要存在两种观点：欧洲专利局技术上诉委员会认为，使用一般技巧阅读权利要求书时，权利要求书本身应是清楚的，该一般技巧包括关于现有技术的知识，但不包括来源于说明书本身及修改后的专利的知识[1]；我国及美

---

[1] 李明德、闫文军、黄晖、郃中林：《欧盟知识产权法》，法律出版社 2010 年第 1 版，第 364 页。

权利要求清楚及其与权利要求得到说明书支持的关系

国[①]等国家则认为在判断权利要求是否清楚时，可以用说明书及附图进行解释。

2001年《专利法》第五十六条规定："说明书及附图可以用于解释权利要求。"现行《专利法》第五十九条也有同样的表述。由于说明书提供了发明所属技术领域、背景技术、技术问题、技术方案、技术效果等各方面的详细信息，能够从整体上反映权利要求所记载技术方案的全貌，因此其对权利要求的解释作用不容忽视，并可通过说明书的解释使得权利要求用语得到清楚限定，从而符合专利法对权利要求清楚的要求。

本案中，结合本专利说明书第7页关于"相对移动一个或几个相位移动元件的零件"的记载可以获知，说明书中的"一个或几个"等同于权利要求中的"至少一个"，权利要求中的"部件"变成了说明书中的"零件"，而同一技术方案中仅"相位移动元件"的表述没有变化，因此，结合说明书的表述更能清楚确定"相位移动元件"是该技术方案中最核心的受到"至少一个"限定的中心语，权利要求的上述表述是清楚的。另外，本案还涉及"机电装置"的表述是否清楚的问题。正如一、二审判决所言，"根据权利要求14记载的内容可知，机电装置'用于移动至少一个相位移动元件的部件'，由控制器'提供驱动信号给机电装置'，上述特征的记载限定了机电装置的功能及与相位移动元件、控制器的相互作用关系"，且本专利说明书实施例对"机电装置"的结构、部件、连接关系作出了清楚的表述，本领域技术人员在阅读完本专利说明书后，对"机电装置"

[①] 美国判断权利要求明确性时的基本原则为：该技术领域普通技术人员在参照说明书后，便能了解其权利范围，则该权利要求即为明确。具体内容可参见Martin J. Adelman, Randall R. Rader, Gordon P. Klancnik著，郑胜利、刘江彬主持翻译：《美国专利法》，知识产权出版社2011年第1版，第138页。

不会产生歧义或模糊认识，并可以清楚地确定权利要求 14 保护的技术方案。因此，权利要求 14 中对"机电装置"的表述也是清楚的。

二、权利要求的功能性限定是否会导致权利要求不清楚

"机电装置"的表述是否清楚之所以会产生分歧，很大程度上还因为权利要求 14 对该"机电装置"采取了功能性限定的撰写方式。专利复审委员会和吴慧瑛均认为，对产品权利要求采用功能性限定是不允许的，属于不清楚的限定方式。但应注意到，2006 年《专利审查指南》第二部分第二章第 3.2.1 规定，"通常，对产品权利要求来说，应当尽量避免使用功能或者效果特征来限定发明。只有在某一技术特征无法用结构特征来限定，或者技术特征用结构特征限定不如用功能或效果特征限定更为恰当，而且该功能或者效果能通过说明书中充分规定的实验或者操作或者所属技术领域的惯用手段直接和肯定地验证的情况下，使用功能或者效果特征来限定发明才可能是被准许的。"由此可见，虽然产品权利要求通常应以结构特征进行限定，但这并不绝对排斥产品权利要求中的功能性限定，也不意味着采用了功能性限定的产品权利要求会因此而不清楚，只要该功能性限定技术特征所限定的功能、效果是清楚的，本领域技术人员对此不会产生歧义或模糊认识，则该功能性限定并不违反专利法对于权利要求清楚的要求，一、二审法院对此也持同样的观点。

事实上，本案产品权利要求中的功能性限定，究其本质应为该功能性限定是否能够得到说明书支持，而非权利要求本身是否清楚的问题。而且，上述规定也体现在《专利审查指南》权利要求"以说明书为依据"部分，因此专利复审委员会和吴慧瑛的主张是对相关法律规定的误解。

三、权利要求清楚与权利要求得到说明书支持的关系

现行《专利法》修改之前，权利要求清楚与权利要求得到说明

权利要求清楚及其与权利要求得到说明书支持的关系

书支持的规定分别体现为2001年《专利法实施细则》第二十条第一款和2001年《专利法》第二十六条第四款。虽然上述两个法律条款的侧重并不相同,是对权利要求的不同要求,但实践中对此理解仍不清晰,本案即为此种情形。

为了厘清上述两条款的界限,首先需要明确其各自的侧重所在。权利要求清楚关注的是权利要求撰写本身,其目的是清晰界定专利权的保护范围;而权利要求得到说明书支持所关注的则是权利要求与说明书的关系问题,是"公开换保护"原则的基本要求。具体而言,即使权利要求足够清楚,但该权利要求对请求保护的技术方案并非根据说明书充分公开的内容得到或者概括得出,则应当认为该权利要求不能得到说明书的支持,即应适用2001年《专利法》第二十六条第四款;若权利要求存在不清楚之处,致使本领域技术人员无法确定权利要求的保护范围,即使说明书部分存在与权利要求相适应的记载,则此时也应认定权利要求不清楚,即应适用2001年《专利法实施细则》第二十条第一款。因此,"权利要求清楚"是"权利要求得到说明书支持"的根基和前提,只有权利要求请求保护的技术方案足够清楚后,才存在判断权利要求是否依据说明书对所请求保护的技术方案作出适当概括的必要。值得注意的是,吴慧瑛在请求宣告本专利无效时提出了包括2001年《专利法实施细则》第二十条第一款、2001年《专利法》第二十六条第四款等在内的诸多无效条款,专利复审委员会首先即对权利要求是否清楚进行了审查,并在认定权利要求不清楚后,不再对其他无效条款进行评述而直接作出第10009号决定,这也从一个侧面反映了权利要求清楚乃是专利法对权利要求的最根本要求,是评判其无效理由的根基。

在第10009号决定被判决撤销后,专利复审委员会重新就吴慧瑛针对本专利的无效宣告请求进行了审理,并以权利要求14—24

不符合2001年《专利法》第二十六条第四款的规定为由,作出第14048号无效宣告请求审查决定(简称"第14048号决定"),宣告权利要求14—24无效。北京市第一中级人民法院经审理作出(2010)一中知行初字第2341号行政判决(简称"第2341号判决"),维持了第14048号决定,并认为权利要求14中的"机电装置"属于上位概念,给出了较大的保护范围,明显超出了本专利说明书所公开的实施例范围,不能得到说明书的支持,从属权利要求15—24因此也得不到说明书的支持。

从上述第14048号决定和第2341号判决也能较为清晰地看出权利要求清楚与权利要求得到说明书支持间的相互关系及在法律适用上的差异。结合本案之前的论述可知,二者就像同一事物的两个侧面,均是专利法对权利要求本身作出的实质性要求,不同之处在于二者的着眼点,但其根本宗旨都在于确保公众能清楚地了解权利要求所保护的范围并就专利权人的贡献给予其相适应的保护,以求在社会公众利益与专利权人利益之间建立平衡。值得肯定的是,现行《专利法》已将权利要求清楚与权利要求得到说明书支持融入同一条款,从而有效避免了旧专利法规定造成的理解和适用上的混乱,统一了权利要求的撰写要求,符合专利审查和司法实践的实际需求,也与主要国际条约[①]就权利要求实质性要求的规定相吻合。

(撰稿人:许 波)

[①]《欧洲专利公约》第八十四条和《专利合作条约》(PCT)第六条均在同一条款中规定:权利要求应当清楚、简要,并得到说明书的支持。

5. 权利要求是否清楚、是否得到说明书的支持及新颖性、创造性的判断

——微软（中国）有限公司请求宣告郑珑"字根编码输入法及其设备"发明专利权无效行政诉讼纠纷案

案件索引：北京市第一中级人民法院（2008）一中行初字第1021号，2008年11月21日判决。

基本案情

郑珑是第89108851.2号、名称为"字根编码输入法及其设备"的发明专利（以下简称"本专利"）的专利权人。本专利授权公告的权利要求书共记载了8项权利要求，其中，权利要求1为独立权利要求，权利要求2—8直接或间接从属于权利要求1。本专利权利要求1的内容为：

"1. 一种字根编码法的汉字单字和词语的计算机输入系统，其特征在于通过具有26个字符的专用键盘或用汉字字根定义键位的ASCLL通用键盘，依据汉字的单根特征，进行汉字单字和词语的计算机输入，输入一个单汉字或词语的代码时，最多只能敲击4个字符键。汉字输入步骤包括：

首先，将欲输入的单汉字分解成相应的单根：

(1) 当上述单汉字所分解出的单根代码字符的总数不超过 4 个时：

A. 敲击上述输入键盘上相应的一码主根键或二码主根键或副根键，输入上述单汉字首根的区码或区码加位码；

B. 敲击上述输入键盘所述相应键，输入上述单汉字第二单根的区码或区码加位码；

C. 敲击上述输入键盘所述相应键，输入上述单汉字第三单根的区码或区码加位码；

D. 敲击上述输入键盘所述相应键，输入上述单汉字第四单根的区码。

其中，若上述单汉字仅由三个单根组成，且其第二单根代码是二码主根或副根时，上述步骤（B）仅输入其区码。

(2) 当上述单汉字所分解出的单根代码的字母总数超过 4 个时：

A. 若上述单汉字的首根为一码主根，则

（A）敲击上述输入键盘上相应键，输入上述单字首根的代码；

（B）敲击上述输入键盘上相应键，输入上述汉字第二单根的区码；

（C）敲击上述输入键盘上相应键，输入上述单汉字次末单根的区码；

（D）敲击上述输入键盘上相应键，输入上述单汉字末根的区码；

其中，若上述单汉字仅由三个单根组成时，上述步骤（C）中的次末根即成为三单根字的末根，若该末根是二码主根或副根时，则要输入其区码加位码。

B. 若上述单汉字的首根为二码主根或副根，则

（A）敲击上述输入键盘上的相应键，输入上述单汉字首根

权利要求是否清楚、是否得到说明书的支持及新颖性、创造性的判断

的区码加位码；

（B）敲击上述输入键盘上的相应键，输入上述单汉字的次末单根的区码；

（C）敲击上述输入键盘上的相应键，输入上述单汉字的末单根的区码；

上述单汉字，凡是出现重码时，要按提示敲选择键；凡是由不足4码组成时，要敲空格键以示单汉字输入结束。"

2007年5月28日，微软（中国）有限公司（以下简称"微软中国公司"）以本专利不符合《专利法》第二十二条第二款、第三款、第二十六条第四款和《专利法实施细则》第二十条第一款的规定为由，向专利复审委员会提出无效宣告请求。2008年3月25日，专利复审委员会作出第11282号无效宣告请求审查决定（以下简称"第11282号决定"），认定本专利并没有违反上述法律规定，维持本专利权有效。

微软中国公司不服第11282号决定，提起诉讼称：一、本专利权利要求1不清楚，不符合《专利法实施细则》第二十条第一款的规定。二、本专利权利要求1没有得到说明书的支持，不符合《专利法》第二十六条第四款的规定。三、本专利相对于对比文件1不具备新颖性。四、本专利相对于对比文件1和3不具备创造性。因此请求法院依法撤销该决定，并判决被告重新作出无效宣告请求审查决定。

判决与理由

北京市第一中级人民法院经审理认为：

一、《专利法实施细则》第二十条第一款规定："权利要求书应当说明发明或者实用新型的技术特征，清楚、简要地表达请求保护

的范围。"权利要求书是否清楚地表述了请求保护的范围,应当从所属领域技术人员的角度,结合其所知晓的所属领域的技术知识加以判断。如果所属领域的技术人员从一项权利要求记载的内容能够明白无误地得出确定的技术方案,则应当认为该权利要求清楚地表述了请求保护的范围。

针对原告提出的权利要求1中"单根代码字符的总数不超过4个"与其后限定的汉字输入步骤A、B、C和D所包含的输入方案相矛盾从而导致不清楚的理由,法院认为:由权利要求1限定的内容可以看出,其给出的汉字输入步骤根据单汉字所分解出的单根代码字符的总数是否超过4个进行了区分,其中,情况(1)系针对"单汉字所分解出的单根代码字符的总数不超过4个时"的输入步骤进行的限定。虽然根据限定的A、B、C、D 4个步骤中可以从理论上概括出代码字符总数超过4个的输入方案,但是,这些步骤适用的前提是"单根代码字符的总数不超过4个",因此,在这种情况下,本领域技术人员可以明白无误地得出不适用情况(1),而应适用情况(2)即"单根代码字符的总数超过4个"时的输入步骤,因此,"单根代码字符的总数不超过4个"的限定与其后限定的汉字输入方案并不存在矛盾,不会导致权利要求1不清楚。

针对原告提出的权利要求1中情况(1)未指出代码字符的总数为1—3个时可以省略步骤,其输入步骤不清楚的起诉理由,法院认为:当汉字的单根代码字符总数少于4个时,必然要省略其中的一个或者几个输入步骤,这对于本领域技术人员是公知的。并且,权利要求1已经明确记载"凡是由不足4码组成时,要敲空格键以示单汉字输入结束",这也说明代码字符的总数有可能少于4个,在这种情况下,在输入相应的代码字符后,即无需按照A、B、C、D的限定完成全部步骤的输入,而应当以敲空格键结束汉字的输入。因此,

权利要求是否清楚、是否得到说明书的支持及新颖性、创造性的判断

本领域技术人员根据权利要求1的记载,结合其所掌握的本领域的技术知识,可以明白无误地确定输入步骤,原告就权利要求1不清楚提出的这一理由不能成立。

针对原告提出的因权利要求1中情况(1)的步骤A和B使用了多个"或"字而导致权利要求1不清楚的理由,法院认为:除了本领域技术人员可以毫无疑义地确定需要省略步骤的情况下,权利要求1对于需要进行省略的步骤均明确进行了限定,未明确限定可以省略的步骤,则应当按照权利要求的内容进行理解,说明书的内容可以用于解释权利要求。由本专利说明书记载的内容可知,一码主根用一位区码表示,二码主根或副根由一位区码加一位位码表示。同时,本专利说明书明确记载"汉字各单根字母数的总和不超过4个时,不论首根用几个字母表示,第2或第3或第4单根的字母都照实取"。由此可知,步骤A虽在"敲击上述输入键盘上相应的一码主根键或二码主根键或副根键,输入上述单汉字首根的区码或区码加位码"这一特征中使用了多个"或"字,但该特征中"敲击……键"与"输入……码"是相对应的,即"敲击上述输入键盘上相应的一码主根键"对应于"输入上述单汉字首根的区码","敲击上述输入键盘上相应的二码主根键或副根键"对应于"输入上述单汉字首根的区码加位码"。同样,步骤B中限定了"敲击上述输入键盘所述相应键,输入上述单汉字第二字根的区码或区码加位码",由于第二单根可能是一码主根或二码主根或副根,因此,这里限定的"区码或区码加位码"并不具有选择性,而应当理解为当第二单根为一码主根时,则输入区码;当第二单根为二码主根或副根时,则输入区码加位码。据此,原告关于权利要求1中情况(1)的步骤A、B中使用多个"或"字导致权利要求1不清楚的理由不能成立。

二、《专利法》第二十六条第四款规定:"权利要求书应当以说

明书为依据，说明要求专利保护的范围。"针对原告提出的权利要求1的情况（1）所包含的单根代码字符总数超过4个的输入步骤得不到说明书支持的理由，法院认为，由第一部分认定可知，虽然权利要求1的情况（1）限定的步骤从理论上可以理解为包括了单根代码字符总数超过4个的输入方式，但是由于在权利要求1中已经明确限定这些步骤适用的前提是"单根代码字符的总数不超过4个"，因此，当代码字符总数超过4个时，并不适用情况（1），而应适用情况（2）的输入步骤。鉴于情况（1）并不包含原告所主张的单根代码字符总数超过4个的输入步骤，故原告主张这些输入步骤得不到说明书支持的理由不能成立。

针对原告提出的权利要求1的情况（1）的步骤A所包含的对二码主根或副根仅输入区码的方案得不到说明书支持的理由，法院认为：由第一部分认定可知，步骤A中"敲击上述输入键盘上相应的一码主根键"对应于"输入上述单汉字首根的区码"，"敲击上述输入键盘上相应的二码主根键或副根键"对应于"输入上述单汉字首根的区码加位码"，并不存在原告所说的对二码主根或副根仅输入区码的技术方案，因此，原告有关这一方案在说明书实施例中没有描述，不能得到说明书支持的理由不能成立。

同样由第一部分认定可知，步骤B中限定的"输入上述单汉字第二字根的区码或区码加位码"，是指当第二单根为一码主根时，则输入区码；当第二单根为二码主根或副根时，则输入区码加位码，并未包含仅输入二码主根键或副根键区码的方案，因此，原告有关这一方案得不到说明书支持的理由亦不能成立。

三、关于新颖性。《专利法》第二十二条第二款规定："新颖性，是指在申请日以前没有同样的发明或者实用新型在国内外出版物上公开发表过、在国内公开使用过或者以其他方式为公众所知，也没

权利要求是否清楚、是否得到说明书的支持及新颖性、创造性的判断

有同样的发明或者实用新型由他人向国务院专利行政部门提出过申请并且记载在申请日以后公布的专利申请文件中。"

对于原告提出的对比文件1公开的"识别码"对应于本专利权利要求1中的"位码"的这一主张,法院认为:本专利中对一些单根采用了区码加位码的编码方法,即由区码加位码两位字符为代码代表一个单根。对比文件1公开的编码方法是每个字根用一个字母为代码,并无位码的概念。虽然对比文件1中提到了"识别码",其起到的也是减少重码的作用,但是实现减少重码的方式有本质不同。本专利的位码是字根本身的固定代码,不会随汉字字型等因素发生变化;对比文件1中的识别码是在汉字编码后根据需要附加的代码,要根据汉字末笔形和字型的不同组合作动态选用;本专利的位码既可在最末一个字根中取用,也可在首根中取用,而对比文件1的识别码只能用在最末一个字根的后面。因此,对比文件1中的"识别码"不同于权利要求1中的"位码",原告亦未举证证明对比文件1中单字代码不足4位时补足识别码的方式与权利要求1中"输入字根的区码或区码加位码"的方式是惯用手段的直接置换。

此外,本专利限定的是以"字根代码字符总数"是否超过4个为标准区分不同的输入步骤,而对比文件1并未采用以区码加位码两位字符为代码来表示一个单根,其系以"字根数"为标准区分不同的输入步骤。因此,对比文件1亦未公开权利要求1中情况(1)和(2)限定的特征。

因此,由于本专利权利要求1与对比文件1在字根的编码方式上存在根本性差别,相应地,其汉字输入方法亦存在明显区别,原告亦无证据证明这些区别属于所属技术领域惯用手段的直接置换,因此,被告认定权利要求1相对于对比文件1具备《专利法》第二十二条第二款所规定的新颖性正确。

在权利要求1具备新颖性的前提下,被告认定其从属权利要求2—8同样具备《专利法》第二十二条第二款所规定的新颖性亦无不当。

四、关于创造性。《专利法》第二十二条第三款规定:"创造性,是指同申请日以前已有的技术相比,该发明有突出的实质性特点和显著的进步。"

对比文件3中明确公开了"汉字可拆分为一码元根、二码元根和副根,一码元根仅主码一码,二码元根有主码和副码",其中的主码和副码,相当于权利要求1中的区码和位码,因此,对比文件3公开了一个字根可以具有"区码和位码"两码的特征。

虽然在对比文件3中规定了每字限取4码,但是该输入法的"取码方案"以独体字、二合字、三合字等这些汉字的字型结构(即字根数)作为取码时的划分标准,并非本专利权利要求1中那样以单根代码字符的总数是否超过4个作为划分标准。而且,对比文件3所给出的编码体系中每字还需要取一功能码作为标识,其单字取码的最大码长为5码。此外,对比文件3中也未公开"当汉字分解出的单根代码的字母总数超过4个时,若单汉字仅由三个单根组成,若次末根是二码主根或副根时,则要输入其区码加位码"这部分区别技术特征,亦未给出相关技术启示。

原告主张,被告认定的3个区别特征均涉及单纯的汉字编码,而汉字编码本身不是《专利法》保护的主题,因而不应据此认定权利要求1具有创造性。对此法院认为,本专利权利要求1请求保护的是汉字输入方法,其虽然与汉字编码相关,但保护的主题并不在汉字编码本身,而是基于特定汉字编码方式的汉字输入方法,因此,原告的这一主张不能成立。

综上,对比文件3与本专利权利要求1在取码方案和输入步骤上存在明显的区别,其亦未公开权利要求1中情况(1)和(2)限

权利要求是否清楚、是否得到说明书的支持及新颖性、创造性的判断

定的特征,同时亦无将对比文件 3 与对比文件 1 进行结合从而得到权利要求 1 的技术方案的技术启示,故本领域技术人员在对比文件 1 和 3 相结合或对比文件 1 和 3 与公知常识相结合的基础上,无法显而易见地得到本专利权利要求 1 的技术方案,被告认定权利要求 1 具备创造性是正确的。

在权利要求 1 具备创造性的前提下,被告认定其从属权利要求 2—8 同样具备《专利法》第二十二条第三款所规定的创造性亦无不当。

综上所述,法院依照《中华人民共和国行政诉讼法》第五十四条第(一)项之规定,判决维持专利复审委员会第 11282 号决定。一审宣判后,双方当事人均未提起上诉,判决已发生法律效力。

评 析

专利制度的目的是以公开换保护,从而实现鼓励发明创造和有利于发明创造,最终促进科学技术进步和社会发展的宗旨。为了实现此目的,一方面促使发明人充分公开其发明创造的内容,有利于社会公众了解发明创造,并在此基础上进一步创新;另一方面,给予专利权人以一定期限的独占权,以回报其发明创造,从而激励更多的技术创新。为此,《专利法》通过一系列条款的规定,构建了一个相互制约、相对平衡的体系,规定了授予专利权的实质性条件(比如授予专利的客体,比如新颖性、创造性等要求)和形式性条件要求(比如权利要求清楚、说明书充分公开、权利要求书得到说明书的支持,等等),以使专利权人的贡献与其获得的保护相适应。同时,为了弥补因授权审查程序的疏漏导致不符合授权条件的发明获得专利权,损害社会公共利益,《专利法》规定了无效宣告请求审查程序,

即将上述法定授权条件作为无效宣告的理由,任何人认为被授权的专利不符合法定条件,都可以请求专利复审委员会宣告被授权的专利无效。本案就是一起典型的请求宣告发明专利无效的案件,涉及到目前司法实践中常见的请求宣告专利无效的几个主要理由。

一、关于本专利是否符合《专利法实施细则》第二十条第一款的规定

专利制度需要通过一定的方式划定某一项专利独占权的范围,为专利权人提供相应的法律保护,也使得社会公众知晓他人独占权的界限,确保公众使用现有技术和进一步发明创造的自由。根据《专利法》第五十六条的规定,发明或者实用新型专利权的保护范围以其权利要求的内容为准。由此可见,权利要求书在专利制度中起到重要的作用。因此,《专利法》对权利要求书规定了多项要求,其中最为重要的就是本案所涉及的两条:1.《专利法实施细则》第二十条第一款规定的"权利要求书应当说明发明或者实用新型的技术特征,清楚、简要地表达请求保护的范围";2.《专利法》第二十六条第四款规定的"权利要求书应当以说明书为依据,说明要求专利保护的范围"。

权利要求书必须清楚地表达请求保护的范围,否则专利权人的独占范围无法确定,无法获得应有的保护,同时社会公众也无法清楚得知专利权的边界,影响技术的使用和社会的进步。权利要求应当清楚,是对权利要求本身的规定,但是在判断某一项权利要求是否清楚时,不能仅仅着眼于权利要求书本身,还应当结合说明书加以理解,最重要的是正如本案判决所指出的,应当从所属领域技术人员的角度,结合其所知晓的所属领域的技术知识加以判断。如果所属领域的技术人员从一项权利要求记载的内容能够明白无误地得出确定的技术方案,则应当认为该权利要求清楚地表述了请求保护的范围。本案中,原告(无效宣告请求人)主张本专利权利要求1

权利要求是否清楚、是否得到说明书的支持及新颖性、创造性的判断

存在三点不清楚之处，对于第一点理由，如果全面阅读本专利权利要求1，可以看出本专利权利要求1根据单汉字分解出的单根代码字符是否超过4个进行了明确区分，如果不足4个时采用情况（1）的输入方案，如果超过4个，则应当选择情况（2）的方案，应当说权利要求是清楚的。原告错误地将权利要求1的内容割裂，仅是对权利要求1中的部分技术特征进行推理，而没有将权利要求1作为一个整体加以理解，从而得出所谓矛盾，其理由不能成立。对于原告提出的第二点理由，正如判决所指出，在判断权利要求是否清楚时，应当结合本领域技术人员的常识，对于本领域技术人员来说，当汉字的单根代码字符总数少于4个时，显然要省略后面的输入步骤，而且权利要求1也明确"凡是由不足4码组成时，要敲空格键以示单汉字输入结束"，因此本领域技术人员是可以明白无误地确定本专利所要求保护的输入步骤。对于原告提出的第三点理由，从本专利权利要求本身用语来说，可能存在一些不严谨之处，仅从形式逻辑上可能会得出不同的认识，但是，正如前面所述，在判断权利要求是否清楚时，不能脱离说明书。本专利说明书已经明确一码主根用一位区码表示，二码主根及副根均采用一位区码加一位位码，而且说明书也明确要"照实取"，在此基础上，几个"或"的对应关系就十分清楚，不会出现原告所述的模糊或歧义。

二、关于本专利权利要求是否符合《专利法》第二十六条第四款的规定

《专利法》第二十六条第四款规定权利要求书应当以说明书为依据，也就是常说的权利要求书应当得到说明书的支持。该规定明确了权利要求书和说明书之间的关系。该规定一方面要求"说明书是权利要求的辞典"，即查阅说明书的内容后，所属领域的技术人员应当能否理解权利要求的含义，包括每一个技术特征以及技术特征之

间的相互关系等。另一方面，申请人为了获得更宽的保护范围，权利要求相对于说明书，一般都采用上位概念，对技术方案进行概括，本条款要求权利要求相对于说明书的概括应当适当，应当与发明人所作出的技术贡献相称，不能不适当地概括，不能超出说明书公开的内容。因此实践中，一项得到说明书支持的权利要求应具备两个条件：其一，权利要求的技术方案能够从说明书充分公开的内容中直接得到或概括得出；其二，权利要求的技术方案没有超出说明书公开的范围。其中，说明书公开的内容，不仅应包括其中记载的内容，还应包括根据记载而能够概括出的内容。在判断权利要求是否得到说明书支持时，不仅要求权利要求书的内容必须在说明书中出现过，即形式上的支持；更重要的是权利要求书所要求保护的技术方案必须与说明书所公开的技术方案相适应，即权利要求书的保护范围必须与说明书公开的内容相适应，说明书公开的内容足以支撑权利要求书的范围，即实质上的支持。在判断权利要求概括得是否恰当时，除应充分考虑说明书公开的内容外，还需要考虑与之相关的现有技术。本案中，仔细分析原告所主张的权利要求 1 没有得到说明书支持的理由，其实质仍是强调前述权利要求是否清楚的几点理由。判决在厘清本专利保护范围的基础上，明确指出原告所述的技术方案不属于本专利所要求保护的范围，当然也就不存在不支持的可能。由本案可以看到，权利要求书是否得到说明书的支持和权利要求是否清楚两者之间具有一定的联系，权利要求清楚是权利要求是否得到说明书支持的认定前提。但需要强调的是两者是不同的条款，所审查的重点不同，不能混为一谈。

三、关于本专利是否符合《专利法》第二十二条第二、三款的规定

要获得国家授予的一定期限内的独占权，必须是对社会技术进

权利要求是否清楚、是否得到说明书的支持及新颖性、创造性的判断

步作出一定贡献、符合一定门槛、达到一定创新高度的发明创造。现有的技术或者是从现有技术中容易想到的技术，则不能授予专利权，否则就会妨碍社会公众使用现有技术的自由。因此，各国专利法都规定授予专利权的发明创造应当具备新颖性、创造性。新颖性、创造性判断是专利无效纠纷审查的难点。一般地，在判断本专利相对于请求人提出的现有技术是否具有新颖性时，要将本专利权利要求所限定的技术方案与现有技术公开的内容进行对比，如果两者的技术方案实质上相同，而且适用于相同的技术领域，解决相同的技术问题，具有相同的技术效果，则本专利与现有技术属于同样的发明创造，不具有新颖性。具体到本案，本专利保护一种字根编码输入法，虽然请求人提交的对比文件1也涉及一种字形编码输入法，但将两者的技术方案相比，两者的编码方式和取码规则明显不同，因此本专利权利要求1具有新颖性。

在评判本专利相对于现有技术是否具有创造性时，关键在于判断本专利相对现有技术是否是显而易见的。判断时，要考察现有技术整体上是否存在某种技术启示，会使得本领域的技术人员在面对所述技术问题时，有动机改进该现有技术并获得要求保护的发明。本案中，虽然对比文件3是本专利发明人在先公开的同样涉及中文汉字输入的编码方案，但其所采用的取码方案与本专利权利要求1不同，而且输入代码总数也不同，即使与对比文件1相结合，本领域技术人员也无法获得相应的技术启示，不付出创造性劳动是无法得到本专利的技术方案的，因此本专利权利要求1相对于对比文件1或对比文件1和3的结合都具有创造性。

（撰稿人：姜　颖、周云川）

6. 客观技术问题的认定影响专利创造性的判断

——江苏豪森药业股份有限公司请求宣告伊莱利利公司"N-（吡咯并[2,3-d]嘧啶-3-基酰基）-谷氨酸衍生物的制备方法"发明专利权无效行政纠纷案

案件索引：北京市第一中级人民法院（2007）一中行初字第540号，2008年6月20日判决；北京市高级人民法院（2009）高行终字第122号，2009年3月20日判决。

基本案情

伊莱利利公司是名称为"N-（吡咯并[2,3-d]嘧啶-3-基酰基）-谷氨酸衍生物的制备方法"的发明专利（以下简称"本专利"）的专利权人。本专利的申请日为1990年12月11日，优先权日为1989年12月11日，授权公告日为1996年1月3日，专利号为ZL90110125.7。

2005年6月20日，江苏豪森药业股份有限公司（以下简称"豪森药业公司"）针对本专利向国家知识产权局专利复审委员会提出无效宣告请求，理由是本专利不符合2000年修正的《中华人民共和国专利法》（以下简称《专利法》）第三十三条和第二十二条第三款

客观技术问题的认定影响专利创造性的判断

的规定。2005年8月5日,伊莱利利公司针对豪森药业公司的无效请求提交了意见陈述书,并修改了权利要求1至3。2005年11月21日,专利复审委员会进行了口头审理。2006年9月14日,专利复审委员会作出第9197号无效宣告请求审查决定书,认为本专利权利要求2、3修改超范围,不符合《专利法》第三十三条的规定,本专利权利要求1至3不具备创造性,因此宣告本专利权利要求1至3全部无效。伊莱利利公司不服第9197号决定,向北京市第一中级人民法院提起行政诉讼。

北京市第一中级人民法院查明,本专利权利要求2中的"R2'是具有1至6个碳原子的烷基"的数值范围在原说明书"1—12"的范围之内,但是其端点值"6"并没有记载在原申请文件中,因此"R2'具有6个碳原子的烷基"没有记载在原申请文件中,也不能由原申请文件直接、毫无疑义地确定;本专利权利要求3的"二烷基酯"的修改超出了原申请文件记载的范围,因此,本专利权利要求2、3修改超范围,不符合《专利法》第三十三条的规定。将本专利权利要求1与证据4实施例8记载的内容相比,区别仅在于本专利权利要求1中的化合物的亚苯基和吡咯并嘧啶环的连接基团是亚乙基,而证据4实施例8的化合物是亚丙基。

北京市第一中级人民法院认为,本案的争议焦点之一是本专利权利要求1是否具备创造性。根据本专利权利要求1与证据4[①]实施例8的区别特征,应当确定本专利实际要解决的技术问题是为获得更好的抗肿瘤活性,选择亚乙基的连接基团对证据4中的亚丙基连接基团进行替换,从而得到本专利权利要求1化合物的制备方法及其化合物。专利复审委员会在第9197号决定中认定本专利权利要求

[①] 证据4为专利文献CN1037513A。

1所要解决的技术问题实质上提供一种连接亚苯基和吡咯并嘧啶环是亚乙基而非亚丙基的化合物的制备方法及其化合物而不是为获得更好的效果对最接近的现有技术进行改进，不是本领域技术人员从该申请说明书中所记载的内容能够得知的技术效果，因此专利复审委员会关于所要解决的技术问题认定有误，进而错误地认定了对本专利权利要求1进行创造性判断的前提，不能正确地对本专利是否具备创造性进行正确判断。第9197号决定对本专利权利要求1的创造性判断错误。因此，判决撤销专利复审委员会作出的第9197号决定，判令专利复审委员会重新就本专利权作出无效宣告请求审查决定。

专利复审委员会不服原审判决提起上诉，请求撤销原审判决，认为原审判决对本专利权利要求1所要解决的技术问题的认定是错误的，要求维持第9197号决定。伊莱利利公司也不服原审判决提起上诉，认为原审判决对本专利权利要求2是否修改超范围的认定是错误的，因此要求撤销原审判决对本专利权利要求2修改超范围的认定。

北京市高级人民法院在二审中查明的事实与一审相同。

判决与理由

北京市高级人民法院经审理认为：本专利权利要求2中"R_2'是具有1至6个碳原子的烷基"的修改超出了原申请文件记载的范围，不符合《专利法》第三十三条的规定，原审判决的此项认定是正确的，伊莱利利公司的此项上诉主张不能成立。发明实际解决的技术问题，是指为获得更好的效果而需对最接近的现有技术进行改进的技术任务。作为一个原则，发明的任何技术效果都可以作为重新确定技术问题的基础，只要本领域技术人员从该申请说明书中所记载的内容

客观技术问题的认定影响专利创造性的判断

能够得知该技术效果即可。将本专利权利要求1与证据4公开的内容尤其是实施例8记载的内容相比,区别仅在于本专利权利要求1中的化合物的亚苯基和吡咯并嘧啶环的连接基团是亚乙基,而证据4实施例8的化合物是亚丙基。根据本专利说明书的记载,就本专利权利要求1制备方法制备的一种具体化合物C与证据4实施例8记载的具体化合物B进行比较,其对白血病细胞的IC50值差别为4.3倍。这样的数据是否能够证实化合物C与化合物B相比对白血病细胞具有显著改进了的抑制活性,尚需要专利复审委员会结合本专利说明书及其他证据慎重考虑。原审判决根据上述区别技术特征确定本专利实际要解决的技术问题是为获得更好的抗肿瘤活性,选择亚乙基的连接基团对证据4中的亚丙基连接基团进行替换,从而得到本专利权利要求1化合物的制备方法及其化合物。原审判决仅仅根据区别技术特征便断然作出与专利复审委员会不同的认定也不够严谨,缺乏相应的依据。就本案的情况而言,该区别技术特征所解决的技术问题是进行创造性判断的前提,这个问题还需要专利复审委员会在充分考虑相关证据后重新作出认定。因此,原审法院作出撤销无效决定的判决理由虽有不妥,但结论正确,不影响本案的处理结果。专利复审委员会、伊莱利利公司的上诉主张均不能成立,本案应当驳回上诉,维持原判。

评　析

本案的争议焦点在于本专利权利要求1是否具备创造性,而本专利权利要求1与证据4实施例8的区别特征所解决的技术问题是进行创造性判断的前提,二审法院对专利复审委员会和一审法院在发明实际解决技术问题的认定进行了纠正,重申了发明实际解决的技术问题,是对最接近的现有技术进行改进的技术任务,并明确了发明实际解决的技术问题的认定规则。二审的观点体现了我国司法实务界的主流观点。

一、认定客观技术问题的作用

(一)专利创造性判断的方法和步骤

为了判断创造性,欧洲专利局通常应用"问题—解决"方法。这种方法包括:(1)认定最接近现有技术;(2)认定相对于最接近现有技术发明申请取得的技术效果;(3)认定发明申请想要取得的结果为要解决的技术问题;(4)判断根据《欧洲专利公约》第五十四条第二款规定的现有技术,本领域技术人员是否被教导用发明申请的技术特征去获得发明申请取得的技术效果。[①]

我国借鉴了欧洲专利局的做法。我国1993年《审查指南》并未规定创造性判断的具体方法。在2001年《审查指南》中首次规定了"判断要求保护的技术方案相对于现有技术是否显而易见"的三个步骤:(1)确定最接近的现有技术;(2)确定发明的区别特征和发明实际解决的技术问题;(3)判断要求保护的发明对本领域的技术人员来说是否显而易见。[②]2006年《审查指南》专门规定了突出的实质性特点的判断方法,上述三个判断步骤的规定没有变化。[③]

虽然我国《审查指南》规定了创造性判断方法和步骤,但《审查指南》只是部门规章,在诉讼程序中可以为人民法院参考适用,人民法院并不必须遵守。人民法院如何判断创造性,并没有法律或

---

① 参见 Guidelines for Examination in the European Patent Office, April 2009, C-IV, 11.7. 以下简称欧洲专利局《审查指南》。
② 2001年《审查指南》第二部分第四章第3.2.1节。
③ 2006年《审查指南》第二部分第四章第3.2.1.1节。

客观技术问题的认定影响专利创造性的判断

行政法规进行规定，最高人民法院也没有制定相应的司法解释。在司法实践中，人民法院的很多判决都严格按照三步法来判断创造性。例如，在"用于沥青混合料转运的自行式车辆装置"实用新型专利权无效行政纠纷案[①]中，一审法院认为，判断实用新型专利是否具有实质性特点，就是要判断对本领域的技术人员来说，要求保护的实用新型专利相对于现有技术是否显而易见。对此通常按照以下三个步骤进行：（1）确定最接近的现有技术；（2）确定区别特征和实际解决的技术问题；（3）判断要求保护的实用新型对本领域的技术人员来说是否显而易见。

但我国也有很多判决没有严格按照三步法来判断创造性。我国有判决例认为创造性判断步骤与《审查指南》规定的步骤不一致，并不构成撤销的理由，是否应当撤销，取决于实体问题的认定是否正确。在"电池组合件"发明专利权无效行政纠纷案[②]中，一审法院认为，由于本领域技术人员不需经过创造性劳动即可得到权利要求1的技术方案，亦能解决相应的技术问题和产生相应的技术效果，虽然被诉决定未对"解决的技术问题"、"产生的技术效果"作出评述，但并不影响被诉决定的结论。本案二审维持原判。

（二）客观技术问题的作用

认定客观技术问题的基本原因在于，创造性判断的主体是本领域技术人员而非发明人，发明人对技术问题的理解和选择与本领域技术人员

[①] 三一重工股份有限公司与国家知识产权局专利复审委员会、美国路科公司实用新型专利权无效行政纠纷案，北京市第一中级人民法院（2009）一中知行初字第2330号行政判决书。

[②] 索尼公司与国家知识产权局专利复审委员会、深圳市宝安区观澜柏力电子二厂、博罗园洲华基塑胶制品有限公司发明专利权无效行政纠纷案，北京市第一中级人民法院（2005）一中行初字第864号行政判决书，北京市高级人民法院（2006）高行终字第451号行政判决书。

可能并不相同，而且，发明人与本领域技术人员检索得到的最接近现有技术可能并不相同，因此出发点可能不相同。为了客观地判断创造性，应当客观地认定技术问题，而不应局限于发明人对技术问题的认识。

我国《审查指南》说明了认定客观技术问题的原因。2001年、2006年《审查指南》和2010年《审查指南》都规定，审查过程中，由于审查员所认定的最接近的现有技术可能不同于申请人在说明书中所描述的现有技术，因此，基于最接近的现有技术重新确定的该发明实际解决的技术问题，可能不同于说明书中所描述的技术问题；在这种情况下，应当根据审查员所认定的最接近的现有技术重新确定发明实际解决的技术问题。①

我国《审查指南》的规定，实际上参照了欧洲专利局的相关规定。欧洲专利局认为，如果新发现的现有技术比发明申请中原始记载的最接近现有技术更接近发明申请，则专利申请人或专利权人可能需要重新陈述说明书中表述的技术问题。最后，发明申请相对于新发现的最接近现有技术所具有的技术效果应当被用以确定新的客观技术问题。欧洲专利局明确表示，确定客观技术问题的目的是为了客观地判断创造性。②在COMVIK案中，欧洲专利局对"问题—解答"方法进行了说明："为了客观地判断创造性，问题—解答方法中的问题应当是一个技术问题，它应当实际被权利要求中的解答所解决，权利要求中的所有技术特征都应当用于解答。问题应当是在优先权日所属技术领域的技术人员提出来要求解决的……如果在专利申请中不能提取出技术问题来，则《欧洲专利公约》③第五十二条中规定

---

① 2006年《审查指南》第二部分第四章第3.2.1.1节。
② T 0024/81。
③ 本文引用的《欧洲专利公约》是指1973年版《欧洲专利公约》。

的具有专利性的发明就不存在。"[①]

我国现有案例也强调,由于专利权人在说明书中描述的现有技术可能并非专利复审委员会认定的最接近现有技术,因此,基于专利复审委员会认定的最接近现有技术重新确定的该发明实际解决的技术问题,可能不同于专利权人认为的技术问题。美国在司法实践中也提出在确定技术问题时注意客观性,有的情况下不一定要与发明申请人或专利权人声称的技术问题相同。在KSR案中,美国最高法院还特别地指出了联邦巡回上诉法院在四个方面存在错误,[②]其中第一项就是认为联邦巡回上诉法院和专利审查员只是局限于考虑专利权人意图解决的技术问题。

美国《审查指南》规定,对比文件中记载的改进现有技术的动机往往就是发明人进行改进的原因,但有时发明人却是为了不同于创造性判断者的目的或解决不同的技术问题而进行相同的改进。[③]只要取得相同技术进步或者效果,发明人改进的原因与创造性判断者认为的原因不相同并不影响显而易见的判断。是否有技术启示,应当根据发明人面临的普遍问题来确定,而不是由发明具体解决的问题决定。[④]本领域技术人员并不需要认识到记载在现有技术中的相同技术问题以进行改进。[⑤]

二、认定客观技术问题的规则

(一)客观技术问题的客观性

客观技术问题必须具有客观性。《欧洲专利公约》第R.27(1)(c)

---

① T 0641/00.

② *KSR*. 82 USPQ2d at 1397.

③ Manual of Patent Examining Procedure (MPEP) § 2144.

④ *In re Kahn*, 441 F.3d 977, 987, 78 USPQ2d 1329, 1336 (Fed. Cir. 2006).

⑤ *In re Linter*, 458 F.2d 1013, 173 USPQ 560 (CCPA 1972); *In re Dillon*, 919 F.2d 688, 16 USPQ2d 1897 (Fed. Cir. 1990), *cert.denied*, 500 U.S. 904 (1991).

规定申请人的说明书必须充分公开发明,技术问题和解决方案要能够使人理解,并说明相对于背景技术具有的有益效果。早在 T 26/81 案[①]中,《欧洲专利公约实施细则》第 27(1)(c)就被认为是有约束力的。专利上诉委员会的案例[②]以及"问题—解决"方法的正确适用,表明技术问题的认定必须具有客观性,例如,根据最接近的对比文件来看实际上解决的技术问题可能不同于发明人基于现有技术处理的问题。[③]这些客观标准可以通过确定发明申请的技术方案相对于最接近的现有技术具体地得到说明。[④]技术问题的客观性还要求比较发明申请中的技术问题和现有技术中的技术问题时,必须避免一种不恰当的远离本领域技术人员实际思路的概括方法。[⑤]

欧洲专利局对如何客观地确定技术问题还有更为细致的规定。根据欧洲专利局上诉委员会的案例法,在没有提供足够证据支持与最接近现有技术的对比的情况下,在决定发明的技术问题进而判断创造性时,不能考虑专利申请人或专利权人声称的技术进步。[⑥]根据 T 229/85 和 T 99/85 案[⑦],发明申请所描述的技术问题的表述一定不能包括对解决方案的指示或者部分地猜测解决方案,因为在技术问题的陈述中包括解决方案必然导致创造性判断中的事后眼光。[⑧]

(二)客观技术问题的技术属性

我国《审查指南》规定,发明实际解决的技术问题,是指为获

---

① T 26/81(OJ 1982,211).
② T 1/80,OJ 1981,206;T 24/81,OJ 1983,133.
③ T 576/95.
④ T 20/81,OJ 1982,217;T 910/90.
⑤ T 5/81,OJ 1982,249.
⑥ T 20/81,OJ 1982,217;T 1051/97.
⑦ T 229/85(OJ 1987,237) and T 99/85(OJ 1987,413).
⑧ T 322/86,T 799/02.

客观技术问题的认定影响专利创造性的判断

得更好的技术效果而需对最接近的现有技术进行改进的技术任务。[①]欧洲专利局上诉委员会也强调了客观技术问题的技术属性。欧洲专利局上诉委员会使用"问题—解决"方法判断是否具备创造性,就会对发明中解决技术问题的技术方案进行分析。技术问题和解决方案都必须具有技术属性。[②]

欧洲专利局上诉委员会在 T 641/00 案[③]中已经认定,作为一个原则,一个由技术特征和非技术特征组成的混合体,在创造性判断时应当以对技术特点有技术贡献的所有技术特征作为一个整体来判断其创造性。创造性判断中对并不构成解决技术问题的技术方案的特征应不予考虑。在 T 531/03 案中,技术上诉委员会第 3.4.03 确认了在 T 641/00 案中确立的原则并认为,在创造性判断中,《欧洲专利公约》第五十二条第二款规定的非技术特征并不支持创造性。在 T 619/02 案中,专利上诉委员会也确认了 T 641/00 案和 T 172/03 案,认为根据"问题—解决"方法判断创造性具有技术属性,应当基于技术特征而判断创造性。欧洲专利局上诉委员会在 T 1177/97 案中认定,如果用于计算机系统并构成部分技术问题的解决方案,则语言学有关的信息和方法在原则上可能具有技术特征。然而,发明申请中的方法如果只是体现语言学领域的特性,在判断创造性时必须被忽略。在本案中,使发明申请的方法具备新颖性的技术特征来自于对技术问题的非技术限制,因此并不具有创造性,它们的采用是显而易见的。

我国有的案例中,当事人声称的技术问题并不完全是具有技术

[①] 2006 年《审查指南》第二部分第四章第 3.2.1.1 节。
[②] T 1177/97。
[③] T 641/00(OJ 2003,352)。

属性的技术任务，需要创造性判断者将技术问题调整为具有技术属性的技术任务。在"一种新型的健身器材的立柱结构"实用新型专利权无效行政纠纷案[①]中，本专利的专利权人声称本专利所要解决的技术问题是"在冬天时，用这种钢管立柱锻炼时冰手，在夏天时，用这种钢管立柱锻炼时烫手，受雨水侵蚀时表面易生锈，外观单调，更换时费时费力且费用昂贵"。调整以后的技术任务是"保证了产品强度不受影响，同时又解决了原立柱使用者对金属件冰冷或烫手的接触，更避免了传统钢管立柱在南方多雨地区容易受到盐雾或酸雨的侵蚀"。

在本案中，一审法院认为，如果专利复审委员会错误地认定了技术任务，就会错误地判断创造性，因此判决撤销专利复审委员会的无效决定。在"N－（吡咯并[2，3－d]嘧啶－3－基酰基）－谷氨酸衍生物的制备方法"发明专利权无效行政纠纷案[②]中，本专利权利要求1与证据4的区别特征是，本专利权利要求1中的化合物的亚苯基和吡咯并嘧啶环的连接基团是亚乙基，而证据4实施例8的化合物是亚丙基。根据该区别特征，专利复审委员会认为，本专利权利要求1所要解决的技术问题实质上提供一种连接亚苯基和吡咯并嘧啶环是亚乙基，而非亚丙基的化合物的制备方法及其化合物。而一审法院认为，根据该区别特征确定本专利实际要解决的技术问题是为获得更好的抗肿瘤活性，选择亚乙基的连接基团对证据4中的亚丙基连接基团进行替换，从而得到本专利权利要求1化合物的

[①] 郭瑞平与国家知识产权局专利复审委员会、武汉昊康健身器材有限公司实用新型专利权无效行政纠纷案，北京市第一中级人民法院（2010）一中知行初字第1376号行政判决书。

[②] 伊莱利利公司与国家知识产权局专利复审委员会、江苏豪森药业股份有限公司发明专利权无效行政纠纷案，北京市第一中级人民法院（2007）一中行初字第540号行政判决书，北京市高级人民法院（2009）高行终字第122号行政判决书。

制备方法及其化合物。一审法院认为专利复审委员会关于所要解决的技术问题认定有误,失去了正确判断创造性的基础,因此判决撤销无效决定,要求专利复审委员会重新作出决定。二审法院认为原审判决仅仅根据区别特征便断然作出与专利复审委员会不同的认定也不够严谨,缺乏相应的依据。但认为一审结论正确,因此维持一审判决。

(三)客观技术问题的选择

我国《审查指南》规定,重新确定的技术问题可能要依据每项发明的具体情况而定。作为一个原则,发明的任何技术效果都可以作为重新确定技术问题的基础,只要本领域的技术人员从该申请说明书中所记载的内容能够得知该技术效果即可。[1]

虽然任何效果都可以作为重新确定技术问题的基础,但在司法实践中,客观技术问题的可选择性也有限制,即需要从说明书记载的内容得知该技术效果。在"注射用三磷酸腺苷二钠氯化镁冻干粉针剂及其生产方法"发明专利权无效行政纠纷案[2]中,一审法院认为:"本专利说明书所描述的背景技术内容与证据1的技术内容是相同的,因此本专利要解决的技术问题不包括避免配比波动性,且本专利说明书也未记载其他可以使本领域技术人员从中能够得知本专利具有避免配比波动性的技术效果的内容,因此原审判决认定权利要求1实际解决的技术问题不包括避免配比波动性亦无不当。胡小泉所提原审判决对于权利要求1实际解决的技术问题认定错误的主

---

[1] 2006年《审查指南》第二部分第四章第3.2.1.1节。
[2] 胡小泉与国家知识产权局专利复审委员会、衣连明、山东特利尔营销策划有限公司医药分公司发明专利权无效行政纠纷案,北京市第一中级人民法院(2009)一中行初字第1666号行政判决书,北京市高级人民法院(2010)高行终字第285号行政判决书。

张不能成立,本院不予支持。"

欧洲专利局认为,在选择确定客观技术问题时,应当以发明申请中表述的技术问题作为起点。要解决的技术问题的客观界定一般应当从描述在发明申请中的技术问题开始。只有在要审查后认定发明申请公开的技术问题并没有被解决,或者由于不恰当地选择了现有技术作为认定技术问题的前提,才有必要考察其他客观存在的技术问题。[1]这个原则也适用于驳回申请的单方决定程序中。[2]在T 419/93案中,专利上诉委员会认为,决定客观技术问题时,发明申请中的技术问题的相关表述应当根据解决方案的技术特征客观地进行修正。只要发明申请中的技术问题并不满足现有技术的需求或者根据发明申请的技术方案并没有被解决时,才可以根据事实上的技术成功进行调整。

比较分析我国与欧洲专利局的相关规定和判例可知,到达发明申请的路径有多种,只要其中一种路径相对于本领域技术人员是显而易见的,就可以认定发明申请不具备创造性。日本《审查指南》规定,即使是发明申请与引证发明要解决的技术问题不相同,如果本领域技术人员能够容易地以一种不同于发明申请的问题解决思路得出发明申请的技术方案,发明申请也不具备创造性。[3]同样的道理,由于作为出发点的现有技术不同,同一个发明相对于不同出发点能够解决的技术问题也不相同,但只要是其中任何一条道路相对于本领域技术人员是显而易见的,发明就不具备创造性。

(撰稿人:石必胜)

---

[1] T 246/91, T 747/97 and T 946/00.
[2] T 881/92, T 882/92, T 884/92.
[3] 日本《审查指南》第二部分第二章第2.5节。

7. 创造性判定中"事后诸葛亮"的避免

——成都天成碳一化工有限公司请求宣告四川天一科技股份有限公司"用甲醇生产二甲醚的方法"发明专利权无效行政纠纷案

案件索引：北京市第一中级人民法院（2010）一中知行初字第977号，2010年11月10日判决；北京市高级人民法院（2011）高行终字第109号，2011年3月2日判决。

基本案情

四川天一科技股份有限公司（以下简称"天一公司"）是申请日为2004年3月15日的名称为"用甲醇生产二甲醚的方法"的发明专利（以下简称"本专利"）的专利权人。

二甲醚可用作化工原料、制冷剂、新型清洁能源等，用途十分广泛。气相催化脱水法制二甲醚是以甲醇为原料生产二甲醚的现有方法之一，该反应为脱水反应（即生成水的反应），其反应式为 $2CH_3OH \rightarrow H_3COCH_3 + H_2O + 23.4 KJ/mol$。气相催化脱水法的基本工艺流程是含水的原料甲醇在汽化器中与水蒸气进行热交换，原料甲醇被汽化，水分被除去，之后气相甲醇进入脱水反应系统，经催化反应生成二甲醚，形成二甲醚、未反应的甲醇及水的混合物，再而后对二甲醚进行提馏,最后对未反应的甲醇进行回收返还再做原料,并将反应生成的水排出系统。现有生产工艺特点之一是采用汽化塔对含水的原料甲醇进行汽化,特点之二是在最后环节设有甲醇回收塔,其作用是以精馏的方法分离未反应的甲醇和反应生成的水分(也包括原料甲醇所带的未充分除去的水)。名称为"甲醇气相催化脱水制二甲醚的方法"的在先专利(其为本专利的背景技术,以下简称证据3)即明确设置了甲醇回收塔,如下图所示:

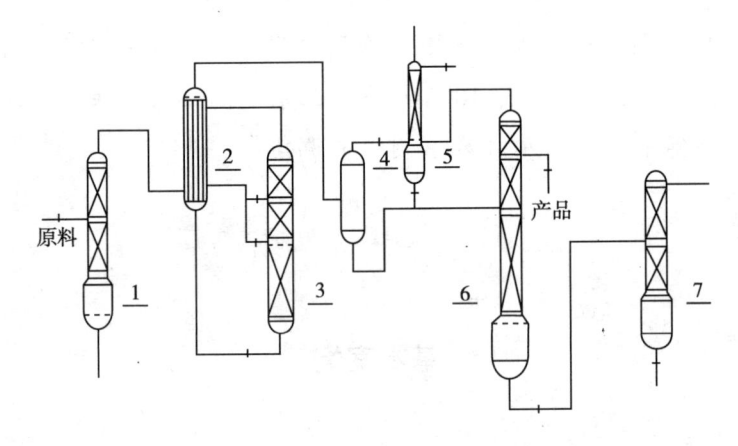

其中,从左至右依次为:1.汽化分离塔;2.热交换器;3.冷激式反应器;4.汽液分离器;5.吸收塔;6.精馏塔;7.回收塔。

本专利在现有技术的基础上进行了改进,用汽化提馏塔取代了汽化器,并且省略了甲醇回收塔,其工艺流程如下页图所示:

其中,1.汽化提馏塔(左边塔形装置);2.甲醇脱水反应系统(中间方形框);3.二甲醚精馏塔(右边塔形装置)。

本专利的工作原理是将提馏分离了二甲醚之后的反应产物循环回收,不经过甲醇回收塔而直接送入工艺流程的第一道工序汽化提馏塔,与原料甲醇(含水)一并在汽化提馏塔中进行汽化分离,从而得到提纯甲醇以待反应之用,同时将原料甲醇所带的水分和反应

创造性判定中"事后诸葛亮"的避免

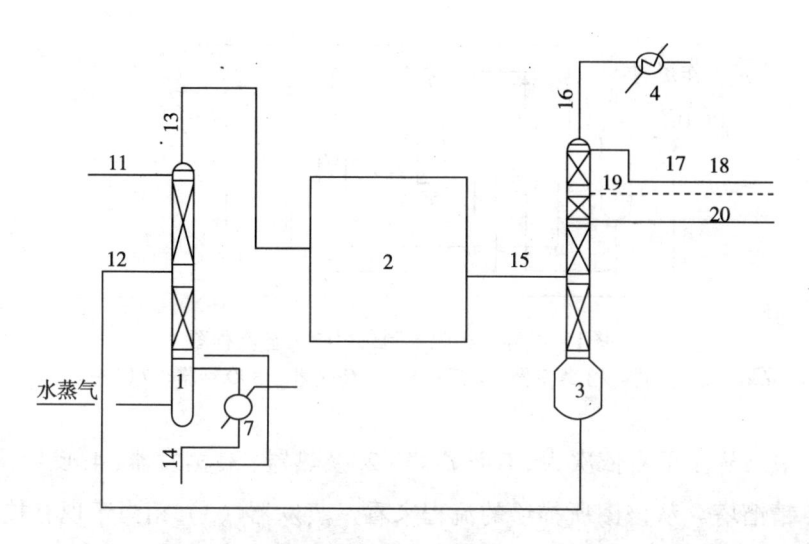

生成的水分一并排出。其好处是不仅省略了甲醇回收塔的投资,而且由于用甲醇生产二甲醚的化学反应为放热反应,这样进入汽化提馏塔的反应产物本身仍具有一定的余热,节约了在汽化提馏塔中汽化甲醇所需要的热能。本专利权利要求1为:

"用甲醇生产二甲醚的方法,包括如下步骤:

a 甲醇含量为70—99.99Wt%,杂质以水为主的原料甲醇和从二甲醚精馏塔塔釜采出的以甲醇和水为主要成分的混合液在汽化提馏塔中汽化分离,从塔顶出来的甲醇蒸汽送入甲醇脱水反应系统,从汽化提馏塔塔釜釜液连续排出系统;

b 脱水反应系统的以二甲醚、甲醇和水为主的反应产物从中、下部进入二甲醚精馏塔,从二甲醚精馏塔塔顶或塔上部侧线采出口采出纯度为80—99.99Wt%的二甲醚产品,二甲醚精馏塔塔釜中的混合液送入汽化提馏塔进行汽化分离。"

证据1《二甲醚生产技术进展综述》是总结二甲醚生产技术进展的综述性文章,发表于2003年出版的某期刊杂志上,其中图1涉及甲醇气相脱水制二甲醚工艺流程简图,该图如下:

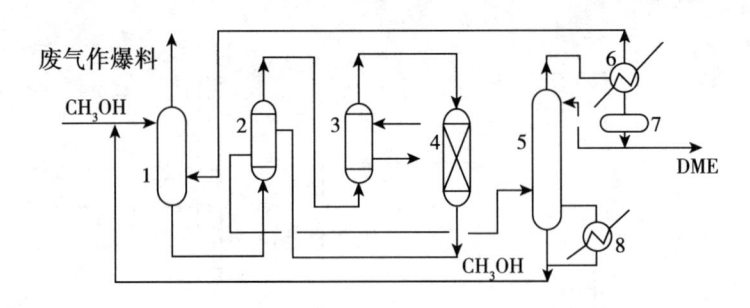

图1　甲醇气相脱水制二甲醚工艺流程图
1洗涤塔　2换热器　3蒸发器　4反应器　5精馏塔　6冷凝器　7贮槽　8再沸器

其中，从左至右依次为：1.洗涤塔；2.换热器；3.蒸发器；4.反应器；5.精馏塔。从该图所描绘的流程来看，蒸发器（3）相当于现有技术中的汽化器，图中没有绘制甲醇回收塔，没有出水口，也没有关于系统如何排出水分的技术信息。除此以外，该文章未对该工艺流程简图进行任何文字性的说明。

成都天成碳一化工有限公司（以下简称"碳一公司"）以本专利权利要求1相对于证据1、3的结合不具有创造性为由，向专利复审委员会提出无效宣告请求。专利复审委员会作出第14019号决定认为：证据1图1能够直接地、毫无疑义地确定该工艺方法不需要设置甲醇回收塔，因此权利要求1与证据1公开的工艺方法相比，仅存在是否限定原料甲醇含量和所含杂质、分别采用汽化提馏和蒸发器作为汽化设备、原料甲醇在汽化前是否经洗涤、预热的三点区别特征。在此基础上，由于证据3公开了上述区别特征1、2，而区别特征3属于本领域的常规操作，因此本专利权利要求1不具备创造性。

天一公司不服专利复审委员会第14019号决定，起诉至北京市第一中级人民法院称，证据1图1描绘的精馏塔（5）塔底仅排出甲醇是错误的，应当是甲醇与水的混合物，由于图1的所有工艺均无法排出水，因此水分在系统中累积最终导致生产的不可持续，该技术方案是无法实施的。

专利复审委员会辩称,虽然证据1图1精馏塔塔釜液含水,水分累积会降低反应的速度和平衡转化率,但正是由于此缺陷的存在,才促使本领域技术人员有动机去寻求技术改进,从而将证据3方案中的能够排出水分的汽化分离塔应用到证据1的技术方案中。

碳一公司同意专利复审委员会的意见。

判决与理由

北京市第一中级人民法院经审理认为,首先,证据1图1所标示的精馏塔塔釜液应当包含甲醇脱水反应的生成物水,因此塔釜液应当为甲醇和水的混合物。其次,证据1图1为甲醇气相脱水制二甲醚工艺流程简图,依其直接地、毫无疑义地确定的内容,系统中并无出水口。由于本领域技术人员公知甲醇气相制二甲醚为生成水的反应,因此本领域技术人员能够认识到该技术方案存在水分在系统中累积而导致甲醇转化率逐渐降低、最终无法持续产出二甲醚的缺陷。再次,本专利权利要求1之a项的技术方案限定了二甲醚精馏塔塔釜液不再经过甲醇回收塔的处理,而直接进入汽化提馏塔的技术特征。证据1图1从表面上看,精馏塔塔釜液并不经过甲醇回收塔的处理,而直接回收作为原料进入洗涤塔,但是,对于对比文件中公开的技术内容,应当是本领域技术人员在阅读了相关对比文件之后,能够直接地、毫无疑义地得出的内容。本案中,证据1图1为工艺流程简图,本领域技术人员能够认识到该图对实施该技术方案的必要技术特征可能有所简略,由于该简图所绘的工艺流程中没有描绘甲醇回收塔,恰恰对应的是系统无排出反应所生成的水分的出口的技术缺陷,即该省略同时带来了其他技术缺陷,因此本领域技术人员从该简图中并不能直接地、毫无疑义地得出证据1图1所载技术方案省略了甲醇回收塔的结论。证据3公开了二甲醚精馏塔塔釜液送入甲醇回收塔回收甲醇、排出水的技术方案,故证据3的相关技术内容亦未公开以兼具汽化和分离功能的汽化提馏塔或汽化分离塔代替甲醇回收塔提纯精馏塔塔釜采出液的技术特征。本领域技术人员在为解决证据1图1的技术缺陷而从证据3寻求技术改进时,得出的明确教导是通过甲醇回收塔回收甲醇及排出水分,因此在证据1的基础上结合证据3,也无法给出省略甲醇回收塔、以汽化提馏塔或汽化分离塔代替甲醇回收塔提纯精馏塔塔釜采出液的技术启示。综上,专利复审委员会第14019号决定认定事实错误,判决予以撤销。

专利复审委员会不服一审判决,向北京市高级人民法院提起上诉称,证据1图1已经明确表明由精馏塔塔底出料的甲醇送入洗涤塔、不需要甲醇回收塔。

北京市高级人民法院审理认为,根据气相脱水制二甲醚生产工艺的目的,证据1图1·所披露的技术方案应当具有出水口以及甲醇回收塔,否则水无法排出会导致技术目的不能实现;此外,如果没有在二甲醚精馏塔塔釜后一程序设置甲醇回收塔,则根据图中记载方案,精馏塔采出液所含的甲醇及水的混合物不能与原料甲醇同时进入洗涤塔。因此,证据1图1所描绘的技术方案存在未给出排出水分以如何设置甲醇回收塔的技术缺陷。证据1图1从表面上看,精馏塔塔釜液并不经过甲醇回收塔的处理,而直接回收作为原料进入洗涤塔。但是,如上所述,由于无法确定该简图所绘的工艺流程中甲醇回收塔的位置,因此,本领域技术人员从该简图中并不能直接地、毫无疑义地得出证据1图1所载技术方案省略了甲醇回收塔

创造性判定中"事后诸葛亮"的避免

的结论。证据1图1并未给出省略甲醇回收塔的技术启示。综上，二审法院判决驳回上诉，维持原判。

评 析

在发明创造的创造性判断中，"事后之明"（hindsight）被称之为挥之不去的"幽灵"，是创造性判断中应当极力避免的错误。"事后之明"在中文中被形象地称为"事后诸葛亮"。[①]诸葛亮是中国三国时期蜀国的丞相，是著名的政治家、军事家，被认为是智慧的象征。"事后诸葛亮"顾名思义，意为事前无意见，事后才高谈阔论、自称自己事前早有预料的人或状态。国家知识产权局历版《审查指南》对"事后诸葛亮"均有明确的规制。2010版第二部分第四章第6.2节的题目即为"避免'事后诸葛亮'"，该节规定："审查发明的创造性时，由于审查员是在了解了发明内容之后才作出判断，因而容易对发明的创造性估计偏低，从而犯'事后诸葛亮'的错误。审查员应当牢牢记住，对发明的创造性评价是由发明所属技术领域的技术人员依据申请日以前的现有技术与发明进行比较而作出的，以减少和避免主观因素的影响。"该规定以罕见的严厉口吻告诫审查员避免"事后诸葛亮"的重要性。

探究"事后诸葛亮"的成因，归根结底在于人类认知的局限性。"创造性，是指与现有技术相比，该发明具有突出的实质性特点和显著的进步，该实用新型具有实质性特点和进步。"[②]从该定义中出现的"与

[①] "事后之明"与"事后诸葛亮"为同义词，均对应于英文中的"hindsight"。
[②] 《中华人民共和国专利法》第二十二条第三款。

现有技术相比"一语不难推断,创造性判定的方法必然要求将涉案发明与现有技术的内容相比较,也就是说,创造性判定的前提是裁判者事先了解、熟悉涉案发明和现有技术的详细技术内容。具体而言,在发明创造性判断的"三步法"中,首先要确定最接近的现有技术,其次要确定发明和现有技术的区别特征以及该区别特征所要实际解决的技术问题,最后判断该区别特征对于本领域的技术人员来说是否显而易见。"三步法"的第一步、第二步,均要求判断者将涉案发明与在先技术进行对比,在真实的状态中,判断者的目光往往需要在两者之间"往返流转",在比较中寻求差异,从而确定最接近的对比文件、区别特征及其所要解决的技术问题。显然,这种判断方法是一种事后判断。

而在理想状态下,裁判者所进行的应当是事前判断,也即应当仅在熟悉现有技术的基础上,以本领域普通技术人员的技术水平和认知,来"设想"一切可能的技术改进,而后将涉案专利与这些预测相比较,如果涉案专利属于本领域普通技术人员基于现有技术能够预见到的改进方案之一,则不具备创造性,如果不属于,则具备创造性。然而,上述理想状态是不具备现实可操作性的,因为由现有技术出发所要解决的技术问题是无法穷尽的,解决技术问题所形成的改进方案也是无限的,精力有限的裁判者不可能在每个案件中均漫无目的地"自由畅想",以碰运气的方式作出与涉案发明方向一致的预测,从而作为创造性有无以及高度的判断依据。因此,就理想状态而言,应当采取事前判断,但就实际操作而言,只能采取事后判断的方法。然而,事后判断的最大副作用便是"事后诸葛亮"。由于裁断者总是在所涉发明创造做出来之后、在对发明创造的具体内容已经有了充分的了解的基础上才进行创造性判定,不可避免地接受了涉案发明的"洗脑",在脑海中残留着发明内容的印象,留存

创造性判定中"事后诸葛亮"的避免

着发明内容所带来的灵感,一旦裁判者在"目光往返流连"的过程中带着发明所教导的"新思维"、"新观点"去解读现有技术公开的内容,极容易"读"出本领域技术人员在申请日前阅读对比文件之后所得不出的技术信息,从而忽略了涉案发明的贡献,低估了其创造性。

因此,在发明创造性判断中,裁判者应当尽可能避免"事后诸葛亮"的错误。在"三步法"判断区别特征是否显而易见的过程中,应当将涉案发明的创造性教导在脑海中予以摒弃,设身处地地站在本领域普通技术人员的角度,并且将时间追溯至申请日之前,解读对比文件直接地、毫无疑义地公开的内容,并在此基础上衡量本领域技术人员在没有接触涉案发明的情况下,无需付出创造性劳动是否能够得到涉案发明的技术方案。此时,涉案发明在"三步法"的第三步中所起的作用,回归为指明判断的"方向",只有这样,才能将事后判断的副作用降到最低的程度,从而在判断客观性上等价于事前判断的方法。

就本案而言,本专利的重要创新在于以汽化提馏塔取代了现有技术中汽化器和甲醇回收塔的组合,汽化提馏塔兼具原有汽化器和甲醇回收塔的功能,即兼具汽化原料甲醇、分离回收提取了二甲醚之后的产出液中的甲醇的双重功能,其好处在于不仅省去了甲醇回收塔及其配套设备的投资,而且在循环利用未反应的甲醇的过程中,巧妙地利用了以甲醇生产二甲醚为放热反应的特点,提高了反应生成热量的利用率,从而降低了能耗。

本案的争议焦点实质上在于证据1图1是否公开了省略甲醇回收塔的技术方案。专利复审委员会第14019号决定认为,由于证据1图1中未示出甲醇回收塔,并且标明了从精馏塔(5)塔釜排出的已提取二甲醚后的产出液为CH_3OH(甲醇),且标明了甲醇循环返回洗涤塔（1）的技术方案，因此前述省略甲醇回收塔的发明点并非本专利与证据1的区别技术特征，在创造性判定时不应加以考虑，最终得出本专利不具备创造性的结论。

然而，上述分析过程存在着重大的缺陷，过多地受到了本专利技术内容的影响，将申请日后的技术创新"读"进了证据1中。证据1是一篇综述性的文献，介绍了多种二甲醚生产技术，以甲醇气相催化脱水法制二甲醚仅是该文章的一小部分。证据1图1的题目明确表明其仅是工艺流程"简图"，且无任何相关的文字介绍对该图予以分析说明。本领域技术人员公知，简图的含义为示意图，可能省略了作者主观上认为不重要的，或者本领域技术人员公知必然要采取的工艺环节或者设备。这一论断也可以由图中精馏塔（5）塔釜液仅标注了 CH_3OH（甲醇）而未标出 H_2O（水）可以窥见端倪，因为众所周知，气相催化脱水法制二甲醚是生成水的反应，在精馏塔等设备不具备分离水分的功能的情况下，塔釜液中必然包含水分。同样基于"简图"的原因，证据1图1中没有对于从系统排出水分这一本领域公知的技术问题给出答案，由于该问题是关乎生产能否持续进行的重大问题，因而本领域技术人员必然要从现有技术中寻找排水的技术方案。更为关键的是，证据1图1无法排水的缺陷，恰恰通过甲醇回收塔的设置便能得到圆满的解决。当裁判者将自己假想为生活在本专利申请日前的本领域技术人员时，在脑海中排除申请日后包括本专利在内的技术发展信息之后，只能从公知常识和证据3给出的技术信息中寻求解决方案。而证据3的教导恰恰是设置而不是省略甲醇回收塔。证据1图1从表面上看虽然没有绘制甲醇回收塔，但不等于其明确给出了省略甲醇回收塔的技术信息，相反，由上述分析可知，本领域技术人员在本专利发明创造作出之前，根据当时的现有技

创造性判定中"事后诸葛亮"的避免

术内容,得出的结论是证据1图1所反映的真实生产状态应当设置甲醇回收塔。也就是说,我们可以设想,本领域技术人员在本专利申请日前,根本不具有省略甲醇回收塔的意识,看到证据1图1后,也不会认为该图给出了省略甲醇回收塔的创新性方案。专利复审委员会第14019号决定认为该图已经公开了甲醇回收塔可以被省略的技术内容,显然是将本专利所教导的内容"读"入了对比文件中,应属典型的"事后诸葛亮"。

此外,关于"正因为证据1图1存在无法排出水分的缺陷,才促使本领域技术人员有动机去寻求技术改进,从而将证据3方案中的能够排出水分的汽化分离塔应用到证据1的技术方案中"的抗辩理由,表面上看似乎有一定的道理,但是在证据1图1中,由精馏塔塔釜排出的甲醇和水的混合物在进入蒸发器之前,先进入的是洗涤塔、换热器,本领域技术人员公知,未经除水处理的甲醇混合液进入洗涤塔、换热器是十分不经济的,也就是说,当本领域技术人员面临证据1图1无法排出水分的技术问题时,结合证据3公开的内容,合乎常理的选择是在精馏塔后或者洗涤塔前设置甲醇回收塔环节,而不是改造蒸发器赋予其排水功能。上述"舍易取难"的逻辑推理,实际上也是在熟知了本专利的技术内容的情况下,所犯的"事后诸葛亮"式错误的另一种典型体现。

本案属于"事后诸葛亮"的典型案例,由本案的情况可以看到,"事后诸葛亮"具有很强的隐蔽性,避免"事后诸葛亮"有较大的难度。许多具有很高创造性的发明的机理被熟知之后,很容易被错误地认为稀疏平常。因此,在发明创造性审查过程中,裁判者应当在目光的流连返转之间,牢牢记住应当切实排除涉案发明的教导、灵感和启示,务必模拟涉案发明申请日前的技术环境,还原出当时的真实情况,将自己的认知降格至申请日之时的水平,并排除申请日后技术发展的影响。只有这样，才能最终使得涉案发明对于人类社会的贡献能够得到客观公正的评价，使得发明人的创造性劳动不至于因为"事后诸葛亮"的错误而被抹杀。

（撰稿人：陈文煊）

侵犯专利权纠纷案例

8. 专利权利要求中技术术语的解释

——（德国）许茨工厂公司诉上海山海包装容器有限公司侵犯发明专利权纠纷案

案件索引：上海市第二中级人民法院（2003）沪二中民五（知）初字第89号，2004年4月23日判决；上海市高级人民法院（2004）沪高民三（知）终字第90号，2004年10月15日判决。

基本案情

许茨工厂公司（以下简称"许茨公司"）系名称为"带托板容器"发明专利的专利权人。许茨公司认为上海山海包装容器有限公司（以下简称"山海公司"）生产和销售的IBC集装桶的结构落入其专利权的保护范围，构成专利侵权，故向法院提起诉讼。山海公司辩称其生产的IBC集装桶的内容器底部水平，不带有坡度，不具有浅排流槽结构，并未覆涉案专利的全部必要技术特征，不构成专利侵权。

一审上海市第二中级人民法院查明，涉案专利有两项独立权利要求，在本案中许茨公司主张权利的独立权利要求为："一种用于盛放液体的带托板容器，它具有一个带有可关闭的注入开口与排出开口的塑料制的内容器和一个贴靠着内容器的、由薄金属板制成的或由金属栅格构成的外套，以及一个设置来通过叉车、货架操作器械或其他装置来进行搬运的托板,该托板设计成用来形状配合地容纳内容器以及固定外套的底盘,该底盘固定到托板框架上,内容器的底部设置成带有一个居中的浅排流槽的排流底部,该排流槽带有一个轻微的坡度从内容器后壁伸展到装在内容器前壁上的排放接头,该排放接头用于连接排放龙头,其特征在于,一体制出的底盘(5,110)的与内容器(2,102)的排流底部(6,111)相匹配的底部(12)设计成自身支撑结构并具有加强筋(13a、13b、118a、118b),并且这些加强筋的底部(14,119)处在一个共同的水平平面(15—15,120—120)上。"

上海市第二中级人民法院认为,许茨公司专利权利要求中记载"内容器的底部设置成带有一个居中的浅排流槽的排流底部,该排流槽带有一个轻微的坡度从内容器后壁伸展到装在内容器前壁上的排放接头",故"浅排流槽带有坡度"是许茨公司专利的一个必要技术特征。山海公司产品内容器的底部具有浅排流槽结构,但该浅排流槽并不带有轻微坡度。因此山海公司生产的集装桶的技术特征并未全部落入许茨公司专利保护范围,不构成侵权,遂判决对许茨公司的诉讼请求不予支持。

许茨公司不服一审判决,向上海市高级人民法院提起上诉。许茨公司认为涉案专利权利要求中的排流槽有一轻微的坡度,根据《辞海》对"轻"与"微"的解释,"轻微"可解释为忽略不计。山海公司产品内容器底部是平整的,坡度忽略不计的排流槽与底部平整的排流槽是基本相同的技术手段,也实现了基本相同的功能,达到了基本相同的效果,相应的技术特征应被认定为是等同的技术特征。

上海市高级人民法院二审查明,涉案专利说明书陈述该发明的目的在于,对这种带托板容器按模件式结构进行改进,……内容器的底部和托板底部作为排流底部,应能自动地排空带托板容器中的剩余量。涉案专利说明书陈述该发明的优点之一，是塑料内容器和形状配合地容纳该内容器的底盘设置了一个倾斜的排流底部来排空带托板容器的剩余量。

判决与理由

上海市高级人民法院认为：专利权利要求书中的技术术语，首先应当以专利说明书及附图为依据进行解释。在不能直接从专利说明书及附图中得到清晰理解的情况下，则应当根据所属技术领域里的技术人员对该技术术语的通常理解来进行解释，并可借助技术工具书、百科全书、字典等来确定所属技术领域里的技术人员对技术术语含义的通常理解。涉案专利排流槽带有一个"轻微"的坡度，对该"轻微"一词的理解，必须首先根据涉案专利说明书及附图进行解释。涉案专利排流槽带有一个轻微的坡度目的是使涉案专利发明能够自动地排空容器中的残液，故"轻微"并非可有可无，并非可忽略不计，"轻微"的坡度必要达到能够使容器中的残液能即时地排空的程度。

如果将涉案专利权利要求中"内容器的底部设置成带有一个居中的浅排流槽的排流底部，该排流槽带有一个轻微的坡度从内容器后壁伸展到装在内容器前壁上的排放接头"认定为是一项技术特征，那么，山海公司产品相应的技术特征就是"内容器的底部设置成带有一个居中的浅排流槽的排流底部，该排流槽无坡度地从内容器后壁伸展到装在内容器前壁上的排放接头"。由于山海公司产品的排流槽无坡度，故山海公司产品的所述技术特征与涉案专利的相应技术特征并不相同。由于山海公司产品的排流槽无坡度，故不可能具有

"自动地排空带托板容器中的剩余量"的功能,要排空容器中的残液,还得采用"将与内容器的排放开口对置的一侧抬起"的办法。故山海公司产品的所述技术特征与涉案专利的相应技术特征,并没有以基本相同的技术手段,实现基本相同的功能,达到基本相同的效果,不构成等同的技术特征。如果将涉案专利权利要求中相应技术特征分解为"内容器的底部设置成带有一个居中的浅排流槽的排流底部"和"排流槽带有一个轻微的坡度从内容器后壁伸展到装在内容器前壁上的排放接头"两项技术特征,那么,山海公司产品相应的技术特征就是"内容器的底部设置成带有一个居中的浅排流槽的排流底部"和"排流槽无坡度地从内容器后壁伸展到装在内容器前壁上的排放接头"。涉案专利的技术特征"内容器的底部设置成带有一个居中的浅排流槽的排流底部"和山海公司产品相应"内容器的底部设置成带有一个居中的浅排流槽的排流底部"技术特征相同,但由于山海公司产品的排流槽无坡度,基于前述理由,涉案专利的技术特征"排流槽带有一个轻微的坡度从内容器后壁伸展到装在内容器前壁上的排放接头"与山海公司产品相应技术特征"排流槽无坡度地从内容器后壁伸展到装在内容器前壁上的排放接头"既不相同,也不等同。

二审法院判决驳回上诉,维持原判。

评 析

本案的焦点在于内部证据与外部证据在权利要求解释中使用的顺序。当对权利要求中的技术术语的含义有争议时,首先应当根据专利说明书及附图、专利授权审查过程中专利申请人的陈述以及专

专利权利要求中技术术语的解释

利权人在无效宣告请求审查程序中的陈述进行解释。这些解释技术术语的证据在美国法院判例中被称为内部证据，只有根据内部证据仍不能确定技术术语的含义时，才允许借助外部证据确定技术术语的含义，外部证据包括专家证人的证词、字典与工具书的解释等。

权利要求中的技术术语是专利申请人或者专利权人自己选择甚至是自己"发明"，用以界定其专利权的保护范围，专利申请人或者专利权人是其权利要求中技术术语的编撰者，因此，当对权利要求中的技术术语的含义有争议时，首先应当根据专利说明书及附图、专利授权审查过程中专利申请人的陈述，以及专利权人在无效宣告请求审查程序中的陈述（如果存在专利无效宣告请求审查程序的话）进行解释。这些解释技术术语的证据在美国法院判例中被称为内部证据（intrinsic evidence），只有根据内部证据仍不能确定技术术语的含义时，才允许借助外部证据（extrinsic evidence）确定技术术语的含义，外部证据包括专家证人的证词、字典与工具书的解释等。之所以在根据内部证据不能确定技术术语含义的情况下，才允许借助外部证据确定技术术语的含义，原因在于技术术语的含义应以专利申请人或者专利权人自己的理解与界定为准，既然根据内部证据不能确定某一技术术语的含义，就应当推定专利申请人或者专利权人对该技术术语的含义理解就是所属技术领域技术人员通常的理解，故可借助外部证据确定所属技术领域的技术人员对技术术语的通常理解。在前述案例中，"轻微"一词的含义根据内部证据（专利说明书及附图）已经能够确定，故不再允许根据作为外部证据的《辞海》对其进行解释。

另外，尽管前述案例中没有涉及，当根据说明书解释权利要求时，特别要注意处理好根据说明书解释权利要求与不能将说明书中的限制读入权利要求中之间的关系。美国法院认为，专利法并不要求发明人提供实施发明的所有方式，只是要求发明人提供他所知道的最佳实施例。实施例只是发明的举例，界定发明界限的是专利权利要求。因此，法院确立的原则是，实施例中的限制不能读入权利要求中。与此相对应的情况是，如果说明书对权利要求中的术语进行了限缩性定义，这种限缩性定义可以读入到权利要求中。在专利诉讼中，专利权人往往主张说明书中的任何限制都不能读入到权利要求中去，而被控侵权人往往主张实施例中的限制必须适用到权利要求中。因此，说明书中的限制哪些可以读入到权利要求中，是法院在解释权利时需要解决的问题。法院在解决这一问题时，需要确定说明书是确定性的还是举例性的。[①] 2005 年 7 月 12 日，美国联邦巡回上诉法院在 *Phillips v. AWH Corp.*[②]案中指出：用说明书解释权利要求和将说明书中的限制读入权利要求，在实践中是很难区分的。但是，如果法院将注意力集中到本领域技术人员如何理解权利要求术语上，解释权利要求和将限制读入权利要求的区分是相当明确的、可预见的。

为了避免将说明书中的限制读入权利要求，重要的是要牢记，说明书的目的是教导本领域的技术人员实施该专利和使其能够实施该专利，并提供最佳的实施方式。教导本领域技术人员实施专利的最好方式之一是提供一个实际使用专利的例子。多数情况下，通过阅读说明书的上下文，可以很清楚地看到，专利权人只是提供了几个特定的例子，并且认为权利要求书与实施例是严格一致的。

仍然还会有一些案件，难以认定本领域技术人员会认为实施例确立了权利要求的范围，还是仅仅是一个具体实施的例子。但我们

---

① 闫文军：《专利权的保护范围》，法律出版社 2007 年版，第 84—85 页。
② 415 F.3d 1303（Fed.Cir.2005）.

专利权利要求中技术术语的解释

相信,根据专利的上下文解决这个问题,比将权利要求严格限定于说明书披露的实施例或将权利要求书与说明书割裂开来,更能准确地把握专利的保护范围。[①]

尽管美国专利法要求说明书中描述最佳实施例,而中国专利法只是要求说明书描述实施例,但用说明书来解释权利要求的规则应是一致的,美国的司法经验值得借鉴。

(撰稿人:张晓都)

[①] 闫文军:《专利权的保护范围》,法律出版社 2007 年版,第 58 页。

9. 专利权利要求的区别解释原则

——豪登集团有限公司诉上海科盛电力科技有限公司侵犯发明专利权纠纷案

案件索引：上海市第二中级人民法院（2003）沪二中民五（知）初字第82号，2005年2月25日判决；上海市高级人民法院（2005）沪高民三（知）终字第63号，2006年3月21日判决。

基本案情

豪登集团有限公司（以下简称"豪登公司"）是名称为"热交换器"发明专利的专利权人。豪登公司指控上海科盛电力科技有限公司（以下简称"科盛公司"）先后承接的青岛发电厂等单位的火电站空气预热器改造项目侵犯其享有的专利权，向上海市第二中级人民法院提起诉讼。科盛公司辩称，其使用的技术专利与豪登公司的专利技术没有任何关联，且科盛公司使用的相关技术属公知技术，故科盛公司没有实施侵犯豪登公司专利权的任何行为。

上海市第二中级人民法院一审查明，涉案发明专利权利要求1为：一种热交换器包括一个框架（10，34），一个由所述框架支承的外壳（12），一个在所述外壳内绕着一根轴线（14）转动的转子（16），多个安装在转子内的热交换单元（24），安装在所述转子的第一和第二轴向端上的第一和第二扇形板（66,28），第一轴向端为转子的热端而第二轴向端为其冷端，所述扇形板各沿着所述转子的一条直径延伸，分别位于所述第一和第二轴向端并安置在所述扇形板的同一径向侧的气体进口和出口管道（40,42），以及分别位于所述第一和第二轴向端并安置在所述扇形板的与所述气体进口和出口管道相对的径向侧的空气出口和进口管道（44,46），其中，至少第二扇形板（28）是由一块大致平整的板材（41）所制成，在其上焊有至少两条纵向延伸的扇形板肋条（45），该肋条从扇形板沿着背离转子的方向延伸，还有支承结构肋条（47）被直接焊在框架（10,34）上，所述支承结构肋条（47）再与所述扇形板肋条（45）相互焊接在一起。权利要求2为：根据权利要求1的热交换器，其特征在于其中靠近转子的扇形板（41）的表面被制成凸形的，从而使它与由任何热变形造成的转子凹形相互补偿。

科学技术部知识产权事务中心出具的技术鉴定报告认为，科盛公司在其承接的火电站空气预热器改造项目中有关产品的相关技术特征中除"扇形板使用一块平整的板材，且在转子上焊接密封片"与豪登公司所享有的"热交换器"发明专利的权利要求1中记载的"至少第二扇形板是由一块大致平整的板材所制成"的必要技术特征不相同且不等同，其余的技术特征相同。技术鉴定报告记载："鉴定专家组认为，被控侵权产品的技术特征g与原告专利的技术特征G相比较，被控侵权产品的技术特征g中'扇形板由一块平整的板材制成，且转子上焊接有密封片'，原告专利技术特征G中'至少第二扇形板是由一块大致平整的板材所制成'。……鉴定专家组通过分析研究原告专利说明书及附图，认为该技术特征中所述的'大致平整的板材'是指第二扇形板的表面制成凸形，以与由任何热变形造成的转子冷端的凹形相互补偿，从而缩小转子径向封接的缝隙，有效减少了漏泄问题。而被控侵权产品是由一块平整的扇形板,通过在转子上安装密封片达到密封作用,降低漏风率。两者相比,被控侵权产品的技术特征g采取的降低漏风率的密封手段与原告专利的技术特征G所采取的技术手段不同,且该技术手段的不同并非是显而易见的,需要本领域普通技术人员经过一定的创造性劳动。……鉴定专家组认为,技术特征G与技术特征g不等同。"

上海市第二中级人民法院采信技术鉴定报告的结论,判决对豪登公司的诉讼请求不予支持。豪登公司不服一审判决,提起上诉。

上海市高级人民法院二审查明,涉案专利说明书记载:

"……对于这种结构,所遇到的特殊问题是在热变形后转子和下扇形板之间的相互干扰。

为了克服这一缺点,本发明提出至少第二扇形板由一种一般为平整的板材制成,在其上焊接有至少两根纵向延伸的扇形板肋条,该肋条从扇形板以背离转子的方向延伸,在其中,支承结构肋条直接焊在框架上,所述支承结构肋条和所述扇形板肋条相互焊接在一起。

对于这样一种热交换器,其制造成本可以大大地降低,因为在这里就没有必要对扇形板本身进行机械加工了。此外,扇形板本身的确切位置可以精确地定出以保证与转子尽量小的相互干扰,而当这位置一经确定后,两组肋条就可以相互焊接在一起。这一焊接在扇形板本身上几乎没有产生应力,因而其上表面就可以不进行机械加工,大大地减少了制造成本。

对于这样一般类型的热交换器,一个严重的问题是在使用时转子的热偏转。常规的扇形板具有固定的刚度,这意味着下扇形板会经常配以一个铰接结构以使扇形板预先设置在一个特定位置以便在热移动后使扇形板适应转子的形状。这样在转子和扇形板的径向封接处可能产生一个缝隙,造成令人不满意的漏泄。

根据本发明的另一方式提出,第二扇形板的表面一开始就制成为凸形的,以与由任何热变形造成的转子冷端的凹形相互补偿。这样,转子径向封接之间的缝隙就可尽量缩小,而漏泄问题也因而减少,一个铰接的下扇形板的设置也就无此需要了。"

在涉案专利无效宣告请求审查程序中,豪登公司对涉案专利权利要求进行了修改。其中,原从属权利要求2中记载的技术特征写到了独立权利要求1中,修改后的权利要求1为:一种热交换器包括一个框架,一个由所述框架支承的外壳,一个在所述外壳内绕着一根轴线转动的转子,多个安装在转子内的热交换单元,安装在所述转子的第一和第二轴向端上的第一和第二扇形板,第一轴向端为转子的热端而第二轴向端为其冷端,所述扇形板各沿着所述转子的一条直径延伸,分别位于所述第一和第二轴向端并安置在所述扇形板的同一径向侧的气体进口和出口管道,以及分别位于所述第一和第二轴向端并安置在所述扇形板的与所述气体进口和出口管道相对的径向侧的空气出口和进口管道,其中,至少第二扇形板是由一块大致平整的板材所制成,在其上焊有至少两条纵向延伸的扇形板肋条,该肋条从扇形板沿着背离转子的方向延伸,还有支承结构肋条被直接焊在框架上,所述支承结构肋条再与所述扇形板肋条相互焊接在一起,其中,靠近转子的第二扇形板的表面被制成在冷却时是凸形的,从而使它与由任何热变形造成的转子的冷端的凹形相互补偿。专利复审委员会在权利要求修改的基础上,维持专利权有效。

侵犯专利权纠纷案例

判决与理由

上海市高级人民法院经审理认为：发明或者实用新型的权利要求书应当有独立权利要求，也可以有从属权利要求。从属权利要求可以是一项，也可以是多项。从属权利要求是对其引用的在前权利要求的进一步的限定，从属权利要求记载的技术特征加上其引用在前权利要求的所有技术特征共同限定从属权利要求所要保护的技术方案。当专利权利要求书既有独立权利要求，又有从属权利要求时，应当认定独立权利要求与各从属权利要求所限定的保护范围各不相同，独立权利要求的保护范围要大于从属权利要求的保护范围，在前从属权利要求的保护范围要大于在后的引用该在前从属权利要求的在后从属权利要求的保护范围，否则从属权利要求或者在后的从属权利要求就成为多余。除非根据专利说明书及附图，或者根据专利申请人与专利权人在专利授权审查程序与专利无效宣告请求审查程序中的陈述，专利权利要求书中记载的不同权利要求应当被解释为在实质上限定的是同一技术方案；或者根据禁止反悔原则应当认定专利权利要求书记载的不同权利要求所限定的技术方案为同一技术方案。

在经专利无效宣告请求审查程序修改权利要求前，涉案专利权利要求2为"根据权利要求1的热交换器，其特征在于其中靠近转子的扇形板的表面被制成凸形的，从而使它与由任何热变形造成的转子凹形相互补偿"，该从属权利要求2中记载的技术特征"其中靠近转子的扇形板的表面被制成凸形的，从而使它与由任何热变形造成的转子凹形相互补偿"，加上独立权利要求记载的所有技术特征共同限定从属权利要求 2 所要保护的技术方案。权利要求 2 中的"其中靠近转子的扇形板的表面被制成凸形的,从而使它与由任何热变形造成的转子凹形相互补偿"技术特征,是对独立权利要求中技术特征"至少第二扇形板是由一块大致平整的板材所制成"中"扇形板"结构的进一步限定。没有权利要求 2 记载的技术特征,独立权利要求仍然是一个完整的技术方案,只是"至少第二扇形板是由一块大致平整的板材所制成"。根据涉案专利说明书的陈述,为了解决在热变形后转子和下扇形板之间的相互干扰的问题,涉案专利发明提出的解决方案之一是"至少第二扇形板由一种一般为平整的板材制成,在其上焊接有至少两根纵向延伸的扇形板肋条,该肋条从扇形板以背离转子的方向延伸,在其中,支承结构肋条直接焊在框架上,所述支承结构肋条和所述扇形板肋条相互焊接在一起";涉案专利发明提出的另一个解决方案是"第二扇形板的表面一开始就制成为凸形的,以与由任何热变形造成的转子冷端的凹形相互补偿";涉案专利说明书还记载有现有技术对该问题的一种解决方案"下扇形板会经常配以一个铰接结构以使扇形板预先设置在一个特定位置以便在热移动后使扇形板适应转子的形状"。由于涉案专利说明书已经清楚地陈述了解决热变形后转子和下扇形板之间的相互干扰问题的不同方案,这些方案中既有一开始就将第二扇形板的表面制成凸形,也有第二扇形板本身就是一块"大致平整的板材",故技术鉴定报告将涉案专利权利要求中专利技术特征 G "至少第二扇形板是由一块大致平整的板材所制成"中的"大致平整的板材"解释为是指"第二扇形板的表面制成凸形",并无事实依据。根据技术鉴定报告的该解释,涉案专利从属权利要求 2 将成为多余的,而根据涉案专利说明书的陈述,从属权利要求 2 并非是多余的。

涉案专利权利要求技术特征 G 是"至少第二扇形板是由一块

大致平整的板材所制成"，被控侵权产品技术特征 g 是"扇形板由一块平整的板材制成，且转子上焊接有密封片"，该被控侵权产品技术特征 g 与专利权利要求技术特征 G 对应的特征应是技术特征 g′ "扇形板由一块平整的板材制成"技术特征，技术特征 g″ "且转子上焊接有密封片"相对涉案专利权利要求来说是增加的技术特征。这样，技术特征 G 与技术特征 g′ 就可能被认定为是相同的技术特征，或者即使该两项技术特征不会被认定为是相同的技术特征，也有可能被认定为是等同的技术特征，由于另外除增加了技术特征 g″ 外，被控侵权产品的其余技术特征与涉案专利权利要求记载的技术特征相同，故被控侵权产品就有可能落入涉案专利权利要求保护的范围。

但在经专利无效宣告请求审查程序修改涉案独立权利要求后，涉案专利独立权利要求中增加了技术特征"其中靠近转子的第二扇形板的表面被制成在冷却时是凸形的，从而使它与由任何热变形造成的转子的冷端的凹形相互补偿"。由于被控侵权产品中扇形板只是由一块平整的板材制成，并不存在涉案专利独立权利要求修改后新增加的相应技术特征，故相对涉案专利修改后的独立权利要求，被控侵权产品并未落入涉案专利权利要求保护的范围。

一审法院采信技术鉴定报告的意见，将涉案专利权利要求中记载的"大致平整的板材"解释为是指"第二扇形板的表面制成凸形"并无事实依据，但由于经修改后涉案专利独立权利要求中增加了新的技术特征，而被控侵权产品并无相应的技术特征，故豪登公司的侵权指控不能成立。二审法院判决维持一审不构成侵权的判决结果。

评 析

本案的焦点在于在无正当理由的情况下，将独立权利要求的保护范围解释为与从属权利要求的保护范围相同是否恰当。当专利权利要求书既有独立权利要求，又有从属权利要求时，应当认定独立权利要求与各从属权利要求所限定的保护范围各不相同，独立权利要求的保护范围要大于从属权利要求的保护范围，在前从属权利要求的保护范围要大于在后的引用该在前从属权利要求的在后从属权利要求的保护范围，否则从属权利要求或者在后的从属权利要求就成为多余。除非根据专利说明书及附图，或者根据专利申请人与专利权人在专利授权审查程序与专利无效宣告请求审查程序中的陈述，专利权利要求书中记载的不同权利要求应当被解释为在实质上限定的是同一技术方案；或者根据禁止反悔原则应当认定专利权利要求书记载的不同权利要求所限定的技术方案为同一技术方案。

在美国，通过法院判例建立起来的专利权利要求解释规则中，有一种权利要求解释规则叫"权利要求区别解释原则"（Doctrine of Claim Differentiation）。根据权利要求区别解释原则，如果可能，对于一项专利中的多项权利要求，法院应当解释为每一项权利要求均有其不同的保护范围，每一项权利要求均不是多余的。因此，对任一权利要求，法院不应以让该权利要求相对于其他权利要求成为多余的方式解释该权利要求。

权利要求区别解释原则确立的根本原因是在于一种常识性观念，由于不同权利要求中存在不同词汇和短语，所以推定这些权利要求具有不同含义和不同的保护范围,通常情况下,意味着从属权利要求中记载的技术特征不能被读入到其所从属的独立权利要求之中。[①]但权利要求区别解释原则仅是设立了一种可以反驳的推定,推定一项专利中的每一项权利要求均具有不同的保护范围。

权利要求区别解释原则不能改变从权利要求的陈述、说明书的描述以及专利审批过程中能够清晰地得出的含义。权利要求区别解释原则的适用不能将权利要求解释到超越根据专利说明书、专利审批过程及相关外部证据确定的恰当保护范围。如果适用权利要求区别解释原则得到的对某一权利要求的宽范围的解释得不到说明书的支持,就不能适用权利要求区别解释原则。权利要求区别解释原则不能作为逃避适用禁止反悔原则的工具。[②]

权利要求区别解释原则在我国专利司法审判实践中没有明确提及,但权利要求区别解释原则同样也应当是我国法院对专利权利要求解释的规则之一。根据《专利法实施细则》第二十条的规定:权利要求书应当有独立权利要求,也可以有从属权利要求。从属权利要求应当用附加的技术特征,对引用的权利要求作进一步限定。国家知识产权局发布的《专利审查指南》更明确地指出:在一件申请的权利要求书中,独立权利要求所限定的一项发明或者实用新型的保护范围最宽。如果一项权利要求包含了另一项同类型权利要求中的所有技术特征,且对该另一项权利要求的技术方案作了进一步的限定,则该权利要求为从属权利要求。由于从属权利要求用附加的技术特征对所引用的权利要求作了进一步的限定,所以其保护范围落

[①] Robert A. Matthews, Jr., Annotated Patent Digest (Database updated January 2006), § 5:64. (http://www.westlaw.com)

[②] Robert A. Matthews, Jr., Annotated Patent Digest (Database updated January 2006), § 5∶69, § 5:70, § 5:71. (http://www.westlaw.com.)

在其所引用的权利要求的保护范围之内。①

根据《专利法》第三十一条第一款的规定，属于一个总的发明构思的两项以上的发明或者实用新型，可以作为一件申请提出。《专利审查指南》规定，属于一个总的发明构思的两项以上发明的权利要求可以按以下六种方式之一撰写：

（i）不能包括在一项权利要求内的两项以上产品或者方法的同类独立权利要求；

（ii）产品和专用于制造该产品的方法的独立权利要求；

（iii）产品和该产品的用途的独立权利要求；

（iv）产品、专用于制造该产品的方法和该产品的用途的独立权利要求；

（v）产品、专用于制造该产品的方法和为实施该方法而专门设计的设备的独立权利要求；

（vi）方法和为实施该方法而专门设计的设备的独立权利要求。②

专利申请人应当按照《专利法》、《专利法实施细则》及《专利审查指南》的规定撰写权利要求，审查员亦是按照《专利法》、《专利法实施细则》及《专利审查指南》的规定审查权利要求。因此，在专利侵权案件中，在对权利要求进行解释时，即使对于只经过初步审查，没有经过实质审查的实用新型专利，也应推定主张权利的

---

① 国家知识产权局：《专利审查指南》（2010），第二部分第二章第3.1.2，知识产权出版社2010年版。2006年版《审查指南》、2001年版《审查指南》的相应规定与2010年版《专利审查指南》的规定完全一样。

② 国家知识产权局：《专利审查指南》（2010），第二部分第六章第2.2.1，知识产权出版社2010年版。2006年版《审查指南》与2001年版《审查指南》也有同样的规定。

权利要求是按照《专利法》、《专利法实施细则》及《专利审查指南》的规定撰写的,对于经过实质审查的发明专利来说,更应该做如此推定。

推定权利要求是按照《专利法》、《专利法实施细则》及《专利审查指南》的规定撰写的,也即意味着承认权利要求区别解释原则,在对一项专利中的多项权利要求进行解释时,推定不同的权利要求有其不同的保护范围,每一权利要求均不是多余的。当专利权利要求书既有独立权利要求,又有从属权利要求时,应当推定独立权利要求与各从属权利要求所限定的保护范围各不相同,独立权利要求的保护范围要大于从属权利要求的保护范围,在前从属权利要求的保护范围要大于在后的引用该在前从属权利要求的在后从属权利要求的保护范围。当专利权利要求书包含多项独立要求时,应当推定各独立权利要求的保护范围各不相同。

权利要求区别解释原则只是一种推定,只是要求法院在解释专利权利要求时,首先要假设涉案专利权利要求是按照《专利法》、《专利法实施细则》及《专利审查指南》的规定撰写的,推定专利权利要求书中记载的每一项权利要求均有其不同的保护范围,但如果有证据能够推翻该种推定,权利要求区别解释原则就不能适用。根据专利说明书及附图,或者根据专利申请人与专利权人在专利授权审查程序与专利无效宣告请求审查程序中的陈述,专利权利要求书中记载的不同权利要求应当被解释为在实质上限定的是同一技术方案;或者根据禁止反悔原则应当认定专利权利要求书记载的不同权利要求所限定的技术方案为同一技术方案,权利要求区别解释的推定就被推翻,权利要求区别解释原则就不能再被适用。

(撰稿人:张晓都)

10. 等同原则在专利侵权判定中的适用

——北京英特莱摩根热陶瓷纺织有限公司诉北京德源快捷门窗厂侵犯发明专利权纠纷案

案件索引：北京市第二中级人民法院（2009）二中民初字第08543号，2009年7月17日判决；北京市高级人民法院（2009）高民终字第4721号，2009年11月6日判决。

基本案情

刘学锋是"防火隔热卷帘用耐火纤维复合卷帘及其应用"发明专利的权利人，专利申请日为2000年4月28日，2001年1月17日公开，授权日为2003年2月12日，专利号ZL00107201.3。专利年费交至2009年3月2日。2006年5月12日，涉案专利权转让给北京英特莱新材料科技有限责任公司（以下简称"英特莱公司"）。2006年7月14日，涉案专利权自英特莱公司转让给北京英特莱摩根热陶瓷纺织有限公司（以下简称"英特莱摩根公司"）。第七届中国花卉博览会主场馆建筑施工中安装了北京德源快捷门窗厂（以下简称"德源门窗厂"）生产的防火隔热卷帘，英特莱摩根公司指控该防火卷帘侵犯其专利权。德源门窗厂答辩称涉案专利技术为公知技术，涉案专利授权不符合我国《专利法》的相关规定；德源门窗厂技术人员在总结公知领域技术基础上研发的新型产品，未落入原告的专利权保护范围，不构成侵权。

北京市第二中级人民法院一审查明，涉案专利权利要求1记载的内容为："一种防火隔热卷帘耐火纤维复合帘面，其中所说的帘面由多层耐火纤维制品复合缝制而成，其特征在于所说的帘面包括中间植有增强用耐高温的不锈钢丝或不锈钢丝绳的耐火纤维毯夹芯，由耐火纤维纱线织成的用于两面固定该夹芯的耐火纤维布以及位于其中的金属铝箔层。"被控侵权的防火卷帘，由耐火纤维布、耐火纤维毯、钢丝绳、纤维毡、金属铝箔层组成，其中不锈钢钢丝绳置于纤维毯的一侧，与涉案专利技术特征将钢丝绳放在耐火纤维毯的夹芯中间不同。

北京市第二中级人民法院认为，本案的焦点问题是被控侵权防火卷帘产品是否落入涉案发明专利权的保护范围、被告德源门窗厂是否应就其涉案行为承担相应的法律责任。根据我国《专利法》的有关规定，发明专利权的保护范围以其权利要求的内容为准，说明书及附图可以用于解释权利要求。根据涉案发明专利权利要求1的记载，涉案专利的必要技术特征包括防火卷帘的帘面由多层耐火纤维制品复合缝制而成，其中包括耐火纤维毯、耐火纤维布、金属铝箔层和钢丝绳，钢丝绳位于耐火纤维毯的中间等。经与被控侵权防火卷帘对比，涉案被控侵权防火卷帘产品的帘面基本包括了上述必要技术特征。虽然被控侵权产品将不锈钢钢丝绳置于耐火纤维毯的一侧，与涉案发明专利将钢丝绳置于纤维毯的中间的技术特征不相同，但帘面中加入钢丝绳系起增强作用，其位置的改变不影响其技术效果的实现。因此，被控侵权产品的上述特征属于以基本相同的手段，实现基本相同的功能，达到基本相同的效果，并且本领域的普通技术人员无需经过创造性劳动就能够联想到的与涉案专利所记载的技术特征等同的特征。故被控侵权产品落入涉案专利保护范围，构成侵权。德源门窗厂未经专利权人许可，制造、销售侵犯涉案发明专利权的防火卷帘产品并在第七届中国花卉博览会主场馆消防工程中安装使用，构成了对原告涉案发明专利权的侵犯，应承担停止侵权、赔偿损失的法律责任。遂判决德源门窗厂停止生产、销售涉案侵权防火卷帘产品并赔偿英特莱摩根公司经济损失一百五十万元及因本案诉讼支出的合理费用二万元，驳回英特莱摩根公司的其他诉讼请求。

德源门窗厂不服一审判决，向北京市高级人民法院提出上诉，请求撤销原审判决，发回重审或改判驳回英特莱摩根公司的诉讼请求。

北京市高级人民法院二审查明的本案事实情况与一审相同。

判决与理由

北京市高级人民法院经审理认为，涉案专利的必要技术特征为：1. 一种防火隔热卷帘耐火纤维复合帘面；2. 帘面由多层耐火纤维制品复合缝制而成；3. 帘面包括中间植有增强用耐高温的不锈钢钢丝或不锈钢钢丝绳的耐火纤维毯夹芯；4. 由耐火纤维纱线织成的用于两面固定该夹芯的耐火纤维布；5. 位于固定夹芯的耐火纤维布中的金属铝箔层。涉案被控侵权防火卷帘产品的帘面与涉案专利相比，区别技术特征在于被控侵权产品的不锈钢钢丝绳在耐火纤维毯的一侧，而涉案专利的钢丝绳植在耐火纤维毯夹芯中间。但是，帘面中加入钢丝绳系起增强作用，其位置的改变不影响其技术效果的实现。因此，被控侵权产品的上述特征属于以基本相同的手段，实现基本相同的功能,达到基本相同的效果,并且本领域的普通技术人员无需经过创造性劳动就能够联想到的与涉案专利所记载的技术特征等同的特征。故被控侵权产品落入涉案专利保护范围,构成侵权。此外,尽管被控侵权产品比涉案专利权利要求1的技术方案多一层纤维毡,但涉案专利权利要求1的全部技术特征均体现在被控侵权产品上,被控侵权产品依然落入涉案专利的保护范围。故判决驳回上诉,维持原判。

评 析

本案的争议焦点在于被控侵权防火卷帘产品是否落入涉案发明专利权的保护范围,被控侵权产品中钢丝绳位置的改变是否属于以基本相同的手段,实现基本相同的功能,达到基本相同的效果,并且本领域的普通技术人员无需经过创造性劳动就能够联想到的与涉案专利所记载的技术特征等同的特征。本案在专利侵权判定中等同原则的适用方面具有一定的代表性。

一、等同原则的概念

(一)概念

等同原则(Doctrine of Equivalents),是为国际社会普遍认可的专利侵权判定中的一项重要原则,是对全面覆盖原则的补充,对于合理确定专利权的保护范围,平衡专利权人与公众利益起到了重要的作用。所谓等同原则,是指被控侵权的技术方案与专利权利要求所保护的技术方案在某个或者某些技术特征上有所不同,但是如果对应的技术特征是以基本相同的方式,实现了基本相同的功能,产生基本相同的效果,则该技术特征属于等同技术特征,仍落入专利权的保护范围，构成侵犯专利权的行为。等同原则的适用，有利于加强对专利权的保护，防止侵权人采用显而易见的技术替换手段，替换专利权利要求中的某些技术特征，从而避免再现专利的全部必要技术特征而构成相同侵权。

（二）等同原则的起源

等同原则起源于美国，是随着美国专利制度的完善和专利司法实践的统一而逐渐发展起来的一项重要原则，随着德国、日本等国的纷纷采纳，现已成为在国际上具有广泛影响和公认地位的法律原则。

美国最高法院建立等同原则的历史可追溯到1818年，其后得到逐步发展。其中1950年在 *Graver Tank & Manufacturing Co. v. Linde Air products Co.* 一案[①]中对等同原则的重要性进行了论述。该案原告的专利涉及一种电焊剂，其主要成分是镁，镁属于碱性金属。被告使用的主要成分是锰。锰的硅酸盐不属于碱性硅酸盐。原告提出，当镁和锰作为焊剂的成分时，功能相同。现有技术的资料也显示了锰作为焊剂的内容。最高法院最终认为锰和镁在焊剂中的功能等同，因此认定构成侵权。本案的重要意义在于：第一，美国法院论述并确立了等同原则在专利侵权中的重要作用。第二，明确了认定等同的标准，"即功能（function）——方式（way）——效果（result）"[②]准则。该案判决作出不久，美国国会于1952年修改了美国专利法，新增加了第一百一十二条第六款，允许在权利要求中采用功能性限定特征，同时规定该特征包括说明书中所记载的用于实现该功能的

[①] 339 U. S. 605（1950），转引自尹新天：《专利权的保护》，知识产权出版社2005年版，第377—378页。

[②] Performs substantially the same function, in substantially the same way, to obtain substantially the same result.

具体方式及其等同方式。此后，美国最高法院于 1997 年就 *Warner-Jenkinson Co. v. Hilton Davis Chem. Co.* 案①再次对等同原则作出全面的阐述。明确适用等同原则必须在逐个技术特征的基础上进行，而不是针对整个发明；禁止反悔原则是对等同原则的限制，如果专利权人不能证明其修改目的，法院就应推定修改目的是为了避开现有技术，因而导致禁止反悔原则的适用。

（三）我国法律对等同原则的规定

我国《专利法》中并没有等同原则的具体规定，有关等同原则的规定出现在最高人民法院制定的相关司法解释中。其中，《最高人民法院关于审理专利纠纷案件适用法律问题的若干规定》（法释〔2001〕21 号）第十七条规定，《专利法》第五十六条第一款所称的"发明或者实用新型专利权的保护范围以其权利要求的内容为准，说明书及附图可以用于解释权利要求"，是指专利权的保护范围应当以权利要求书中明确记载的必要技术特征所确定的范围为准，也包括与该必要技术特征相等同的特征所确定的范围。等同特征是指与所记载的技术特征以基本相同的手段，实现基本相同的功能，达到基本相同的效果，并且本领域的普通技术人员无需经过创造性劳动就能够联想到的特征。

最高人民法院《关于审理侵犯专利权纠纷案件应用法律若干问题的解释》（法释〔2009〕21 号）第七条规定，人民法院判定被诉侵权技术方案是否落入专利权的保护范围，应当审查权利人主张的权利要求所记载的全部技术特征。被诉侵权技术方案包含与权利要求记载的全部技术特征相同或者等同的技术特征的，人民法院应当认定其落入专利权的保护范围；被诉侵权技术方案的技术特征与权

---

① 尹新天：《专利权的保护》，知识产权出版社 2005 年版，第 395—402 页。

利要求记载的全部技术特征相比，缺少权利要求记载的一个以上的技术特征，或者有一个以上技术特征不相同也不等同的，人民法院应当认定其没有落入专利权的保护范围。

二、等同原则的适用

根据等同原则所确定的专利权的保护范围，不仅包括权利要求记载的必要技术特征，而且包括与必要技术特征相等同的技术特征。等同原则的适用在某种意义上说是扩大了专利权的保护范围，因此通常适用等同原则认定侵权成立的案件比较少，对等同原则的适用非常审慎。笔者认为，应当严格等同侵权的适用条件，探索完善等同侵权的适用规则，防止不适当地扩张保护范围。

（一）专利权保护范围的准确界定

正确解释发明和实用新型专利的权利要求，准确界定专利权的保护范围，是专利侵权判定的重要环节。在解释权利要求时，既不应盲目地把专利权的保护范围解释得过宽，以免影响到社会公众利益；也不应解释得过窄，以免使专利的价值降低。根据我国《专利法》第五十九条第一款的规定，发明或者实用新型专利权的保护范围以其权利要求的内容为准，说明书及附图可以用于解释权利要求的内容。在最高人民法院相关司法解释中，提出应当根据权利要求的记载，结合本领域普通技术人员阅读说明书及附图后对权利要求的理解，确定权利要求的内容。专利权的保护范围应当以权利要求书中明确记载的必要技术特征所确定的范围为准，也包括与该必要技术特征相等同的特征所确定的范围。等同特征是指与所记载的技术特征以基本相同的手段，实现基本相同的功能，达到基本相同的效果，并且本领域的普通技术人员无需经过创造性劳动就能够联想到的特征。

可见，在对权利要求进行解释时，字面解释和等同解释是两种基本的解释方式。通常,侵权者都不会在被控侵权产品或方法中全面再现专利权利要求的全部技术特征,而是对被控侵权产品或方法进行不同程度的改变,以避免构成字面侵权。如果仅仅适用字面解释方式,显然无法制止上述行为。而等同解释,则将被控侵权人以等同物替换权利要求中相应技术特征的情况包括在内,有利于维护权利人的利益。通过等同解释方式来解释权利要求时,应注意考虑创造性因素,不应随意扩大相关等同特征的范围,以避免权利要求相对于社会公众出现不稳定性。在进行等同解释、判断是否属于等同特征时,应以专利的申请日作为判断的时间点。如果对专利权利要求书中的内容采用申请日以后的相关定义进行解释,会造成权利要求书内容的不稳定性,与授权时的状态不符。如果被控侵权技术方案中的相应技术特征与专利技术方案中的相应技术特征相比具有创造性,则二者属于不同的技术方案,该技术特征也不属于与专利必要技术特征相等同的特征。同时,还应考虑专利的创新程度对等同特征判断的影响。对于创新程度高、研发投入大、对经济增长具有突破和带动作用的首创发明,应给予相对较高的保护强度和较宽的等同保护范围;对于创新程度相对较低的改进发明,应适当限制其等同保护范围。[①]

(二)等同原则在侵权判定中的适用

1. 等同侵权判定的主体

等同侵权判断并非简单的逻辑对错判断,而是涉及权利人利益与社会公众利益平衡的公平性判断,反映了一定的社会价值取向,因此等同侵权判断的首要问题是确定判定的主体,尽可能避免具体

[①] 参见最高人民法院 2011 年 12 月 16 日发布的《关于充分发挥知识产权审判职能作用推动社会主义文化大发展大繁荣和促进经济自主协调发展若干问题的意见》。

判断主体带来的差异。我国相关司法解释明确了应以本领域的普通技术人员作为判定主体,以其专业知识水平为准,确定是否属于无需经过创造性劳动就能够联想到的等同特征。

2. 等同侵权判定的标准

如前文所述,美国在1950年的判例中确立了"功能——方式——效果"的判断准则。随后的判例又在此基础上,增加了"逐项技术比较"的判断标准。德国、日本等国家也确立了与之相似的"实质性相同"的判断标准。我国相关司法解释①中也明确了"以基本相同的手段,实现基本相同的功能,达到基本相同的效果"的确定等同特征的标准,这"三个基本相同"与美国的标准也是一致的。

根据最高人民法院《关于审理专利纠纷案件适用法律问题的若干规定》第十七条第二款的规定,构成等同特征须满足两个条件:一是被控侵权物中的技术特征与专利权利要求中的相应技术特征相比,以基本相同的手段,实现基本相同的功能,产生了基本相同的效果;二是对该专利所属领域普通技术人员来说,通过阅读专利权利要求书,无需经过创造性劳动就能够联想到。因此,判断侵权物中是否具有与授权专利相应特征相等同的特征,必须从手段、功能、效果以及本领域技术人员是否显而易见等四个方面分别进行比较。如果两者的手段、功能、效果基本相同,而且对于本领域技术人员来说也属于显而易见,则可以认定为等同特征,否则就不宜认定为等同。需要强调的是,等同侵权判断中的等同指的是技术方案中具体特征的功能、作用的等同,而不是两个技术方案本身的等同。进行等同侵权判断,应当仅就被控侵权产品或方法的具体技术特征与

---

① 最高人民法院《关于审理专利侵权纠纷案件适用法律问题的若干规定》第十七条。

专利对应必要技术特征是否等同进行对比判定，不对被控侵权产品或方法与专利技术方案的整体是否等同进行对比判定，更不能依据技术方案的整体比对结论作出是否构成等同侵权的判断。

是否构成等同侵权，某两个技术特征是否等同，不同的人有时会得出不同的结论。司法实践中，专利权人主张被控侵权产品或方法构成等同侵权的，往往仅仅简单陈述其构成等同侵权的结论性意见，很少从"三个基本相同"的角度逐一举证证明其主张。笔者认为，法院应就此明确权利人的举证责任，除非属于公知的无需证明的常识，否则权利人不能只是简单陈述其意见，而是应举证证明是否属于采取基本相同的手段，实现了基本相同的功能，达到基本相同的效果，从而有利于法院对于是否构成等同侵权作出准确判断。

总之，等同侵权应以手段、功能和效果基本相同并且对所属领域普通技术人员显而易见为必要条件，在司法实践中应防止简单机械适用等同侵权或者不适当扩展其适用范围。在判断被控侵权产品或方法中的某一技术特征是否构成专利某必要技术特征的等同特征时，应该结合专利说明书、附图，相关技术方案的技术领域、判定其是否与专利技术的发明目的和效果相同。

本案中，根据涉案发明专利"防火隔热卷帘用耐火纤维复合卷帘及其应用"权利要求1的记载，涉案专利的必要技术特征包括防火卷帘的帘面由多层耐火纤维制品复合缝制而成，其中包括耐火纤维毯、耐火纤维布、金属铝箔层和钢丝绳，钢丝绳位于耐火纤维毯的中间等。经与公证取证的防火卷帘样本以及法院现场勘验的3#馆中不带金属板的防火卷帘对比，涉案被控侵权防火卷帘产品的帘面基本包括了上述必要技术特征。虽然被控侵权产品将不锈钢钢丝绳放在耐火纤维毯的一侧，与涉案发明专利将钢丝绳放在纤维毯的中间的技术特征不相同，但帘面中加入钢丝绳系起增强作用，其位置的改变不影响其技术效果的实现。因此,被控侵权产品的上述特征属于以基本相同的手段,实现基本相同的功能,达到基本相同的效果,并且本领域的普通技术人员无需经过创造性劳动就能够联想到的与涉案专利所记载的技术特征等同的特征。故被控侵权产品落入涉案专利权的保护范围,构成等同侵权。

3. 等同侵权判定的时间界限

等同侵权判定的时间界限应以侵权行为发生日为准,以侵权行为发生时的技术水平,对是否属于使用基本相同的手段,对是否不需要创造性劳动就能获得相关技术特征进行判断,以及对是否能够产生与专利技术特征相同或者基本相同的功能和效果等进行判断。将判定等同的时间确定在侵权日,对专利权的保护具有重要的作用,使专利权在有效期内始终处于动态的保护之中,有效制止相关侵权行为的发生。值得注意的是,要把确定等同侵权判断的时间点和解释权利要求的时间点区分开来,解释权利要求的时间点应以专利申请日为准。

三、对等同原则的限制

运用等同原则保护专利权,既不能随意地解释权利要求,扩大专利权的保护范围,也要保障专利权不受等同侵权的困扰。对等同原则适用的限制主要体现在三个方面:一是禁止反悔原则,二是捐献原则,三是公知技术抗辩原则。

(一)禁止反悔原则

禁止反悔原则是指在专利授权或无效宣告程序中,专利权人为确定其专利具备新颖性和创造性,通过书面声明或者修改专利文件的方式,对专利权利要求的范围作了限定或者部分地放弃了保护,并因此获得了专利权,而在专利侵权诉讼中,法院根据等同原则确定专利权的保护范围时,应禁止专利权人将已被限制、排除或者已经放弃的内容重新纳入专利权的保护范围。[①]

禁止反悔原则是对认定等同侵权的限制，为了保持专利权人与社会公众之间的利益平衡，不应对人民法院主动适用禁止反悔原则予以限制。因此，在认定是否构成等同侵权时，即使被控侵权人没有主张适用禁止反悔原则，人民法院也可以根据业已查明的事实，通过适用禁止反悔原则对等同范围予以必要的限制，以合理地确定专利权的保护范围。[②]

（二）捐献原则

捐献原则是指如果专利权人在专利说明书或附图中公开了某个技术方案，但在专利申请的审批过程中没有将其纳入权利要求的保护范围，则该技术方案被视为捐献给了公众，当专利申请被授权后，专利权人在维权时不得再通过等同原则将其重新纳入专利权的保护范围。最高人民法院《关于审理侵犯专利权纠纷案件应用法律若干问题的解释》第五条对此作了明确规定，对于仅在说明书或者附图中描述而在权利要求中未记载的技术方案，权利人在侵犯专利权纠纷案件中将其纳入专利权保护范围的，人民法院不予支持。

（三）现有技术抗辩原则

现有技术抗辩原则，是专利侵权诉讼中被控侵权者常常采用的一种抗辩方式，即当被控侵权产品或方法与涉案专利申请日之前的现有技术相同或等同，则不构成侵犯专利权的抗辩原则。等同原则适用现有技术抗辩，可将现有技术排除在专利权的保护范围之外。当被控侵权产品或方法的必要技术特征为现有技术时，不能根据等

[①] 参见最高人民法院《关于审理侵犯专利权纠纷案件应用法律若干问题的解释》第六条。
[②] 参见最高人民法院（2009）民申字第239号沈其衡诉上海盛懋交通设施工程有限公司侵犯实用新型专利权纠纷案裁判文书。

等同原则在专利侵权判定中的适用

同侵权判断原则认定为侵权。本案中,被告德源门窗厂虽提出现有技术抗辩,但其提交的相关国家标准并不包括涉案发明专利的全部必要技术特征,且其提交的在先专利文献也并非一项完整的公知技术,其依据多份在先专利文献提出现有技术抗辩的主张不能成立。

(撰稿人:张晓津)

11. 功能性技术特征的认定及侵权判定

——胡贝尔和茹纳股份公司诉常州市武进凤市通信设备有限公司侵犯发明专利权纠纷案

案件索引：江苏省常州市中级人民法院（2010）常知民初字第99号，2011年4月21日判决；江苏省高级人民法院（2011）苏知民终字第0139号，2011年12月20日判决。

基本案情

胡贝尔和茹纳股份公司（以下简称"胡贝尔公司"）系名称为"同轴插接器"发明专利[①]的专利权人。胡贝尔公司根据常州市武进凤市通信设备有限公司（以下简称"凤市公司"）发给国际电子机械委员会信函中对被控侵权产品的描述，认为该产品落入涉案专利权保护范围，遂诉至法院，请求判令凤市公司承担相应的侵权责任。凤市公司辩称，涉案专利中涉及紧固套的技术特征（以下简称"紧固套设置技术特征"）是以功能或效果表述的技术特征（以下简称"功能性技术特征"），根据最高人民法院的司法解释，对于功能性技术特征，应当以说明书中具体实施方式及其等同的实施方式，确定该技术特

---

① 专利号为：ZL00814657.8。

征的内容。根据该原则，被控侵权产品未落入涉案专利权保护范围，请求驳回胡贝尔公司的诉讼请求。

江苏省常州市中级人民法院一审查明，涉案专利的权利要求1为：同轴插接器，具有一插接壳体5，该插接壳体在用于插接配对插头3的端面4敞开并且被一通道6贯穿，在所述通道里面绝缘地设置一内导体触头7；并具有用于将插接壳体5与配对插头3机械地连接的连接机构，其特征在于，所述配对插头3在插接时与连接机构卡锁并且连接机构这样设置，使得连接机构在配对插头3上施加一个轴向压力，该压力使配对插头3的外导体接触面10相对于插接壳体5的外导体接触面9压紧，其中所述连接机构具有一个可径向扩张的紧固套11，在进行上述插接时该紧固套可以与配对插头3上的一个压紧面13卡锁并且将所述压紧面13上的一个径向力转变为一个轴向分力，该分力将外导体接触面9、10相互压紧。（详见附图一）如果法院认定涉案专利权利要求1中紧固套设置技术特征属于功能性技术特征，双方当事人均认可涉案专利说明书的"具体实施方式"中所载明"该紧固套设有轴向缝隙并构成多个弹性卡舌。在这些卡舌的前端形成径向向内的卡钩。在外面分别通过轴肩构成止档。紧固套的端面突出于外导体套的接触面"的内容，系紧固套设置技术特征的内容，其中"在外面分别通过轴肩构成止档"的内容不是涉案专利具体实施方式中紧固套实现卡锁—压紧功能的必需特征。

江苏省常州市中级人民法院认为，本案的焦点问题是涉案专利权利要求1中紧固套设置技术特征是否属于功能性技术特征以及被控侵权产品是否落入涉案专利权的保护范围。1. 涉案专利权利要求1中紧固套设置技术特征未具体描述紧固套的结构以及其与连接机构、配对插头的配合关系，而是用紧固套设置在涉案发明中所起的作用、功能或产生的效果来定义，属于功能性技术特征。2. 根据双方当事人的陈述,确认紧固套设置技术特征的内容应当包括:该紧固套设有轴向缝隙并构成多个弹性卡舌。在这些卡舌的前端形成径向向内的卡钩。紧固套的端面突出于外导体套的接触面。3.经比对,被控侵权产品具备涉案专利权利要求1的其他技术特征,其弹簧圈亦设有轴向缝隙并构成多个弹性卡舌,弹簧圈的端面突出于外导体套的接触面,但是弹簧圈并无"在这些卡舌的前端形成径向向内的卡钩",因此被控侵权产品缺少紧固套设置技术特征的内容之一。被控侵权产品采用弹簧圈实现卡锁—压紧功能的方式与涉案专利权利要求1中紧固套实现卡锁—压紧功能的手段不同,被控侵权产品采用的实现卡锁—压紧功能的方式也不属于本领域的普通技术人员无须经过创造性劳动就能够联想到的实现方式。因此,被控侵权产品的弹簧圈与紧固套设置技术特征的内容不相同亦不等同,被控侵权产品未落入涉案专利权的保护范围。遂判决驳回胡贝尔公司的诉讼请求。

胡贝尔公司不服一审判决,向江苏省高级人民法院提出上诉,请求撤销原审判决,并支持其一审诉讼请求。

江苏省高级人民法院二审查明:1.依据涉案专利说明书的描述,本专利的连接机构具有一个在径向可弹性扩张的外导体套(紧固套)11,而这个紧固套11可以与配对插头3卡锁。其中,配对插头3可以通过其前端插进这个紧固套11,而紧固套11卡在配对插头3上。为此,配对插头3最好在外表面上具有环绕的凸肋12,紧固套11就可以卡锁在凸肋12上。而为了产生涉案专利所述的轴向压紧,凸肋12最好在背面具有倾斜的压紧面13,在压紧面13上紧固套11的径向压紧力转变成轴向压紧力。(详见附图一)本发明的另一个结构是通过锁紧套20将紧固套11包围,其中锁紧套20最好可以轴向移动并在工作位置围卡紧固套11。当锁紧套20施加给紧固套11一个径向向内的力,紧固套11可以将这个径向力至少部分地转变为所述的轴向压紧力,则这样可以保证持久的压紧力。(详见附图一)2.案外人翟金良于 2006 年 9 月 29 日向国家知识产权局申请了快插、自锁型射频同轴连接器实用新型专利,于 2007 年 5 月 2 日获得授权,专利号为 ZL200620046522.6。胡贝尔公司、凤市公司二审均认可被控侵权产品的具体结构等以 ZL200620046522.6 专利的说明书及附图为准。结合 ZL200620046522.6 专利的说明书及附图、被控侵权产品的构造以及当事人的当庭陈述,被控侵权产品中的碟形多齿锁紧片(即弹簧片)这一特征实现卡锁—压紧功能的具体实施方式为:该弹簧片有分布在较小直径圆周上的多个内齿 92 和较大直径圆周上的多个外齿 91,两圆周同圆心,各内齿 92 和外齿 91 之间存在轴向向内倾斜延伸的缝隙,该弹簧片由弹性金属材料制成。当连接器处于插接状态时,弹簧片的圆周直径小的内齿 92 前端与支承斜面(相当于涉案专利中的压紧面)的夹角为 90°—115°。也即被控侵权产品是采用弹簧片内齿前端抵住配对插头压紧面的方式实现卡锁—压紧功能(详见附图二)。

判决与理由

江苏省高级人民法院经审理认为:1.功能性技术特征的含义。一般对于要求保护产品的技术方案而言,应在权利要求中用结构等特征来限定。当这类权利要求中的某一技术特征未采用前述方式限定,而是采用所属技术领域非公知的技术术语命名,且对所属领域技术人员而言仅表述该特征在整体技术方案中所起的作用、功能或最终达到的效果,而且在说明书中也未以穷尽限定的方式明确或隐含地将该特征限定于某种或某几种具体结构,则上述技术特征构成功能性技术特征。本案中，首先，在涉案专利涉及的电缆连接的插接器领域，权利要求1中的"紧固套"这一用语，并非该技术领域中含义及范围确定的公知术语，所属领域的技术人员并不知晓"紧固套"的通常结构；其次，涉案专利权利要求1中关于紧固套设置技术特征的描述，仅涉及该特征在整个技术方案中所起的作用、功能以及试图达到的最终效果，而并未直接描述该特征任何具体结构、形状等机械构成以及各部件之间的相互关系；再次，尽管涉案专利的说明书仅以一个实施例载明了紧固套的具体结构形式，但说明书并未将权利要求1中紧固套设置技术特征明确界定为仅包括该种结构。而且本领域的普通技术人员通过阅读说明书，结合考虑现有技术的内容，也不能从说明书的其他内容中隐含得出紧固套设置技术特征仅包括该实施例中载明的紧固套的具体结构。故涉案专利权利要求1中紧固套设置技术特征应当属于功能性技术特征。2.功能性技术特征的解释。在确定功能性技术特征的内容时，应根据专利说明书和附图中记载的技术内容以及权利要求中关于该技术特征的功能或效果的描述，来确定说明书中每一个具体实施方式中记载的实现所述功能或效果的必需技术特征，亦即排除对于实现所述功能或效果无直接、必然联系的特征，并将之整体作为功能性技术特征的内容。本案中，双方当事人均认可专利说明书中载明的"设有轴向缝隙并构成多个弹性卡舌。在这些卡舌的前端形成径向向内的卡钩。在外面分别通过轴肩构成止挡。紧固套的端面突出于外导体套的接触面"的内容，涉及紧固套设置技术特征，同时亦认可"在外面分别通过轴肩构成止挡"不是实现卡锁—压紧功能所必需的特征。因此，该功能性技术特征的内容为"该紧固套设有轴向缝隙并构成多个弹性卡舌。在这些卡舌的前端形成径向向内的卡钩。紧固套的端面突出于外导体套的接触面"。3.功能性技术特征的侵权判定。如果被控

功能性技术特征的认定及侵权判定

侵权产品实现了与专利相同的功能，而且实现该功能的方式与专利权利要求中经确定的功能性技术特征的内容相同或等同，则被控侵权产品落入专利权的保护范围。由于专利权利要求中某个功能性技术特征是作为一个必要技术特征存在的，且专利说明书记载的每一个具体实施方式中所有必需技术特征是作为一个整体来实现该功能或效果。因此，在对权利要求中某个功能性技术特征进行侵权判断时，应将该功能性技术特征的内容与被控侵权产品实现相同功能的必需技术特征进行整体比对，而不宜将功能性技术特征的内容再进行分解。本案中，被控侵权产品为一种用于电气连接的电缆插接器，同样可以实现两插接部件的卡锁—压紧功能。因此，判断侵权是否成立的关键在于，被控侵权产品实现该功能的实施方式与涉案专利权利要求1中紧固套设置技术特征的内容是否相同或等同。首先，被控侵权产品是采用其内设的弹簧片中圆周直径小的内齿前端，抵住配对插头压紧面实现卡锁—压紧功能的，而涉案专利是利用卡舌前端的卡钩钩住与配对插头的压紧面实现卡锁—压紧功能的，故被控侵权产品实现该功能的具体实施方式与涉案专利权利要求1中紧固套设置技术特征的内容不相同。其次，涉案专利的紧固套设置技术特征，从本领域普通技术人员的角度来看，在实现卡锁—压紧功能时，紧固套仅是与压紧面紧靠，但是如果没有涉案专利中的锁紧套这一部件，由锁紧套给紧固套施加一个径向向内的力，再将径向力转变为轴向压紧力以实现持久的压紧力，则仅靠紧固套设置这一个技术特征无法达到稳定而持久的连接效果；而被控侵权产品实现卡锁—压紧功能是采用设置前后两端直径不同的具有轴向缝隙的弹簧片，以弹簧片内齿前端抵住压紧面，另一端外齿固定于插接壳体上，以此实现卡锁—压紧功能的，而且不需要另外的锁紧装置予以配合就能达到稳定而持久的连接效果。因此，两者采用的手段不同，达到的效果亦不相同,且不属于本领域普通技术人员无需经过创造性劳动就能联想到的实施方式,故两者也不构成等同。一审判决将实现卡锁—压紧功能的紧固套设置技术特征再行分解成若干技术特征,以被控侵权产品中弹簧片缺少"在这些卡舌的前端形成径向向内的卡钩"这一特征为由,认定两种实施方式不相同亦不等同,其比对方式和理由欠妥,应予纠正,但并未影响其判决结果的正确性。故本案中,被控侵权产品实施卡锁—压紧功能的实施方式与涉案专利权利要求1中紧固套设置技术特征的内容不相同亦不等同,未落入涉案专利权的保护范围,不构成侵权。因此,二审法院在纠正原审判决相关错误的同时,对其判决结果予以维持,判决驳回上诉,维持原判决。

评 析

本案的争议焦点在于涉案专利权利要求1中紧固套设置技术特征是否属于功能性技术特征以及被控侵权产品是否落入涉案专利权的保护范围。尽管《最高人民法院关于审理侵犯专利权纠纷案件应用法律若干问题的解释》第一次以司法解释的形式规定了涉及功能性技术特征的侵权判断方法,但由于该规定较为原则,且司法实践中案例较少,因此涉及功能性技术特征的侵权判断一直是专利审判领域中的难点问题,难点主要集中于何种技术特征构成功能性技术特征,如何确定功能性技术特征的内容以及功能性技术特征侵权判断中的比对,二审法院从上述三个方面对功能性技术特征进行了阐述。

一、功能性技术特征的含义及认定标准

(一)域外法的解读

功能性技术特征的撰写方式,起源于美国。美国1952年专利

功能性技术特征的认定及侵权判定

法第一百一十二条第六项规定:"针对组合的权利要求来说,其特征可以采用·'用于实现某种特定功能的材料或者步骤'的方式来撰写,而不必写出实现其功能的具体结构、材料或者动作。采用这种方式撰写的权利要求应当被解释为覆盖了说明书中记载的相应结构、材料或动作以及其等同物。"[1]在撰写功能性技术特征时,一般采用"方法+功能"(means+function)或"步骤+功能"(step+function)的方式。所以在具体认定功能性技术特征时,可以看权利要求中的某项技术特征是不是采用了"means+function"或"step+function"等用语。如果权利要求中有这样的用语,美国专利商标局和法院可以初步推定该技术特征是功能性技术特征。但是最终认定是否属于功能性技术特征,还需要考虑两项实质要件。一是该特征中应当描述"方法"或"步骤"所实现的功能。二是不允许在技术特征中加入为实现上述功能所采用的结构、材料和动作等特征。如果限定了需要实现的功能,同时进一步限定了为实现该功能而采用的具体结构、材料或者动作,就不是功能性技术特征,而仅以该特征中限定的具体结构、材料或者动作确定其保护范围。[2]

德国专利法中并没有关于功能性技术特征的特别规定。1985年,德国联邦最高法院的"丙烯酸纤维案"承认了专利权利要求中可以有功能性的技术特征[3],但同时也提出了使用这种权利要求的条件,即只有在通过直接知觉的特征在权利要求中表示是不可能的或者不能完全实质性地表示出来时,才能使用功能性权利要

---

[1] 闫文军:《专利权的保护范围——权利要求解释和等同原则适用》,法律出版社 2007 年版,第 151 页。

[2] 参见闫文军:《专利权的保护范围——权利要求解释和等同原则适用》,法律出版社 2007 年版,第 153 页。

[3] 尹新天:《专利权的保护》,知识产权出版社 2005 年版,第 329 页。

求。另外，如果使用功能性权利要求，本领域的技术人员根据该功能性的技术特征，可以不费力地在功能定义的全部领域实施该发明，也就是说技术方面的教导必须十分公开使他人可以充分实施。必须提供有关的解决手段，不能只记载发明的课题。必须使本领域技术人员可以在涉及功能性权利要求的全部范围内将该技术特征一般化。[1]

（二）我国的相关规定

我国对于功能性技术特征的规定，最早可以追溯到 1987 年版的专利局内部《审查指南》中，此后，1993 年、2001 年、2006 年及 2010 年最新版的《专利审查指南》均有规定。其中，2006 年版《专利审查指南》第一次详细阐述了功能性技术特征，第二部分第二章第 3.2.1 节规定，通常，对产品权利要求来说，应当尽量避免使用功能或者效果特征来限定发明。只有在某一技术特征无法用结构特征来限定，或者技术特征用结构特征限定不如用功能或效果特征来限定更为恰当，而且该功能或者效果能通过说明书中规定的实验或者操作或者所属技术领域的惯用手段直接和肯定地验证的情况下，使用功能或者效果特征来限定发明才可能是允许的。对于权利要求中所包含的功能性限定的技术特征，应当理解为覆盖了所有能够实现所述功能的实施方式。如果说明书中仅以含糊的方式描述了其他替代方式也可能适用，但对所属技术领域的技术人员来说，并不清楚这些替代方式是什么或者怎样应用这些替代方式，则权利要求中的功能性限定也是不允许的。另外，纯功能性的权利要求得不到说明

---

[1] 参见〔日〕田中伸一郎："德国判例的动向"，载日本知识产权研究所编：《关于专利权利要求解释的研究报告书》（2002 年），第 62 页，转引自闫文军：《专利权的保护范围——权利要求解释和等同原则适用》，法律出版社 2007 年版，第 242 页。

书的支持，因而也是不允许的。[①]最新版 2010 年《专利审查指南》与 2006 年版的规定完全相同。

2009 年，《最高人民法院关于审理侵犯专利权纠纷案件应用法律若干问题的解释》第一次在司法解释的层面上规定了功能性技术特征，其中第四条规定，对于权利要求中以功能或者效果表述的技术特征，人民法院应当结合说明书和附图描述的该功能或者效果的具体实施方式及其等同的实施方式，确定该技术特征的内容。比较该规定与前述《专利审查指南》可见，专利的授权和确权标准选择了"覆盖了所有能够实现所述功能的实施方式"的保护范围，而侵权标准则选择了"具体实施方式及其等同的实施方式"的保护范围，该种分歧的存在在一定程度上将使得知识产权局与法院确定的专利权的保护范围在不同的阶段有所不同，不利于专利权人的保护和专利权的公示作用，但由于该两种法律制度还将在一定时间内共存，且该问题也不是本文所要阐述的重点，故此处不再赘述。

由于《专利审查指南》和最高法院司法解释的上述规定仍然较为原则，没有明确指出功能性技术特征的定义，因此在本案的处理中，二审法院试图结合域外法的相关规定及我国的司法实践，初步探讨功能性技术特征的含义。

（三）功能性技术特征的含义

对于要求保护产品的技术方案而言，一般应在权利要求中用结构等特征来限定。但是，在一些技术领域，有时难以通过具体的结构和材料来对发明进行界定，如果不允许表述相关特征在整体技术方案中所起的作用、功能或最终达到的效果，就会使专利权人难以

[①]《中华人民共和国国家知识产权局审查指南》（2006 年），知识产权出版社 2006 年修订版，第 136 页。

撰写符合要求的权利要求书，故应当允许功能性技术特征。但功能性技术特征的认定应当注意两个方面：一是，应当排除本领域的技术人员普遍知晓的技术术语，例如用很多从功能来命名的装置或设备，如放大器等；二是，如果权利要求中限定的功能是以说明书实施例中记载的特定方式完成的，即在限定实现的功能时，也限定了为实现该功能而采用的具体结构、材料或者动作，这就不是功能性技术特征，而应当以该特征中限定的具体结构、材料或者动作来确定其保护范围。因此，对于要求保护产品的技术方案而言，一般应在权利要求中用结构等特征来限定，即在权利要求中限定该产品或装置的各个部件的具体结构、形状、构造等机械构成，以及各部件之间的连接关系、位置关系、配合关系等相互关系。当这类权利要求中的某一技术特征未采用前述方式限定，而是采用所属技术领域非公知的技术术语命名，且对所属领域技术人员而言仅表述该特征在整体技术方案中所起的作用、功能或最终达到的效果，而且在说明书中也未以穷尽限定的方式明确或隐含地将该特征限定于某种或某几种具体结构，则上述技术特征构成功能性技术特征。

本案中，首先，在涉案专利涉及的电缆连接的插接器领域，权利要求 1 中的"紧固套"这一用语，并非该技术领域中含义及范围确定的公知术语，所属领域的技术人员并不知晓"紧固套"的通常结构。

其次，涉案专利关于紧固套设置技术特征的描述，仅涉及该紧固套能够径向扩张，且其在这一技术方案中所起的作用为进行插接时可以与配对插头的压紧面实现卡锁、将压紧面上的径向力转变为轴向分力，最终通过轴向分力达到将外导体接触面相互压紧的功能及效果。由此可见，该描述仅涉及紧固套设置技术特征在整个技术方案中所起的作用、功能以及试图达到的最终效果，并未直接描述

功能性技术特征的认定及侵权判定

该特征任何具体结构、形状等机械构成以及各部件之间的相互关系。

再次，尽管涉案专利的说明书仅以一个实施例载明了紧固套的具体结构形式，但说明书并未将权利要求1中紧固套设置技术特征明确界定为仅包括该种结构。而且本领域的普通技术人员通过阅读说明书，结合考虑现有技术的内容，也不能从说明书的其他内容中隐含得出紧固套设置技术特征仅包括该实施例中载明的紧固套的具体结构。

故涉案专利权利要求1中紧固套设置技术特征应当属于功能性技术特征。

二、功能性技术特征的解释规则

尽管最高法院司法解释规定，人民法院应当结合说明书和附图描述的具体实施方式及其等同的实施方式，来确定该技术特征的内容。但由于具体实施方式可能会记载很多的技术特征，有些是与所述功能的实现密切相关的技术特征，有些是与所述功能的实现无直接、必然联系的技术特征，故这些技术特征是不是都应当作为功能性技术特征的内容是需要解决的首要问题。我们认为，在确定功能性技术特征的内容时，应当排除那些与所述功能的实现无直接、必然联系的技术特征，应根据专利说明书和附图中记载的技术内容以及权利要求中关于该技术特征的功能或效果的描述，来确定说明书中每一个具体实施方式中记载的实现所述功能或效果的必需技术特征，即完成所述功能所不可缺少的结构特征，并将之整体作为功能性技术特征的内容。

如果说明书中记载有多个具体实施方式的，应当将每一个具体实施方式所确定的必需技术特征，分别、并列地作为权利要求中该功能性技术特征的内容。即，功能性技术特征的内容，应当是与说明书所记载的具体实施方式的数目相应的、由实现该功能或效果的必需技术特征组成的、并列的多个具体结构。

本案中，双方当事人均认可专利说明书中载明的"设有轴向缝隙并构成多个弹性卡舌。在这些卡舌的前端形成径向向内的卡钩。在外面分别通过轴肩构成止挡。紧固套的端面突出于外导体套的接触面"的内容，涉及紧固套设置技术特征，同时双方认可"在外面分别通过轴肩构成止挡"不是实现卡锁—压紧功能所必需的特征。因此，根据涉案专利说明书中具体实施方式、附图的记载及当事人的陈述，该说明书描述的具体实施方式中实现卡锁—压紧功能的必需技术特征为"该紧固套设有轴向缝隙并构成多个弹性卡舌。在这些卡舌的前端形成径向向内的卡钩。紧固套的端面突出于外导体套的接触面"。

三、功能性技术特征的侵权判断

（一）美国法中的"三步骤"

功能性技术特征的核心是关于功能的描述，因此在美国法中，首先要结合功能性描述术语、专利审批历史以及说明书实施例的描述确定权利要求所描述的功能是什么。其次，根据说明书以及审批历史的明确记载来判断构成实现所述功能的"必需特征"的结构。最后在确定了相应的结构之后，如果被控侵权产品与相应结构不同，专利权人可以主张被控侵权产品是该相应结构的等同物。如果被控侵权产品是该相应结构的等同物，仍可以构成字面侵权。[①]

（二）侵权判断的路径

参考美国的上述做法，在进行侵权判断时，首先应当需要确定涉案专利所要实现的功能是什么，被控侵权产品是否能实现涉案专

---

① 闫文军：《专利权的保护范围——权利要求解释和等同原则适用》，法律出版社 2007 年版，第 156—159 页。

功能性技术特征的认定及侵权判定

利权利要求中所表述的功能或效果。被控侵权产品只有具有与涉案专利相同的功能，才可能落入涉案专利权利要求的保护范围。对此，我们可以参考美国法的规定，首先从权利要求所记载的术语本身入手，再进一步结合专利审批程序中的审查历史、说明书的具体实施例中对于功能相关内容的解释，以及具体实施方式的描述，来分析具体实施例所记载的结构特征能够实现的功能。

其次，根据前述功能性技术特征的解释规则，确定涉案专利技术特征的内容，并确定被控侵权产品中实现相同功能或效果的具体实施方式。

最后，比较被控侵权产品实现该功能的方式是否与专利权利要求中经确定的功能性技术特征的内容相同或等同。如果被控侵权产品实现了与专利相同的功能，而且实现该功能的方式与专利权利要求中经确定的功能性技术特征的内容相同或等同，则被控侵权产品落入专利权的保护范围。

但是，需要注意的是，尽管功能性技术特征的内容是说明书中一个必需技术特征的组合，但由于专利权利要求中某个功能性技术特征是作为一个必要技术特征存在的，且专利说明书记载的每一个具体实施方式中所有必需技术特征是作为一个整体来实现该功能或效果的，因此，在对权利要求中某个功能性技术特征进行侵权判断时，应将该功能性技术特征的内容与被控侵权产品实现相同功能的必需技术特征进行整体比对，而不宜将功能性技术特征的内容再进行分解。同时，考虑到目前在我国专利侵权判断实践中，在将文字表述的技术内容与实际产品进行比对时，对于技术特征的定义以及如何从文字描述中分解并确定技术特征，并无具体、明确且操作性强的规则，所以，如果将经过前述步骤确定的功能性技术特征的内容再进行分解比对，会在很大程度上将因不同的"分解"方法所导致的不确定性带入到比对中,从而导致比对的模糊,所以这样的分解也显得不必要。在美国 *Odetics, Inc. v. Storage Technology Corporation* 案中,联邦巡回上诉法院就推翻了地区法院按逐一技术特征对被控侵权产品与专利中披露的相应结构进行对比的做法,联邦巡回上诉法院认为,在将被控侵权产品与专利中披露的相应结构进行对比时,没有必要将各个结构分解为不同的技术特征再进行对比,将两者从整体上进行比对就可以。①

本案中,将被控侵权产品技术特征与涉案专利权利要求 1 记载的全部技术特征相比,除紧固套设置技术特征外,被控侵权产品的其他技术特征均与涉案专利相同,双方当事人对此亦予以认可。因此,在本案中,判断被控侵权产品是否落入涉案专利权保护范围,只需对有争议的紧固套设置技术特征进行比对。如果被控侵权产品的相应的技术特征与涉案专利紧固套设置技术特征相同或等同,则被控侵权产品落入涉案专利权保护范围,构成侵权,否则不构成侵权。

从功能上看,被控侵权产品与涉案专利产品一样,均是一种用于电气连接的电缆插接器,同样可以实现两插接部件的卡锁—压紧功能。因此,在确定了涉案专利功能性技术特征的内容之后,判断侵权是否成立的关键在于,被控侵权产品实现该功能的实施方式与涉案专利权利要求 1 中紧固套设置技术特征的内容是否相同或等同。首先,比较被控侵权产品实现该功能的方式是否与专利权利要求中经确定的功能性技术特征的内容相同。由于被控侵权产品是采用其内设的弹簧片中圆周直径小的内齿前端,抵住配对插头压紧面实现卡锁—压紧功能的,而涉案专利是利用卡舌前端的卡钩钩住与配对

---

① 闫文军:《专利权的保护范围——权利要求解释和等同原则适用》,法律出版社 2007 年版,第 159 页。

功能性技术特征的认定及侵权判定

插头的压紧面实现卡锁—压紧功能的,由此可见,被控侵权产品实现该功能的具体实施方式与涉案专利权利要求 1 中紧固套设置技术特征的内容不相同。其次,再比较被控侵权产品实现该功能的方式是否与专利权利要求中经确定的功能性技术特征的内容等同。由于涉案专利的紧固套设置技术特征,从本领域普通技术人员的角度来看,在实现卡锁—压紧功能时,紧固套仅是与压紧面紧靠,但是如果没有涉案专利中的锁紧套这一部件,由锁紧套给紧固套施加一个径向向内的力,再将径向力转变为轴向压紧力以实现持久的压紧力,则仅靠紧固套设置这一个技术特征无法达到稳定而持久的连接效果;而被控侵权产品实现卡锁—压紧功能是采用设置前后两端直径不同的具有轴向缝隙的弹簧片,以弹簧片内齿前端抵住压紧面,另一端外齿固定于插接壳体上,以此实现卡锁—压紧功能的,而且不需要另外的锁紧装置予以配合就能达到稳定而持久的连接效果。因此,两者采用的手段不同,达到的效果亦不相同,且不属于本领域普通技术人员无需经过创造性劳动就能联想到的实施方式,故两者也不构成等同。所以,本案中,被控侵权产品实施卡锁—压紧功能的实施方式与涉案专利权利要求 1 中紧固套设置技术特征的内容不相同亦不等同,未落入涉案专利权的保护范围,不构成侵权。

(撰稿人:刘 莉)

附图一：涉案专利

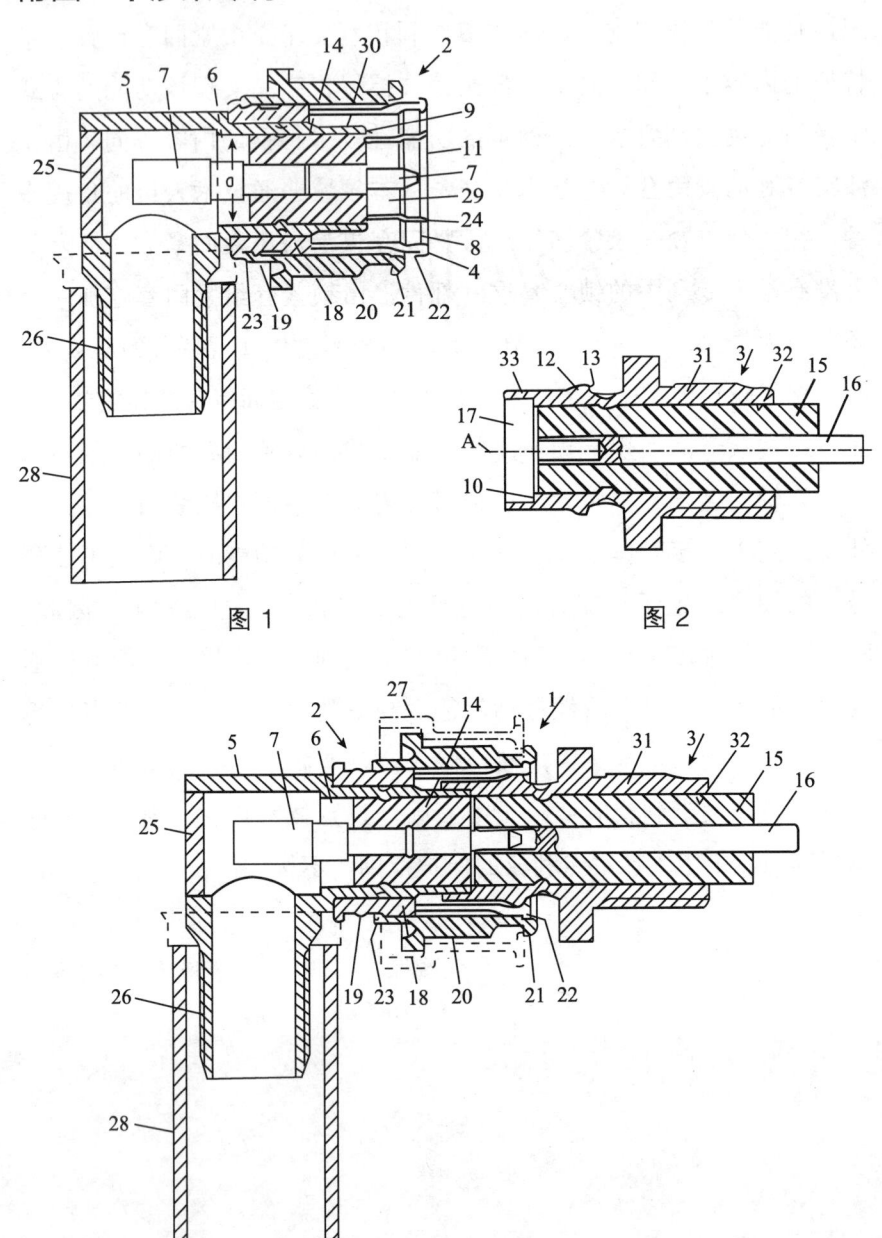

图 1

图 2

图 3

附图二：被控侵权产品中的碟形多齿锁紧片

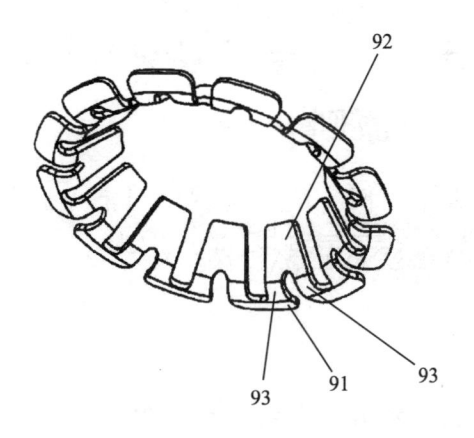

12. 外观设计相同及相近似判断中的整体观察与综合判定原则

——钧仕事务顾问有限公司诉广州市兆汇婴儿用品有限公司等侵犯外观设计专利权纠纷案

案件索引：北京市第一中级人民法院（2009）一中民初字第191号，2009年11月6日判决；北京市高级人民法院（2010）高民终字第394号，2010年4月29日判决。

基本案情

钧仕公司享有"玩具鹈鹕"的外观设计专利权，授权日是2000年9月30日，专利号为ZL00302333.8。惠氏公司在其婴儿奶粉的促销活动中，对购买一定数量婴儿奶粉的消费者赠送由兆汇公司生产的小鸭背包儿童玩具。钧仕公司在沃尔玛公司知春路分店购买到惠氏公司生产的婴儿奶粉，同时获赠一个小鸭背包儿童玩具（被控侵权产品）。钧仕公司认为该侵权产品与涉案外观设计产品在外观设计、形状上基本相同，指控惠氏公司、兆汇公司和沃尔玛公司知春路分店侵犯了钧仕公司的外观设计专利权，向北京市第一中级人民法院提起诉讼。惠氏公司答辩称：被控侵权产品与钧仕公司享有的

外观设计相同及相近似判断中的整体观察与综合判定原则

ZL00302333.8号外观设计专利有明显区别。从整体外观上看，被控侵权产品为一只小鸭子，而ZL00302333.8号外观设计专利则为一个玩具鹈鹕；被控侵权产品为一个背包，而ZL00302333.8号外观设计专利则为一个没有其他实用功能的玩具，二者不属于同一类别的产品。二者在各部分的形状、图案以及比例均存在重大差别，设计完全不同。惠氏公司是在完全不知情的情况下通过合法来源从兆汇公司采购的被控侵权产品。兆汇公司答辩称：兆汇公司生产的小鸭背包玩具和涉案专利整体比对不相同也不相近似，不落入其外观设计专利权的保护范围之内，不侵犯涉案外观设计专利权。沃尔玛公司知春路分店答辩称：沃尔玛公司知春路分店销售的产品是惠氏公司提供的，有合法来源，并且已经停止销售。

北京市第一中级人民法院一审查明，涉案外观设计专利的授权图片如下：

主视图　　立体图　　后视图　　左视图

涉案外观设计专利

钧仕公司在位于北京市海淀区知春路甲48-2的沃尔玛购物广场购买了三盒惠氏S-26奶粉，获赠了"伊诗比蒂"小鸭背包一个（见下图），在获赠的"伊诗比蒂"小鸭背包的外包装上以及内置的玩具上都载有"广州兆汇婴儿用品有限公司"字样以及该公司地址。

侵犯专利权纠纷案例

被控侵权产品

2007年3月19日,惠氏公司与沃尔玛商业咨询(深圳)有限公司签订《购货合同》,约定惠氏公司向包括北京沃尔玛百货有限公司在内的各地沃尔玛公司供应货物。2008年7月7日,惠氏公司向兆汇公司发出"采购订单",该订单显示采购的产品名称为"开口挂袋玩具",单价60元,数量15500个,采购总金额为93万元,上述款项已全部结清。2008年11月6日,钧仕公司向惠氏公司发送了一封警告函,主要内容为:钧仕公司系ZL00302333.8号"玩具鹈鹕"外观设计专利的专利权人,惠氏公司在婴儿奶粉的促销活动中所搭赠的儿童玩具侵犯了上述外观设计专利权,要求惠氏公司立即停止侵权行为并书面保证以后不再从事此类侵权活动。2008年11月21日,惠氏公司给钧仕公司回函,主要内容为:惠氏公司不曾知道搭赠品涉嫌侵权的问题,并称该促销活动从2008年9月开始进行,已经结束一段时间,并且惠氏公司没有任何库存。

一审庭审过程中,沃尔玛公司知春路分店表示知道惠氏公司在销售奶粉的过程中搭赠被控侵权产品。兆汇公司表示其只生产了15500个被控侵权产品,惠氏公司为此支付了货款93万元。惠氏公司向一审法院提交了一些小鸭玩具产品的照片,用以证明这类产品

外观设计相同及相近似判断中的整体观察与综合判定原则

中的形状多数属于公知设计。从这些照片来看,不同种类的小鸭玩具在头部、躯干、四肢的设计上都存在差别。

北京市第一中级人民法院认为,本案被控侵权行为发生在2008年,因此本案应当适用2001年颁布实施的《中华人民共和国专利法》。本案的焦点问题是被控侵权产品是否落入ZL00302333.8号"玩具鹈鹕"外观设计专利权的保护范围,是否构成侵权、兆汇公司应当承担何种法律责任、惠氏公司在销售奶粉过程中的买赠行为是否构成侵权、沃尔玛公司知春路分店应当承担何种法律责任。根据2001年《专利法》第五十六条第二款规定,外观设计专利权的保护范围以表示在图片或者照片中的该外观设计专利产品为准。并且在进行外观设计相同相近似判断时,应当坚持整体观察、综合判断的原则。对比涉案专利与被控侵权产品,两者皆为玩具类产品,涉案专利由头部、躯干、四肢组成,头部由眼睛、嘴和位于头部顶端的两根飘带组成;躯干部相对于头部体积更大,并且中间有一个椭圆;两个翅膀在边缘处有三个凸起,体积较大,中间有点状图案;两个脚掌成较短的扁平状,并且有三个类似于脚趾的凸起。被控侵权产品与涉案专利主要存在如下区别:1.涉案专利的嘴部形状及下颚部分较大,而被控侵权产品嘴部形状及下颚部分较小;2.涉案专利的背部没有背带,而被控侵权产品的背部有两根背带;3.涉案专利的翅膀上有点状图案,而被控侵权产品的翅膀上有条状图案。被控侵权产品其他部分的形状、图案与涉案专利均基本相同。对于上述区别,法院认为,背部的背带属于功能性设计,在外观设计侵权比对时可以忽略。而嘴部形状、尺寸的区别和翅膀图案的区别对整体视觉效果也不产生显著影响。惠氏公司提供的照片仅可以证明小鸭玩具的设计多种多样,但不能证明本案中的被控侵权产品采用了公知设计,且这些证据恰恰证明了这类产品在头部、躯干、四肢的形状和图案设计上都存在一定的设计空间。综上，被控侵权产品与ZL00302333.8号"玩具鹈鹕"外观设计相近似，落入了专利权的保护范围，构成侵权。

本案中，兆汇公司对被控侵权产品实施了制造和销售行为，已构成对钧仕公司外观设计专利权的侵犯，应当承担停止侵权、赔偿损失等民事责任。对于赔偿数额，法院将根据惠氏公司从兆汇公司购买被控侵权产品的数量、所支付的金额、该产品的合理利润以及涉案的外观设计专利权在产品中所占的价值比例等因素综合确定。

销售商品的同时搭赠其他商品是销售商惯用的一种销售手段，并且由于搭赠品是附在商品中出售的，所以商品的销售价格实际上包含了搭赠品的价值，因此惠氏公司在销售奶粉的过程中搭赠被控侵权产品的行为应当认定为销售被控侵权产品的行为，应当承担相应的侵权责任。本案中，惠氏公司搭赠的被控侵权产品系从兆汇公司购买，具有合法来源，因此惠氏公司可以不承担赔偿责任，但应当承担停止侵权的民事责任。

与上述惠氏公司只承担停止侵权责任的理由相同，沃尔玛公司知春路分店销售的被控侵权产品具有合法来源，因此其可以不承担赔偿损失的民事责任，但应当承担停止侵权的民事责任。

综上，北京市第一中级人民法院一审判决：一、自本判决生效之日起，兆汇公司立即停止生产、销售侵犯钧仕公司专利号为ZL00302333.8的"玩具鹈鹕"外观设计专利权产品的行为；二、自本判决生效之日起，惠氏公司、沃尔玛知春路分店立即停止销售侵犯钧仕公司专利号为ZL00302333.8的"玩具鹈鹕"外观设计专利权产品的行为；三、自本判决生效之日起十日内，兆汇公司赔偿钧仕公司经济损失人民币二十万元；四、驳回钧仕公司的其他诉讼请求。兆汇公司不服原审判决，向北京市高级人民法院提出上诉，请求撤销原审判决，驳回钧仕公司的诉讼请求。

外观设计相同及相近似判断中的整体观察与综合判定原则

北京市高级人民法院二审查明，兆汇公司向二审法院提交了2008年第8期《中国玩具》、2009年11月号《中国玩具制造》相关页复印件，用于证明玩具制造业利润率较低，一般仅为5%以下。关于本案的其他事实，二审查明的情况与一审相同。

判决与理由

北京市高级人民法院经审理认为：兆汇公司在本案二审审理过程中提交的证据仅反映了个别学者的观点，并非行业协会或相关政府部门公布的统计数据，尚不足以证明兆汇公司的主张，对上述证据，二审法院不予采信。

在进行外观设计相同相近似判断时，应当坚持整体观察与综合判定，看两者是否具有相同的美感。本案中，涉案外观设计专利与被控侵权产品均为玩具类产品，涉案专利由头部、躯干、四肢组成，头部由眼睛、嘴和位于头部顶端的两根飘带组成，嘴部较大，嘴部左右各有一个球状物；躯干部相对于头部体积更大，并且中间有一个椭圆；两个翅膀在边缘处有三个凸起，体积较大，其上有点状图案；两个脚掌呈较短的扁平状，并且有三个类似于脚趾的凸起。被控侵权产品亦由头部、躯干、四肢组成，头部由眼睛、嘴和位于头部顶端的飘带组成。被控侵权产品与涉案外观设计专利存在如下区别：1.涉案外观设计专利为鹈鹕形象，被控侵权产品为小鸭形象；2.涉案外观设计专利的嘴部形状及下颚部分较大，嘴部左右各有一个球状物，而被控侵权产品嘴部形状及下颚部分较小，嘴部左右没有球状物；3.涉案外观设计专利的头部顶端为两根飘带，被控侵权产品的头部顶端为两根长飘带、三根短飘带；4.涉案外观设计专利的背部没有背带，而被控侵权产品的背部有两根背带；5.涉案外观设计专利的翅膀上有点状图案，而被控侵权产品的翅膀上为条状图案。被控侵权产品其他部分的形状、图案与涉案专利均基本相同。虽然在自然界中，鹈鹕与小鸭为两种不同的动物，但是从整体上观察，涉案外观设计专利的鹈鹕形象与被控侵权产品的小鸭形象极为近似，被控侵权产品的背带属于功能性设计，在外观设计侵权比对时不应予以考虑，涉案外观设计专利与被控侵权产品的上述其他区别特征均为细微差别，对整体视觉效果并未产生显著影响，因此，一审法院认定被控侵权产品与涉案外观设计相近似，落入了专利权的保护范围，构成侵权正确。关于本案的赔偿数额，一审法院根据惠氏公司从兆汇公司购买被控侵权产品的数量、所支付的金额、该产品的合理利润以及涉案的外观设计专利权在产品中所占的价值比例等因素综合确定，并无不妥。二审法院驳回上诉，维持原判。

评 析

本案的争议焦点在于外观设计专利权侵权的判定、买赠行为的性质及外观设计专利权侵权赔偿额的确定方法。一、二审法院在外观设计保护范围的确定、外观设计侵权判定原则、买赠行为的法律性质、销售商的法律责任及外观设计专利侵权赔偿额的确定等方面都作出了具有代表性的判断。

一、关于外观设计专利权侵权的判定原则

在外观设计专利权的侵权判断中，要确定几个层次的问题。首先应确定外观设计专利权的保护范围，其次应判断外观设计专利所指定的产品与被控侵权产品的类别是否相同或者相类似；第

外观设计相同及相近似判断中的整体观察与综合判定原则

三是判断外观设计专利产品与被控侵权产品的外观设计是否相同或者相近似。

（一）关于外观设计专利权保护范围的确定问题

确定外观设计保护范围是外观设计专利侵权判定的基本问题，也是难点问题。众所周知，专利权是国家授予权利人的一种垄断权利，这意味着国家为专利权人划定了一个垄断的边界，未经权利人许可进入这个范围就相当于侵入了权利人的领地，从而侵犯了权利人的权利，因此，准确界定专利权人享有的权利边界是尤为重要的。

我国现行《专利法》第二条第四款（以前规定在《中华人民共和国专利法实施细则》中）规定：外观设计是对产品的形状、图案或者其结合以及色彩与形状、图案的结合所作出的富有美感并适于工业应用的新设计。现行《专利法》第五十九条第二款规定，外观设计专利权的保护范围以表示在图片或者照片中的该产品的外观设计为准，简要说明可以用于解释图片或者照片所表示的该产品的外观设计。

应该说，表示在图片或者照片中的产品的外观设计就是确定外观设计专利权保护范围的依据，在司法实践中，不能以原告向法院提交的所谓专利产品的实物作为确定外观设计专利权保护范围的依据。

在现行《专利法》中，增加了简要说明，一般而言，简要说明对于外观设计专利权保护范围的确定也非常重要。根据《中华人民共和国专利法实施细则》第二十八条第一款规定，外观设计的简要说明应当写明外观设计产品的名称、用途，外观设计的设计要点，并指定一幅最能表明设计要点的图片或者照片。省略视图或者请求保护色彩的，应当在简要说明中写明。新增加的简要说明中，设计要点的记载不但对于外观设计专利权的授权或者维持有效具有重要作用，而且在外观设计专利权侵权判定中确定外观设计的保护范围亦非常重要。设计要点是指与现有设计相区别的产品的形状、图案及结合，或者色彩与形状、图案的结合，或者部位。设计要点是专利权人最重要的贡献所在，可以用于解释外观设计专利权的保护范围。

此外，在有些外观设计专利授权的公告文本中，会附有产品的使用状态参考图，在确定外观设计专利权的保护范围时，应该区分产品的使用状态参考图与变化状态产品的使用状态视图，对于变化状态产品的使用状态视图，可以用于确定外观设计专利的保护范围，对于产品的使用状态参考图则不宜作为确定专利权保护范围的依据，但可以在确定产品的分类时进行参考。

如果外观设计请求保护色彩，则应当将请求保护的色彩作为确定外观设计专利权保护范围的因素之一，对于未明确请求保护色彩的，则色彩在确定外观设计专利权保护范围时，不予考虑，即使该外观设计视图或者照片是彩色的。

（二）外观设计专利所指定的产品与被控侵权产品的类别是否相同或者相类似

对于如何判断产品是否属于相同或者相近种类，最高人民法院法释（2009）21号《关于审理侵犯专利权纠纷案件应用法律若干问题的解释》第九条规定：人民法院应当根据外观设计产品的用途，认定产品种类是否相同或者相近。确定产品的用途，可以参考外观设计的简要说明、国际外观设计分类表、产品的功能以及产品销售、实际使用的情况等因素。也就是说，判断产品是否相同或者相类似，并不能简单以国际外观设计分类表确定，而应该根据产品的用途，综合参考外观设计的简要说明、国际外观设计分类表、产品的功能以及产品销售、实际使用的情况等因素确定。如果外观设计产品与

外观设计相同及相近似判断中的整体观察与综合判定原则

被控侵权产品的用途（使用目的、使用状态）及功能没有共同性，则即使外观设计是相同或者相近似的，亦不会构成侵权，如汽车与汽车玩具。

本案中，尽管被控侵权产品称为"小鸭背包"，但是，从其产品的形状、包装盒中配件的内容及使用对象看，其同时亦具有玩具的功能和用途，所以，一、二审法院均认定被控侵权产品与外观设计专利产品构成了相同或者相近似的产品。同样，在北京市高级人民法院（2006）高民终字第1435号（日本国）三菱铅笔株式会社诉真彩文具公司、乐美文具公司、理想文仪商贸中心侵犯外观设计专利权民事判决书中，法院亦认定：涉案外观设计专利产品"圆珠笔"与被控侵权产品"中性笔"是相同产品。

（三）外观设计是否相同或者近似的判断

现行《专利法》第五十九条第二款规定，外观设计专利权的保护范围以表示在图片或者照片中的该产品的外观设计为准，简要说明可以用于解释图片或者照片所表示的该产品的外观设计。最高人民法院法释（2009）21号《关于审理侵犯专利权纠纷案件应用法律若干问题的解释》第十条规定：人民法院应当以外观设计专利产品的一般消费者的知识水平和认知能力，判断外观设计是否相同或者近似。人民法院认定外观设计是否相同或者近似时，应当根据授权外观设计、被诉侵权设计的设计特征，以外观设计的整体视觉效果进行综合判断；对于主要由技术功能决定的设计特征以及对整体视觉效果不产生影响的产品的材料、内部结构等特征，应当不予考虑。被诉侵权设计与授权外观设计在整体视觉效果上无差异的，人民法院应当认定两者相同；在整体视觉效果上无实质性差异的，应当认定两者近似。在进行外观设计相同相近似判断时，应当坚持整体观察与综合判定，看两者是否具有相同的美感。

侵犯专利权纠纷案例

在进行外观设计是否相同或近似的判断时，应该以一般消费者的视觉进行直接观察对比，不应以该外观设计专利所属技术领域的普通设计人员的观察力为标准，应当排除外观设计创作者的主观观点，并且在进行比较时不应使用放大镜、显微镜等其他辅助工具。

在进行外观设计是否相同或者近似的判断时，应当坚持整体观察、综合判断的原则，即应当包括产品可视部分的全部设计特征，而不能仅对部分部位进行观察后即作出判断。当然，比对的重点应当是外观设计专利创新的设计部位或设计要部（通常会记载在简要说明或设计要点中）。

一般情况下，产品正常使用时容易直接观察到的部位（如电视机、电冰箱的正面）、外观设计专利区别于现有设计的设计特征对外观设计的整体视觉效果会具有更大影响，而一般消费者在购买时不会注意、使用时看不到的部位，在进行比对时居于次要地位。对于仅由于产品功能、技术效果所决定的设计特征（如视窗是透明的、车轮是圆的）是不应予以考虑的。

具体到本案中，涉案外观设计专利与被控侵权产品均为玩具类产品，涉案专利由头部、躯干、四肢组成，头部由眼睛、嘴和位于头部顶端的两根飘带组成，嘴部较大，嘴部左右各有一个球状物；躯干部相对于头部体积更大，并且中间有一个椭圆；两个翅膀在边缘处有三个凸起，体积较大，其上有点状图案；两个脚掌呈较短的扁平状，并且有三个类似于脚趾的凸起。被控侵权产品亦由头部、躯干、四肢组成，头部由眼睛、嘴和位于头部顶端的飘带组成。被控侵权产品与涉案外观设计专利存在如下区别：1. 涉案外观设计专利为鹅鹕形象，被控侵权产品为小鸭形象；2. 涉案外观设计专利的嘴部形状及下颚部分较大，嘴部左右各有一个球状物，而被控侵权产品嘴部形状及下颚部分较小，嘴部左右没有球状物；3. 涉案外观设计专利的头部顶端为两根飘带，被控侵权产品的头部顶端为两根长飘带、三根短飘带；4.涉案外观设计专利的背部没有背带，而被控侵权产品的背部有两根背带；5.涉案外观设计专利的翅膀上有点状图案，而被控侵权产品的翅膀上为条状图案。被控侵权产品其他部分的形状、图案与涉案专利均基本相同。虽然在自然界中，鹈鹕与小鸭为两种不同的动物，但是从整体上观察，涉案外观设计专利的鹈鹕形象与被控侵权产品的小鸭形象极为近似，被控侵权产品的背带属于功能性设计，在外观设计侵权比对时不应予以考虑，涉案外观设计专利与被控侵权产品的上述其他区别特征均为细微差别，对整体视觉效果并未产生显著影响，因此，应认定被控侵权产品与涉案外观设计相近似，落入了专利权的保护范围。

值得注意的是，对于外观设计专利权的侵权行为类型，2001年专利法与现行专利法的规定是有所不同的，在2001年专利法中，仅规定了"任何单位和个人未经专利权人许可，都不得实施其专利，即不得为生产经营目的制造、销售、进口其外观设计产品。"而在现行专利法中，对侵犯外观设计专利权的行为增加了"许诺销售"的侵权行为，这是专利法对侵犯发明、实用新型、外观设计专利权行为在"许诺销售"这一行为上的规定的统一。但是，对于外观设计专利权的侵权行为，专利法仍未规定"使用行为"构成侵权，这样规定也是合情合理的。

二、买赠行为的法律性质问题

我国现行《专利法》第十一条第二款规定，外观设计专利权被授予后，任何单位或者个人未经专利权人许可，都不得实施其专利，即不得为生产经营目的制造、许诺销售、销售、进口其外观设计专利产品。根据上述规定,未经外观设计专利权人许可，为生产经营目的制造、许诺销售、销售、进口其外观设计专利产品的，构成侵犯专利权。

侵犯专利权纠纷案例

买赠行为应属于一种销售商品的行为,虽然从表面上看,进行买赠活动的企业并未直接从赠送的商品中获取利益,甚至还增加了成本,但是,企业通过举行买赠活动,增加了销售量,意味着增加了销售收入,因此,买赠行为是一种商业促销手段,应视为是一种销售行为。本案中,根据查明的事实,惠氏公司作为婴儿奶粉的生产者,在其销售产品时举行了买赠活动,即向购买其奶粉的消费者赠送被控侵权产品"小鸭背包",而"小鸭背包"是从兆汇公司订货购买得到,即惠氏公司并非被控侵权产品"小鸭背包"的生产者,这从惠氏公司向法院提供的采购订单、被控侵权产品的包装(其上载明了生产者为兆汇公司)以及兆汇公司的说明可以证明,因此,本案中,实施制造、销售的侵权行为的主体是兆汇公司,而惠氏公司仅应视为被控侵权产品的销售者,因此,法院并未认定惠氏公司是被控侵权产品的制造者。

现行《专利法》第七十条规定,为生产经营目的使用、许诺销售或者销售不知道是未经专利权人许可而制造并售出的专利产品,能证明该产品合法来源的,不承担赔偿责任。本案中,由于惠氏公司提供了一系列证据证明其并非被控侵权产品的生产者,而作为销售者,惠氏公司向法院提供了该产品的合法来源,故法院依据《专利法》的上述规定,并未判令惠氏公司承担赔偿损失的侵权责任。当然,惠氏公司仍应当承担停止侵权的法律责任。但是,本案中,如果在惠氏公司赠送的被控侵权产品上并未注明生产者抑或标注的生产者是惠氏公司,或者惠氏公司未能向法院举证证明其赠送的产品的合法来源,则惠氏公司将承担侵权产品制造者、销售者的相应法律责任。因此,企业在生产经营过程中,应该严格按照法律规定,增强知识产权法律意识,并且在诉讼中应积极行使举证、质证的权利义务,才能切实保护自身权益。

三、关于外观设计专利侵权赔偿数额的确定问题

根据《专利法》第六十五条规定，侵犯专利权的赔偿数额按照权利人因被侵权所受到的实际损失确定；实际损失难以确定的，可以按照侵权人因侵权所获得的利益确定。权利人的损失或者侵权人获得的利益难以确定的，参照该专利许可使用费的倍数合理确定。赔偿数额还应当包括权利人为制止侵权行为所支付的合理开支。权利人的损失、侵权人获得的利益和专利许可使用费均难以确定的，人民法院可以根据专利权的类型、侵权行为的性质和情节等因素，确定给予一万元以上一百万元以下的赔偿。

专利侵权案件中，对于侵权赔偿数额的计算方法，专利法的规定是比较明确的，即有三种方式：权利人的损失、侵权人的获利、参照专利许可使用费的倍数合理确定，在上述三种数额均难以确定的情况下，人民法院可以根据专利权的类型、侵权行为的性质和情节等因素在法律规定的数额范围内酌情确定。最高人民法院法释（2001）21号《关于审理专利纠纷案件适用法律问题的若干规定》中对于三种赔偿数额计算的方式在适用时的顺序以及如何确定合理数额进行了规定，即权利人因被侵权所受到的损失可以根据专利权人的专利产品因侵权所造成销售量减少的总数乘以每件专利产品的合理利润所得之积计算。权利人销售量减少的总数难以确定的，侵权产品在市场上销售的总数乘以每件专利产品的合理利润所得之积可以视为权利人因被侵权所受到的损失。侵权人因侵权所获得的利益可以根据该侵权产品在市场上销售的总数乘以每件侵权产品的合理利润所得之积计算。侵权人因侵权所获得的利益一般按照侵权人的营业利润计算，对于完全以侵权为业的侵权人，可以按照销售利润计算。被侵权人的损失或者侵权人获得的利益难以确定，有专利许可使用费可以参照的，人民法院可以根据专利权的类别、侵权人

侵权的性质和情节、专利许可使用费的数额、该专利许可的性质、范围、时间等因素，参照该专利许可使用费的1—3倍合理确定赔偿数额；没有专利许可使用费可以参照或者专利许可使用费明显不合理的，人民法院可以根据专利权的类别、侵权人侵权的性质和情节等因素酌情确定赔偿数额。人民法院根据权利人的请求以及具体案情，可以将权利人因调查、制止侵权所支付的合理费用计算在赔偿数额范围之内。最高人民法院法释（2009）21号《关于审理侵犯专利权纠纷案件应用法律若干问题的解释》第十六条规定：侵权人因侵权所获得的利益，应当限于侵权人因侵犯专利权行为所获得的利益；因其他权利所产生的利益，应当合理扣除。侵犯外观设计专利权的产品为包装物的，人民法院应当按照包装物本身的价值及其在实现被包装产品利润中的作用等因素合理确定赔偿数额。随着司法实践的发展，对于赔偿数额的计算问题，发生了变化，现行专利法将原来司法解释中关于计算赔偿数额的相关规定上升到专利法中，并明确规定了人民法院可以根据专利权的类型、侵权行为的性质和情节等因素，确定给予一万元以上一百万元以下的赔偿，这也是将所谓的"法定赔偿"从2001年的五千元以上五十万元以下提高到一万元以上一百万元以下。并且按照现行专利法的规定，赔偿数额还应当包括权利人为制止侵权行为所支付的合理开支，而这项内容应该不包括在权利人的损失中，应单独判决。

本案中，一审法院实际上是根据惠氏公司从兆汇公司购买被控侵权产品的数量、所支付的货款的总金额、该产品的合理利润（并非行业的通常利润，因为本案是加工定做，而非零售，故不能以行业普遍利润率计算）以及涉案的外观设计专利权在产品中所占的价值比例等因素综合确定的，这种计算方法是符合法律规定的。

（撰稿人：李燕蓉）

13. 外观设计专利的侵权判断标准

——（西班牙）车辆座位制造工业公司诉金龙联合汽车工业（苏州）有限公司、北京金通宝龙汽车销售有限公司侵犯外观设计专利权纠纷案

案件索引：北京市第二中级人民法院（2007）二中民初字第13320号，2007年12月19日判决；北京市高级人民法院（2008）高民终字第00307号，2008年5月21日判决。

基本案情

西班牙车辆座位制造工业公司（FABRICACION ASIENTOS VEHICULOS INDUSTRIALES SA）（以下简称"车辆座位公司"）是"交通工具的座椅"外观设计专利权人。原告向北京市第二中级人民法院起诉称：被告金龙联合汽车工业（苏州）有限公司（以下简称"苏州金龙公司"）制造、销售，被告北京金通宝龙汽车销售有限公司（以下简称"金通宝龙公司"）销售的海格客车内的座椅与原告专利设计极其近似，侵犯了原告的外观设计专利权，给原告造成了巨大的经济损失，故诉至法院，请求判令：被告苏州金龙公司停止制造、销售侵犯原告专利权的产品，被告金通宝龙公司停止销售侵犯原告专利权的产品；被告苏州金龙公司赔偿原告经济损失50万元；二被告

连带赔偿原告因诉讼支出的合理费用150413.03元；被告苏州金龙公司销毁用于生产侵权产品的模具及库存侵权产品；由二被告连带承担本案的诉讼费用。被告苏州金龙公司答辩称：该公司生产的客车上使用的座椅是从案外人苏州工业园区雅式汽车零部件有限公司（以下简称"雅式公司"）合法采购的，该公司无侵权行为，不应承担侵权责任；该公司客车上使用的座椅系雅式公司依据其专利生产的，该座椅外观与原告专利存在显著区别，未侵犯原告的涉案外观设计专利权；该公司没有制造车辆座椅的行为，原告要求该公司销毁模具和库存产品没有事实依据。综上，请求法院驳回原告的诉讼请求。被告金通宝龙公司答辩称：该公司依据与苏州金龙公司签订的《苏州金龙特约经销商经销协议》经销涉案海格客车，该公司对客车内座椅是否存在侵权的情况并不知情，没有侵权的事实和故意；该公司有合法的进货来源，即使涉案座椅系侵权产品，该公司也不应承担侵权赔偿责任。

一审法院经审理查明：2005年3月2日，经中国国家知识产权局授权，车辆座位公司取得了"交通工具的座椅"外观设计专利权，专利号为ZL200430003776.6。车辆座位公司主张其自2006年始，在厦门由其他企业代工生产涉案专利产品，即GALA系列车辆座椅，生产的座椅同时在欧洲和中国市场销售。目前，其每月生产GALA座椅约1000个，单价约为800元，利润率约为20％。

苏州金龙公司成立于1998年12月31日，经营范围包括：开发、生产、销售中、高档客车及配件等产品及售后服务，商品汽车发送业务等。2007年1月22日，苏州金龙公司与雅式公司签订《供货合同》，约定由雅式公司向金龙公司提供座椅、窗帘、地板革产品。该合同附件《配套产品明细清单》中显示：雅式BM01座椅，单价354元；雅式BM01不侧移座椅，单价324元；雅式BM01不可调座椅，单价 324 元；雅式 BM01 靠背可调侧移仿皮革座椅，单价 374 元。

苏州金龙公司主张其自 2007 年 1 月至 2007 年 3 月共使用雅式公司提供的雅式 BM 系列座椅 1938 个，进货总价款为 637422 元，2007 年 3 月之后又进货 BM01 座椅 356 个，BM01 不侧移座椅 344 个，但未能提供具体使用数量和库存数量。

苏州金龙公司主张其生产的海格客车根据车长可分为 6 米至 10 米等不同型号，每辆客车座椅数量从 17 个至 45 个不等。苏州金龙公司同时主张涉案海格客车年产量约为 1 万辆，其中约有 60%—70%使用了雅式公司的座椅。苏州金龙公司提供的雅式公司座椅客户点单样图中，共有 20 种不同外观的座椅。

金通宝龙公司成立于 2005 年 10 月 28 日，经营范围包括：销售汽车（不含小轿车）、货物进出口、技术进出口、代理进出口。金通宝龙公司于 2007 年 1 月 18 日与苏州金龙公司签订《苏州金龙特约经销商经销协议》，约定由金通宝龙公司在中国北京市区域内专营销售苏州金龙公司制造的海格牌系列客车（不含专用车）。金通宝龙公司主张其仅销售 1 辆带有涉案座椅的海格客车，车牌号码为京 AB9448。

雅式公司成立于 2002 年 5 月 8 日，经营范围包括：设计、制造汽车座椅及其他零部件，销售本公司所生产的产品，自有多余厂房出租。2007 年 11 月 28 日，雅式公司向苏州金龙公司出具附图证明，证明 2007 年度其与苏州金龙公司签订的《供货协议》产品明细表中的 BM 系列座椅外观与附图相同，其以座椅总成形式向苏州金龙公司供货。经比较，该证明附图中显示的座椅外观与苏州金龙公司生产的海格客车内的涉案座椅外观相同。

车辆座位公司主张涉案外观设计专利有三个设计要部，分别为：扶手部分；外侧扶手壳部分；座椅靠背部分。

经比对，苏州金龙公司生产的海格客车内的涉案座椅的外观（见附图二）与车辆座位公司的涉案专利设计（见附图一）存在以下相同或相近似之处：

（一）扶手及扶手壳部分。（1）扶手柄呈弧形设计；（2）扶手柄前端有长三角形扶手；（3）扶手壳整体呈不规则的椭圆形；（4）扶手壳上有类似三角形的装饰凹槽；（5）调节手柄位于扶手壳前端上部，形状呈三角形。

（二）座椅靠背部分。（6）靠背侧视图呈现贴合人体背部生理结构的弧线形；（7）靠背主视图下侧中部凹陷，两侧凸起；（8）靠背后视图上部有"V"字型装饰线；（9）"V"字型装饰线两侧呈对称结构，右侧有凹陷，安装有把手；（10）靠背后视图中下部有兜状结构；（11）靠背后视图下部的坐垫后封板呈包裹式结构。

苏州金龙公司生产的海格客车内的涉案座椅的外观与车辆座位公司的涉案专利设计存在以下差异之处：

（一）主视图部分。（12）原告专利的座椅靠背和坐垫主视图呈纵向双弧线形搭配图案；涉案座椅无纵向双弧线形搭配图案，靠背上部有弧形头枕布结构。（13）原告专利一组两个座位中，每个座位两侧均有相同的扶手；涉案座椅一组两个座位仅外侧有一个扶手。（14）原告专利一组两个座位之间有较大空隙，两个坐垫之间有储物装置；涉案座椅一组两个座位结合相对紧密，两个坐垫之间没有储物装置。（15）原告专利座椅上有三点式安全带装置；涉案座椅上无安全带装置。

（二）扶手及扶手壳部分。（16）涉案座椅扶手存在拉出状态和收缩状态两种外观。（17）涉案座椅扶手壳的左上部有一椭圆形凹槽。

（三）座椅靠背部分。（18）原告专利靠背后部上方的"V"字型装饰线上部和下部呈镶嵌式结构；涉案座椅靠背后部上方的"V"字型装饰线上部和下部呈对接式结构。（19）原告专利的靠背后部仅右侧安装有把手，左侧对应部位有类似形状的装饰结构；涉案座椅靠背后部"V"字型装饰线两侧均安装有把手。（20）原告专利的把手呈弧形结构；涉案座椅把手呈反"7"字结构，中间有装配孔。（21）原告专利靠背中下部的兜状结构为弧形盖板；涉案座椅靠背中下部的兜状结构为透明的网兜。（22）原告专利靠背下部的坐垫后封板呈平滑的包裹式结构；涉案座椅靠背下部的坐垫后封板有一配合脚踏板收缩状态的凹陷结构。

（四）座椅底部。（23）原告专利一组两个座位由底部两个支架支撑；涉案座椅一组两个座位由外侧座位下端的一个支架和与车体侧面的连接部共同支撑。（24）原告专利座位底部支架呈板状结构；涉案座位底部支架有镂空的椭圆形结构及装饰凹槽。（25）原告专利座椅下部后侧脚踏板有凹纹；涉案座椅下部后侧脚踏板为镂空造型。

另外，（26）涉案座椅部分结构的形状、弧度与原告专利设计存在一定差异。

判决与理由

北京市第二中级人民法院经审理认为，涉案车辆座椅并非是侵犯车辆座位公司涉案专利权的产品，苏州金龙公司、金通宝龙公司销售涉案车辆座椅的行为未侵犯车辆座位公司享有的涉案外观设计专利权。原告车辆座位公司提出的被告苏州金龙公司、金通宝龙公司的涉案行为构成对其专利权的侵犯的诉讼主张不能成立。其要求被告苏州金龙公司、金通宝龙公司承担停止侵权行为、销毁模具及库存产品、赔偿经济损失的法律责任的诉讼请求，缺乏事实与法律依据，本院不予支持。依照中国《专利法》第十一条第二款、第五十六条第二款的规定,判决如下:驳回(西班牙)车辆座位制造工业公司的诉讼请求。

车辆座位公司不服,提起上诉,北京市高级人民法院经审理,判决:驳回上诉,维持原判。

评 析

本案的争议焦点有两个:一是在于被告苏州金龙公司的涉案行为是否为制造、销售被控侵权车辆座椅产品的行为;二是涉案车辆座椅的外观是否与车辆座位公司专利设计相同或相近似,苏州金龙公司、金通宝龙公司销售涉案车辆座椅的行为是否侵犯了车辆座椅公司享有的外观设计专利权。

一、苏州金龙公司的涉案行为是否为制造、销售被控侵权车辆座椅产品的行为

中国《专利法》(2000年修订)①第六十三条第二款规定:为生产经营目的使用或者销售不知道是未经专利权人许可而制造并售出的专利产品或者依照专利方法直接获得的产品,能证明其产品合法来源的,不承担赔偿责任。同时,中国《专利法》第十一条第二款规定,外观设计专利权被授予后,任何单位或者个人未经专利权人许可,都不得实施其专利,即不得为生产经营目的制造、销售、进口其外观设计专利产品。从以上两条规定,我们可以看出:(1)中国《专利法》规定的侵权行为包括制造、进口、销售、使用侵犯专

---

① 本文中所指的中国《专利法》均为2000年修订版本,目前中国实施的《专利法》系2008年再次修订后的版本。

外观设计专利的侵权判断标准

利权的产品等；（2）由于《专利法》第十一条中对于外观设计专利的禁止权的范围进行了明确的限定，而该范围并不包括"使用"侵犯外观设计专利权的产品的行为，因此，对于该种行为，不需要适用《专利法》第六十三条的规定，即对于外观设计专利而言，使用侵犯专利权的产品的行为，不构成侵权。

因此，在侵犯外观设计专利权纠纷案件中，确定被控侵权行为人的行为是制造、销售还是使用行为，对于是否构成侵权的认定，具有重要的意义。按照司法实践的一般标准，制造行为，是一种实施专利的行为，即在制造产品或进行零部件组装的过程中，使用了专利中的方法，或者使用了专利的技术方案的行为。本案中，车辆座位公司指控苏州金龙公司实施了制造、销售侵犯其专利权的车辆座椅的行为，但根据苏州金龙公司提供的《供货合同》、雅式公司的营业执照副本复印件，以及雅式公司出具的证明，可以认定，苏州金龙公司生产的海格客车内的涉案 BM 系列座椅系自案外人雅式公司处以总成形式购买。现有证据不能证明苏州金龙公司实施了制造涉案车辆座椅，或实施了组装涉案座椅零部件的行为。因此，不能够认定苏州金龙公司的行为是制造侵犯专利权的产品的行为。

本案的另一个难点是：如何区分销售行为和使用行为。对此，学术界和司法实务界存在一定分歧。欧洲国家的专利法大多没有采用"销售专利产品"的说法。例如，丹麦专利法采用的是"转移或者借出"（transfer or loan）；荷兰专利法采用的是"出租、交付或者以任何形式进行交易"（hire out, deliver or deal in any other way）；英国专利法采用的是"贩卖"（vending）；德国、瑞士、法国采用的是"投放市场"（putting on the market），不一而足。[①]在 2000 年中

[①] 尹新天：《专利权的保护》，知识产权出版社 2005 年版，第 161 页。

国修订《专利法》之前,有学者认为,所谓销售,不仅指实际的销售行为,还应当包括提供销售的表示以及为提供销售而存储。[1]2000年中国《专利法》修订后,区分了销售和许诺销售行为。关于使用专利产品,一般认为,是指利用专利产品,使其技术功能得到了应用。使用者无论是未经许可自己制造专利产品、继而予以利用,还是购买他人未经许可而制造销售的专利产品、继而予以利用,都构成侵犯专利权的使用行为。[2]笔者认为,区分销售行为和使用行为的核心标准在于被控侵权行为人是否是直接实现侵权产品的使用价值的主体。鉴于苏州金龙公司并非涉案BM系列座椅的实际使用者,而是将座椅作为客车的一部分随客车整体予以销售,因此,针对涉案BM系列座椅而言,苏州金龙公司的行为实质上是以销售客车的形式,继续销售该座椅的行为。在此情况下,购买客车的消费者,才是直接实现座椅产品的使用价值的主体,其才是该座椅产品的实际使用者。因此,苏州金龙公司涉案行为是中国《专利法》规定的销售行为。同理,鉴于金通宝龙公司实施了销售带有涉案BM座椅的客车的行为,金通宝龙公司的涉案行为亦是中国《专利法》规定的销售行为。

二、涉案车辆座椅的外观是否与车辆座位公司专利设计相同或相近似,苏州金龙公司、金通宝龙公司销售涉案车辆座椅的行为是否侵犯了车辆座椅公司享有的外观设计专利权

(一)关于外观设计侵权判断方法的问题

对于外观设计侵权判断方法的讨论,首先要从外观设计专利的保护范围谈起。我国《专利法》规定,外观设计专利权的保护范围以表示在图片或者照片中的该外观设计专利产品为准。为了更明确

---

[1] 汤宗舜:《专利法解说》,知识产权出版社1992年版,第50页。
[2] 尹新天:《专利权的保护》,知识产权出版社2005年版,第163页。

外观设计专利的侵权判断标准

地反映外观设计所要求保护的范围,我国《专利法实施细则》中又规定:申请外观设计专利的,必要时应当写明对外观设计的简要说明;外观设计的简要说明应当写明使用该外观设计的产品的设计要点、请求保护色彩等情况。同时,北京市高级人民法院认为[①]:对外观设计的简要说明可以用于理解该外观设计的保护范围。外观设计专利权人在诉讼中,应当提交其外观设计的"设计要点图",说明其外观设计的独创部位及内容。

然而,很多学者也提出,对于外观设计保护范围的确定,必须"以表示在图片或者照片中的该外观设计专利产品"为限,采取所谓的"设计要部说"是没有依据的。事实上,在司法实践中,很多权利人为了证明侵权成立,往往针对被控产品的实际情况确定"设计要部",将那些完全相同或近似的部分主张为自己的设计要部,而对于那些与其专利设计存在差异的部分,则不主张为自己的设计要部。因此,也有一些人认为,应该废除所谓的"设计要部说"。

我国司法实务界的主流观点认为,整体观察、综合判断是外观设计侵权判断的主要方式。判断两件产品的外观设计是否相同或者相近似,应当从整体视觉效果上进行比较,不能过于注意局部的细微差别,要从一件产品外观设计的全部或者其主要构成上来确定是否相同或者相近似,而不能从一件产品的局部出发,更不能把产品的各个组成部分分割开来。比较的重点应当是专利权人独创的富于美感的主要设计部分(要部)与被控侵权产品的对应部分,看被告是否抄袭、模仿了原告外观设计中的新颖独创部分。[②]

[①] 参见北京市高级人民法院 2001 年 9 月 29 日公布的《专利侵权判定若干问题的意见(试行)》(京高法发 [2001]229 号)的规定。

[②] 程永顺:"浅议外观设计的侵权判定",载《知识产权》2003 年第 3 期。

笔者认为,"设计要部"较好地解决了外观设计专利保护中,对于那些仅起功能、效果作用,而消费者在正常使用中看不见或者不对产品产生美感作用的设计内容的排除问题,同时,也有效解决了外观设计保护中,对于那些通用性设计部分和元素的排除问题。因此,"设计要部"说在外观设计侵权对比中,具有一定的积极作用。但是,在司法实践中,还应该注意以下几方面的问题:

(1) 外观设计的简要说明中,明确写明了该外观设计的产品的设计要点的,应结合该要点确定该外观设计专利的设计要部。

(2) 人民法院对于设计要部的认定,一方面要考量双方当事人的意见,特别是要参考权利人对于设计要部的主张,另一方面,也要结合该外观设计的具体情况,对于外观设计中的功能性部分、通用性部分予以排除,综合认定外观设计专利的设计要部。

(3) 在进行外观设计侵权比对时,一般采取"要部比较、整体观察、综合判断"的方法,其中整体观察的结果对于侵权成立与否起到重要的作用。

(4) 设计要部的相同或相近似,并不直接导致被控侵权产品与权利人专利设计的相同和相近似。只有当相同或相近似的设计要部是产品外观的主要部分,或者设计要部虽然不是产品外观的主要部分,但产品在整个外观上相同或相近似时,才能够认定侵权成立。如果设计要部在产品外观中占的比例很小,不足以影响产品的整个外观时,虽然设计要部相同或相近似,但产品的整个外观与权利人的专利设计不构成相同或相近似,也不能认定侵权成立。

(5) 对于设计要素较少,难以区分多个设计要部的专利设计,不再适用"要部比较"的方法,而直接进行"整体观察"。

(6) 对于设计要素过多,设计要部亦过多的外观设计,如摩托车产品的外观设计,区分设计要部,并对要部逐一进行比对的结果,对于侵权行为是否成立的参考价值很小。此种情况下,"整体观察"结果将对侵权是否成立起到决定性的作用。

(7)在确定"设计要部"时,应对功能性、通用性的设计部分或设计要素进行适当的排除,而进行"整体观察"时,不需要再对上述设计部分和要素进行排除,也就是说,这些部分对于产品外观整体美感所产生的影响,也将对侵权成立与否起到一定的作用。

(二)关于外观设计侵权判断视角的问题

本案中,一、二审对于外观设计侵权判断的视角,采用了不同的观点。由于职业不同,观察力也有所不同,普通观察者范围的选择对侵权判断有很大的影响。美国联邦巡回上诉法院(CAFC)在 *Good year Tire & Rubber Co. v. Hercules Tire & Rubber Co.*[①]案中指出:"被控轮胎是卡车轮胎。地区法院正确地将购买卡车轮胎的普通卡车司机或承运人作为消费者,以他们的眼光来确定是否与原告的专利相似。地区法院解释说,如果原告的外观设计运用的范围比卡车轮胎更广一些,法院会考虑给普通观察者下一个范围更广的定义。对地区法院的推理我们没有发现明显的错误,因为它完全可以仅仅考虑被控侵权轮胎的实际使用情况,并将其作为普通观察者购买的领域。"[②]

对于外观设计侵权判断的视角问题,在学术界和司法实务界一直存在着两种不同的认识。一种观点认为,对于外观设计的侵权判断,应该以一般消费者的视角进行,并以被控侵权产品是否会与权利人专利设计构成混淆或误认为判断标准。我国《专利审查指南》中也采用了同样的标准,即以一般消费者的角度判断两产品的外观设计是否相同或相近似。另一种观点认为,对于外观设计的侵权判

---

① 162 F.3d 1113.
② 董红海:"中美外观设计专利侵权判定比较——基于美国外观设计案例的分析",载《知识产权》2005年第4期。

断，应该从本领域普通设计人员的角度，结合该产品实际使用方式和状态综合判断。对于"一般消费者"视角的观点而言，反对者认为，对于外观设计专利保护的立足点应当放在对外观设计创新活动的保护上，而"以一般消费者的眼光和审美观察能力为标准"，特别是以被控侵权产品是否会与权利人专利设计构成混淆或误认为判断标准时，抹杀了商标权保护和外观设计专利权保护的差异。而对于"本领域普通设计人员"视角的观点而言，反对者认为这样的视角违背了外观设计立法中保护"富于美感的设计"的立法初衷，因为，只有一般消费者，才是这些"富于美感的设计"的直接使用者和感受者。同时，由于购买、使用外观设计产品的消费者能通过视觉直观地了解该产品的外观，因此选择以"一般消费者"作为外观设计侵权程序中相同相近似性的判断主体也具有可能性[1]。有学者认为，只有普通消费者的眼光在这里才是客观公正的。当然，采用普通消费者的眼光，并非一定要由普通消费者去判断每一个案件的相同与相近似，而是指审判案件的法官在作出判断时，应当从普通消费者的眼光出发，去作出个案的评判。而普通消费者作为一个特殊消费群体，是指该外观设计专利同类产品或者类似产品的购买群体或者使用群体。[2]

笔者认为，两种观点各有一定的道理，但是可以确定的是，无论我们采取哪一种视角进行外观设计的侵权判断，都必须结合产品实际使用方式和状态进行综合判断。

（三）本案产品"设计要部"比对问题

本案中，涉案座椅扶手及扶手壳的外观与车辆座位公司专利相

---

[1] 国家知识产权局专利复审委员会2006年研究课题报告《外观设计相同和相似性判断主体研究》，第77—78页。
[2] 程永顺："浅议外观设计的侵权判定"，载《知识产权》2003年第3期。

应部分的设计存在法院查明部分所述的（1）—（5）项相同或相近似之处。尽管二者在曲线弧度上存在一定差异，且存在法院查明部分所述的（16）、（17）两项差异，但上述差异均是细微、局部的差异，因此，涉案座椅扶手及扶手壳部分的外观与车辆座位公司专利的扶手及扶手壳部分的设计构成相近似。

涉案座椅靠背后部的外观与车辆座位公司专利相应部分的设计存在法院查明部分所述的（8）—（11）项相同或相近似之处。尽管二者存在法院查明部分所述的（18）—（22）项差异。但上述差异均是细微、局部的差异，从座椅后视图或立体视图 2 观察，涉案座椅靠背后部的外观与车辆座位公司专利的座椅靠背后部的设计相近似。

车辆座位公司还主张涉案座椅的靠背部分与车辆座位公司专利设计存在以下相同之处：（6）靠背侧视图呈现贴合人体背部生理结构的弧线形；（7）靠背主视图下侧中部凹陷，两侧凸起。对于（6）项，鉴于靠背侧视图的弧线形结构在一定程度上受到座椅靠背功能的限制，同时靠背呈弧线形也属于座椅外观中的通用设计，因此，该设计要素应排除在车辆座位公司专利权保护范围之外。对于（7）项，鉴于该相同点仅为一个设计要素，无法构成外观设计专利比对中的要部，因此，关于该要素的比对，必须结合整个靠背前部，甚至结合主视图的除靠背外的其他部分综合进行判断。

（四）本案产品的实际使用方式和状态对于侵权判断产生的影响

座椅的主视图对于整个外观的美感具有决定性的意义。同时，鉴于本案车辆座位公司涉案专利系以两个座位为一组的连排座椅整体的设计，在确定该专利的保护范围及进行专利侵权比对时，除了单个座位的设计外，两个座位的连接或组合部分，也对整个专利设计的美感起到了重要的作用。

侵犯专利权纠纷案例

本案中，涉案座椅的外观与车辆座位公司专利设计在主视图部分存在法院查明部分所述的（12）—（15）项差异，座椅底部存在法院查明部分所述的（23）—（25）项差异。上述差异，特别是（12）、（13）、（14）三项差异，对涉案车辆座椅的主视图外观产生了重要的影响，使得涉案车辆座椅的外观与车辆座位公司专利设计产生不同的美感。因此，尽管涉案车辆座椅在扶手及扶手壳、座椅靠背后部两个部分的外观，与车辆座位公司专利的相应要部设计是相近似的，但从整体观察上看，涉案车辆座椅的外观与车辆座位公司专利设计不相近似。因此，涉案车辆座椅并非是侵犯车辆座位公司涉案专利权的产品，苏州金龙公司、金通宝龙公司销售涉案车辆座椅的行为未侵犯车辆座位公司享有的涉案外观设计专利权。

（撰稿人：周晓冰）

外观设计专利的侵权判断标准

附图一：车辆座位公司涉案专利附图

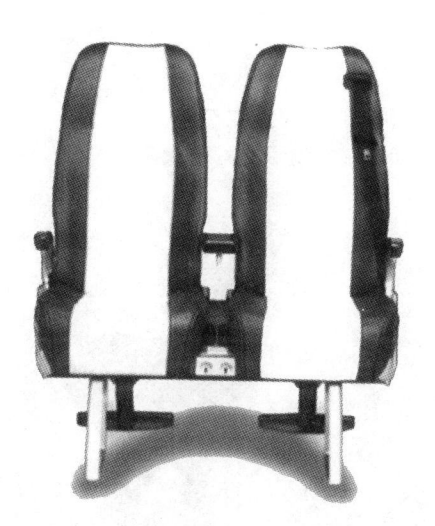

主视图

侧视图

立体视图 1

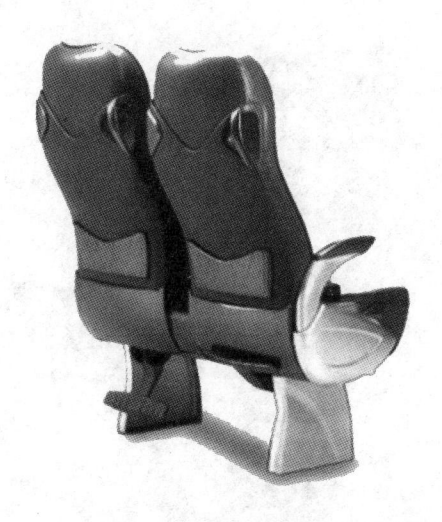

立体视图 2

附图二：苏州金龙公司生产的海格客车内的涉案座椅

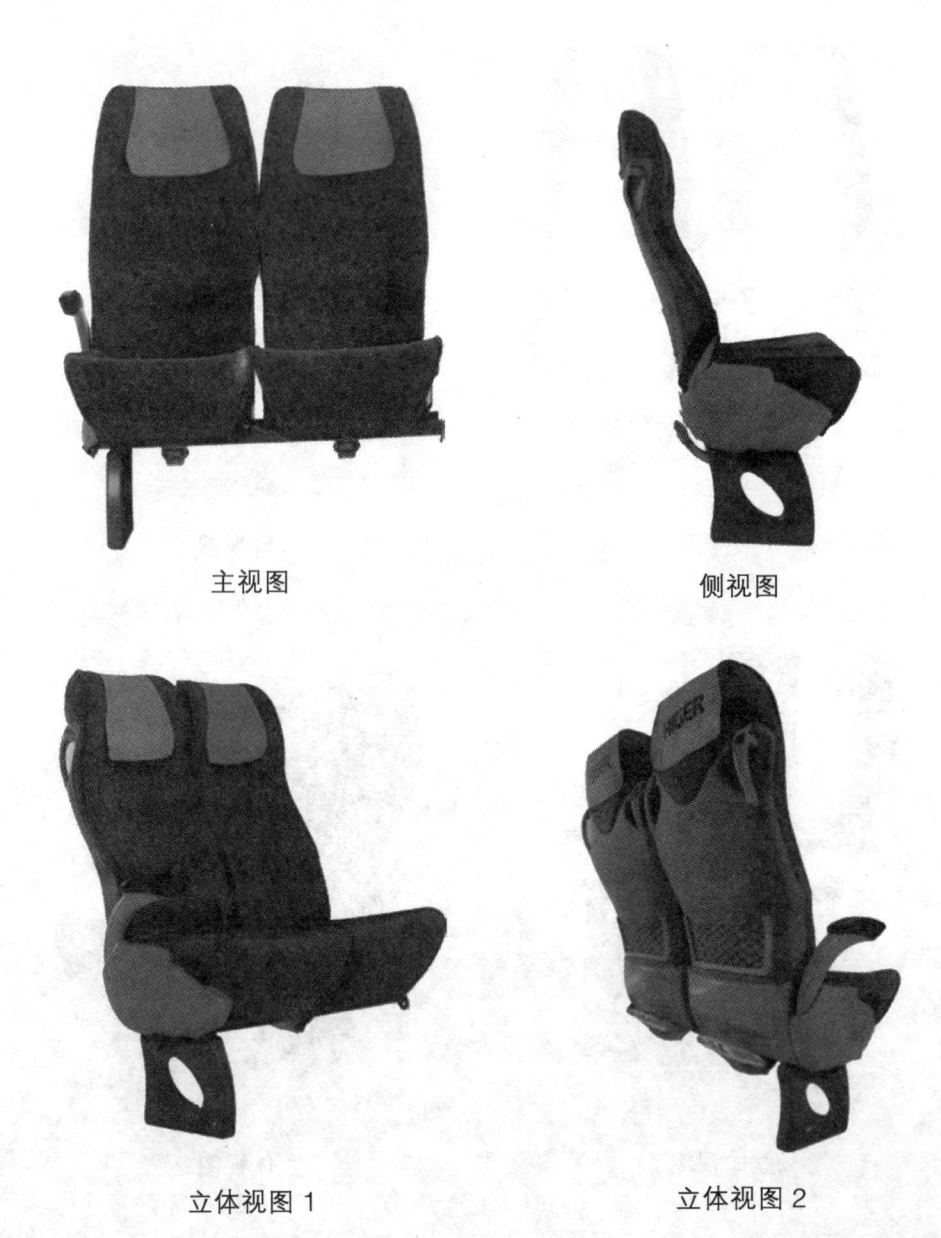

主视图

侧视图

立体视图 1

立体视图 2

14. 专利侵权诉讼中的现有技术抗辩

——科勒公司诉贝朗（上海）卫浴设备有限公司等侵犯发明专利权纠纷案

案件索引：北京市第二中级人民法院（2008）二中民初字第13842号，2008年12月18日判决；北京市高级人民法院（2009）高民终字第1553号，2009年4月20日判决。

基本案情

科勒公司系"溢出式浸泡浴缸"发明专利的专利权人，专利申请日为2001年6月25日，授权日为2005年9月7日，专利号为ZL01814674.0。科勒公司通过公证的方式购买了涉案型号为B25001W－4的浴缸一个，并取得盖有美国贝朗卫浴设备有限公司北京办事处之印章的《检验报告》一份、盖有被告贝朗（上海）卫浴设备有限公司（以下简称"上海贝朗公司"）印章的《经销商授权书》、产品说明书、产品使用手册、保修卡等。检验报告表明委托单位、生产单位均为被告上海贝朗公司。产品使用手册上印有"贝朗卫浴设备有限公司"、"地址：上海市松江高新技术产业园区申徐路168号"、"http://www.bravat.com"字样。保修卡上印有"产地中国广东省广州市番禺区小平工业区福平路2街6号"字样。被告贝朗（广州）卫浴器材有限公司（以下简称"广州贝朗公司"）也认可其制造了涉案浴缸。科勒公司指控上海贝朗公司、广州贝朗公司制造、销售涉案浴缸的行为侵犯其发明专利权。上海贝朗公司、广州贝朗公司答辩称涉案专利申请之前已有相关的技术公开，其所采用的技术属于现有技术范围，并未侵犯科勒公司的涉案专利权。

一审中，科勒公司以涉案专利权利要求1、2、9、16作为其权利依据。

北京市第二中级人民法院查明，涉案专利相应权利要求记载的内容为：

1. 一种浴缸，包括：沐浴池，其具有底板和延伸到上边缘的侧壁；溢出槽，其具有一底板，隔开地位于沐浴池上边缘以下，沐浴池的底板以上；管路，它导通溢出槽和沐浴池之间的液体；和泵，它与管路连接，将水从溢出槽送到沐浴池中；其特征在于所述溢出槽径向布置在沐浴池的至少大部分周边上，用于收集从上边缘溢出的水。

2. 如权利要求1所述的浴缸，其特征在于沐浴池的上边缘高于溢出槽的最高处。

9. 如权利要求1所述的浴缸，其特征在于溢出孔设置在溢出槽的槽壁上。

16. 如权利要求9所述的浴缸，其特征在于还包括排水开关，其控制设置沐浴池底板上的排水口中的排水塞，其中排水开关安装在溢出槽的内侧壁上。

在法官主持下，原被告双方当庭进行了技术对比，在被控侵权产品中确认了如下技术特征：具有底板和延伸到上边缘的侧壁的沐浴池；具有一底板、隔开地位于沐浴池上边缘以下、沐浴池的底板以上的溢出槽；导通溢出槽和沐浴池之间的液体的管路；与管路连接，将水从溢出槽送到沐浴池中的泵；所述溢出槽环绕在沐浴池的周边上，其用途是收集从上边缘溢出的水；沐浴池的上边缘高于溢出槽的最高处；溢出孔设置在溢出槽的槽壁上。未在被控侵权产品上找到排水开关。

被告上海贝朗公司和广州贝朗公司共同补充提交了七份对比文件用以证明被控侵权产品是被公知技术所公开的。其中最主要的对比文件为 DE3610823 的德国专利文件，申请日期为 1986 年 4 月 1 日，其权利要求 1 内容为：……浴缸，并具有一个至少能够将一部分从浴缸上边缘溢出的循环水进行导流的溢流槽，其特征在于，溢流槽……在需要时可以通过下列途径之一通过循环系统至少将这些水的一部分重新导入浴缸，进行水循环时优先通过至少一个循环泵以及水循环管和至少一个喷水孔……。权利要求 4 内容为权利要求 1 和/或 2 中提到的浴缸，其特征在于，被溢流槽和/或凹槽包围的浴缸边缘高于浴缸的溢出边缘，并且至少部分高出溢流槽和/或凹槽。描述部分记载有溢流槽和/或凹槽上安装有至少一个与排水管道连接的安全泄水槽。附图 1 上显示安全泄水槽连接于溢出槽的侧壁上。

判决与理由

北京市第二中级人民法院经审理认为：科勒公司享有的"溢出式浸泡浴缸"发明专利权（专利号为 01814674.0）现仍有效，受我国专利法保护。我国专利法规定，任何单位或者个人未经专利权人许可，都不得实施其专利，即不得为生产经营目的制造、使用、许诺销售、销售、进口其专利产品。

发明或者实用新型专利权的保护范围以其权利要求为准，说明书和附图可以用来解释权利要求。

将涉案专利权利要求 1 的必要技术特征划分如下：一、具有底板和延伸到上边缘的侧壁的沐浴池；二、具有一底板，隔开地位于沐浴池上边缘以下，沐浴池的底板以上的溢出槽；三、导通溢出槽和沐浴池之间的液体的管路；四、与管路连接，将水从溢出槽送到沐浴池中的泵；五、所述溢出槽径向布置在沐浴池的至少大部分周边上，用途是收集从上边缘溢出的水。

对于权利要求 2 所保护的技术方案，在权利要求 1 所有必要技术特征的基础上又增加必要技术特征六：沐浴池的上边缘高于溢出槽的最高处。

对于权利要求 9 所保护的技术方案，在权利要求 1 所有必要技术特征的基础上又增加必要技术特征七：溢出孔设置在溢出槽的槽壁上。

对于权利要求 16 所保护的技术方案，在权利要求 9 所有必要技术特征的基础上又增加必要技术特征八：安装在溢出槽的内侧壁上的排水开关，用于控制设置沐浴池底板上的排水口中的排水塞。

在法庭主持的技术对比中，上述必要技术特征中的一、二、三、四、五、六、七均在被控侵权产品中得以体现；原告科勒公司不能举证证明被控侵权产品的溢出槽的内侧壁上有排水开关，被告上海贝朗公司和广州贝朗公司陈述其排水开关是排水孔上有把手的盖子，因此必要技术特征八未在被控侵权产品上体现。因此被控侵权产品落入原告涉案专利权利要求 1、2、9 的保护范围，未落入权利要求 16 的保护范围。

在本案中被告上海贝朗公司、广州贝朗公司共同提出了现有技术抗辩。根据其提交的文献号为 E3610823 的德国专利文件，可以看到该专利文件的权利要求 1 公开了上述技术特征一、二、三、四、五。

该专利文件的权利要求 4 的区别技术特征所描述的"被溢流槽……包围的浴缸边缘……至少部分高于溢流槽……"公开了上述技术特征六"沐浴池的上边缘高于溢出槽的最高处"。该专利文件附图 1 中的 14 是安全泄水槽,从该附图中可以看出该安全泄水槽在溢流槽的槽壁上,从该专利文件的"描述"部分可以看出该安全泄水槽与排水管道连接。该特征披露了原告专利的前述技术特征七。

因此,针对原告科勒公司以涉案专利的权利要求 1、2、9 为权利依据的侵权主张,被告上海贝朗公司、广州贝朗公司现有技术抗辩成立。遂判决驳回科勒公司的诉讼请求。

科勒公司不服一审判决,向北京市高级人民法院提出上诉,请求撤销原审判决并支持其原审诉讼请求。

北京市高级人民法院经审理认为,原审判决认定事实清楚,适用法律正确,依法应予维持,遂判决驳回上诉,维持原判。

评 析

本案的争议焦点在于被告主张的现有技术抗辩是否成立。本文对现有技术抗辩制度在中国产生的背景、过程、具体适用的规则及需要注意的问题进行了深入的分析和介绍。

一、现有技术抗辩产生的背景

专利制度本身即是为了促进科学技术的进步,更好地促进社会公共利益而进行制度设置的产物。因此专利行政部门在其运作过程中就不可避免地引入成本效益的分析,避免在审查专利申请的过程中耗费过多的成本。具体而言,在发明专利申请过程中,通过检索来确认对比文件,并以此为基础进行新颖性、创造性的判断,当不满足此条件时即不符合专利授权条件。由此可见检索对于发明专利授权的重要性，但是基于成本的考虑，经过检索没有发现可以推翻非显而易见性的对比文件，且审查员认为继续检索找到推翻专利申请的非显而易见性的对比文件的可能性很小因而没有必要时可以停止检索，这也就从制度层面为不符合专利授权标准的申请授予专利权留下了空间。而实用新型专利在申请时进行形式审查，并不进行检索和使用对比文件判断新颖性、创造性的工作，得到实用新型专利授权的技术方案并不一定符合实用新型专利授权的标准。因此在司法实践中为了克服实用新型专利授权稳定性不强的弊端，法院在审理侵犯实用新型专利权纠纷往往要求专利权人提交检索报告以证明其授权的稳定性，但是实用新型专利检索报告的检索范围也是有限而非穷尽式的，且专利行政部门主要是对专利文献进行检索，并不涵盖所有的现有技术范围，同样可能出现类似前述发明专利授权时检索不充分的情况，或者专利文献以外的形式（如其他文献、使用公开等）的现有技术足以破坏专利的新颖性、创造性。在以上两种情况下，专利权人都获得了不符合授权标准的专利，侵占了社会公共利益。在这两种情况下，如果法院仅仅因为专利权人获得了授权即判断专利覆盖的范围为其排他性领域，那么即对社会公共利益构成直接的损害。但是强求被授权的专利百分之百地达到授权标准也是不现实的，专利制度本身也是公平和效率的有机综合体，在追求公平的同时也不可忽视效率，过分追究公平可能影响效率，要求所有被授予的专利权的技术方案在授权阶段均达到完全符合专利授权标准可能导致制度成本过高的问题，影响专利制度"更好地满足保护社会公共利益的目的"。在实际社会中，并非所有技术上的进步均能够得到市场的认可，已授权的专利中能够得到市场的认可加以普及的寥寥无几；其他的专利，即使侵占了公有领域，因其并无实际的负面社会效果,故其存在并不影响专利制度的正常运行,施加过多的社会成本进行检索、清查成本过高,并非必要。

从源头进行考虑,应该通过专利无效宣告程序将该技术方案进行除权,使该技术方案重新回到公有领域范围。但是专利无效宣告程序最终发生法律效力须经专利复审委员会,可能经过北京市中级人民法院、北京市高级人民法院的审理才能最终定案。在专利权不符合授权条件的情况下,如果只能通过专利无效宣告程序及相应的行政诉讼程序进行除权的话,作为一项配套制度,在专利侵权诉讼中凡是遇到涉案专利被申请宣告无效时,则需要中止侵权诉讼等待专利确权程序结果才能够进行进一步的审理。在这个过程中,当事人花费成本较大,不能经济和有效率地满足司法实践的需要,在制度层面运营成本过高,在实际的司法实践中导致案件久拖不决,或者专利权人的合法利益不能得到及时保护,或者被控侵权人不能及时摆脱诉累,引发了很多的社会矛盾。

二、现有技术抗辩产生的过程

在我国的司法实践中,尤其在知识产权领域,存在着大量前沿的,法律没有明确规定,但是社会生活中非常突出的矛盾,大量这样的矛盾涌入法院就逼迫法官必须积极开拓思路,寻找创造性的解决方案,去满足现实的法律需要;现有技术抗辩也是应客观现实的需要而产生的。现有技术抗辩最初的出现并无明确的法律依据,法官在个案中基于公平的理念,随着对专利法理论的深入研究,对权利的边界进行不断的探索,对于传统制度下,被控侵权物既落入原告专利保护范围同时又明显是使用现有技术,判定侵权成立而导致不公平结果的情况进行纠正,驳回专利权人的诉讼请求,维护社会公共利益;在司法实践中现有技术抗辩因无明确法律依据,故其出现较有争议。但是现有技术抗辩回应了现实矛盾的需要,具有强大的生命力,其在不断的发展中完善了自己,体现了法官的集体智慧,并最终形成了一项适合中国社会环境的行之有效的法律制度。

在中国,现有技术抗辩的理论依据最早的表述为:"人民法院受理的侵犯实用新型、外观设计专利权纠纷案件,被告在答辩期内请求宣告该项专利权无效的,人民法院应当中止诉讼,但具备下列情形之一的,可以不中止诉讼:……(二)被告提供的证据足以证明其使用的技术已经公知的;"[①]尽管最高人民法院并未直接规定现有技术抗辩,但是当法院确认被告使用的技术已经是公知技术时,其侵权诉讼可以不中止,从其规定中显然可以看出,继续审理的结果自然不应该是侵权成立,被告承担相应的法律责任,否则就会导致对专利法基本原理的违背,致使产生司法实践中确认了对公有领域侵占行为的合法性的不当结果,故其结果只能是以被告使用的技术是现有技术为依据驳回专利权人的相关诉讼请求,这也是现有技术抗辩的实际做法了。值得注意的是,出于谨慎探索的目的,此时最高人民法院仍然是将现有技术抗辩的使用范围限定在实用新型专利权和外观设计专利权的范围内,而对一般而言稳定性更强的发明专利权未加触及。

现有技术抗辩最早的直接的、系统性的表述为:"第 100 条:已有技术抗辩,是指在专利侵权诉讼中,被控侵权物(产品或方法)与专利权利要求所记载的专利技术方案等同的情况下,如果被告答辩并提供相应证据,证明被控侵权物(产品或方法)与一项已有技术等同,则被告的行为不构成侵犯原告的专利权。第 101 条:用已有技术进行侵权抗辩时,该已有技术应当是一项在专利申请日前已

[①] 节选自最高人民法院 2001 年 6 月 19 日通过的《关于审理专利纠纷案件适用法律问题的若干规定》第 9 条。

有的、单独的技术方案，或者该领域普通技术人员认为是已有技术的显而易见的简单组合成的技术方案。第 102 条：已有技术仅适用于等同专利侵权，不适用于相同专利侵权的情况。第 103 条：当专利技术方案、被控侵权物（产品或方法）、被引证的已有技术方案三者明显相同时，被告不得依已有技术进行抗辩，而可以向专利复审委员会请求宣告该专利权无效。"[1]当时的措辞还是"已有技术"。在客观现实日益复杂的情况下，以上原则在实践中也不断进行发展和变化，最初现有技术抗辩仅适用于等同专利侵权的规定，但是在司法实践中，大量的认定构成专利侵权的案件中相同侵权占了绝大多数，适用等同原则认定侵犯专利权成立为数甚少，如果只有等同侵权的情况下才能适用现有技术抗辩，则现有技术抗辩的适用是极为有限的，并不能够充分起到促进创新，维护社会公共利益，克服专利审查制度不足的作用。

在司法实践中，如果在相同侵权成立的前提下，同时被控侵权物所使用的技术为现有技术的情况下，民事审判程序中法官应该从何路径加以探索？第一种选择，认定相同侵权成立，判决被告侵犯原告专利权并承担相应的法律责任；在此情况下，被告必然选择上诉，并进行专利确权程序以宣告涉案专利无效；在构成相同侵权的被控侵权物所使用技术为现有技术的情况下，涉案专利相应的权利要求必然被宣告无效，如果民事程序二审维持了一审判决，则被告会通过审判监督程序推翻一审、二审判决所做结论，如果民事程序二审待确权程序结束之后裁判，则会推翻一审判决，以涉案专利权被宣告无效，视为自始不存在为由，驳回原告诉讼请求。第二种选择，

---

[1] 节选自北京市高级人民法院 2001 年 9 月 29 日公布之京高法发（2001）229 号《北京市高级人民法院关于专利侵权判定若干问题的意见（试行）》。

中止民事案件的审理，以确权程序的结果为依据恢复审理，这种做法就是传统的导致诉讼拖延引起突出的社会矛盾的做法。第三种选择，直接将现有技术抗辩的适用范围扩展到相同侵权，如果二审法院认为现有技术抗辩不应适用到相同侵权而改判侵权成立被告承担相应法律责任的话，则被告在涉案专利权利要求被宣告无效后提起审判监督程序后则会导致改判二审判决维持一审判决的结果，在此情况下，二审法院则倾向于维持一审判决。在法官的探索中，第三种选择得以确立，现有技术抗辩的适用范围也突破至相同侵权；同理，现有技术抗辩的适用范围也不再局限于实用新型专利和外观设计专利而突破到发明专利。现有技术抗辩发展的过程，也是司法机关为了满足社会的法律需求而在现有法律框架下不断探索的过程。

在专利法的修改过程中，立法者也吸收了司法实践中关于现有技术抗辩的做法，并将其纳入法律规定中，表述为"在专利侵权纠纷中，被控侵权人有证据证明其实施的技术或者设计属于现有技术或者现有设计的，不构成侵犯专利权。"[1]

三、现有技术抗辩的具体适用规则

根据《专利法》第六十二条的规定，从文意解释角度来看，现有技术抗辩的运用中，被控侵权人只需证明其使用的技术是现有技术，现有技术抗辩即可成立。这在实际操作中就产生这样一个问题，被控侵权物是一个客观的存在，其存在着海量的技术特征，而被控侵权人作为证据提交的现有技术往往是一份书面文件，现有技术的技术特征是有限的，并不可能将被控侵权物的技术特征完全披露，如果简单地认为被控侵权人只有在其使用的技术完全为现有技术所披露的话，则现有技术抗辩也不具有实际的存在意义。因此，现有

---

[1] 节选自《中华人民共和国专利法》（2008年修正）第六十二条。

专利侵权诉讼中的现有技术抗辩

技术抗辩中如何进行技术对比在实践中也是一个具有较强操作性的问题。《最高人民法院关于审理侵犯专利权纠纷案件应用法律若干问题的解释》（2009年12月21日最高人民法院审判委员会第1480次会议通过，法释[2009]21号）第十四条规定"被诉落入专利权保护范围的全部技术特征，与一项相应技术方案中的相应技术特征相同或者无实质性差异的，人民法院应当认定被控侵权人实施的技术属于《专利法》第六十二条规定的现有技术"。这就为如何进行现有技术抗辩的技术对比工作确定了操作规范，举例说明：专利权保护范围包括A、B、C、D、E五个必要技术特征，被控侵权物中有五个具体的技术特征a、b、c、d、e与其相对应，当a、b、c、d、e这五个具体技术特征在一项现有技术所包含的技术方案中能够找到相对应的相同或者无实质性差异的技术特征，现有技术抗辩即成立。值得注意的是，现有技术抗辩成立并不需要被控侵权物中任何技术特征都存在于现有技术中，而是被指控侵犯专利权的技术特征都存在于现有技术中，也就是说，被控侵权物可能使用的并不完全是现有技术，例如其还具有技术特征f，该技术特征在现有技术中并未被披露，现有技术中也没有同时包含a、b、c、d、e、f六个技术特征的技术方案，简而言之，被控侵权物使用包含现有技术的其他技术并不妨碍其现有技术抗辩成立，只需要其被控侵权的技术特征能够在现有技术中找到相应的技术特征即可。

现有技术抗辩的潜在逻辑是，涉案专利并不符合专利授权条件中的新颖性要求，如果进行专利无效宣告程序，则涉案专利必然应被宣告无效，鉴于专利无效宣告程序消耗时间成本和经济成本较大，为提高司法效率，避免制度成本过高，故在实践中发展了现有技术抗辩制度以克服上述弊端。现有技术抗辩的判断标准与专利审查中新颖性的判断标准较为一致，为了避免民事侵权程序与行政侵权程序的冲突，现有技术抗辩的判断标准应避免扩张到创造性的标准，即多个技术特征的组合层面，因为对于多个技术特征或者技术方案的组合之间是否构成技术启示，是一个较为专业也更为主观的判断，对相关领域的技术了解要求较高，民事法官在处理时难以胜任，如果处理不当则可能导致民事侵权程序中所做结论与行政确权程序所做结论出现冲突。如果现有技术抗辩的判断标准扩展到创造性成立与否的高度，则会出现以下情况：民事侵权程序中认定被控侵权物落入涉案专利的保护范围，但是被控侵权物使用的是多个技术方案的组合，法院认为该组合属于现有技术，故现有技术抗辩成立；而在行政确权程序中则认定该多个技术方案之间的组合缺乏技术启示，故不能破坏涉案专利的创造性，专利维持有效，这样就导致民事侵权程序与行政确权程序的冲突。而在这种冲突中，作为民事侵权诉讼的基础，行政确权程序应居于优先地位。为避免司法冲突的出现，故现有技术抗辩中现有技术的判断标准应严格限制到新颖性标准的层面。

就判决书中应用现有技术抗辩的法律依据问题，在2008年《专利法》修订之前，相关的法律、法规并未规定现有技术抗辩，上述最高人民法院的司法解释和北京市高级人民法院的规范性文件并不适合直接作为判决引用的依据，故法院在引用法条时采用"正条反引"的方式，引用原《专利法》第五十六条第一款。现在则不存在这个问题，直接在判决中引用《专利法》第六十二条的规定即可。

四、现有技术抗辩中需要注意的问题

（一）现有技术抗辩中参照适用新颖性标准与抵触申请的排除

如上所述，现有技术抗辩中对现有技术的界定参照专利授权标准中新颖性标准，但是值得注意的是抵触申请能够破坏新颖性，但是不能界定到现有技术范围。抵触申请为任何单位或者个人就同样的发明或者实用新型在申请日之前向国务院专利行政部门提出的，并记载在申请日之后公布的专利申请文件或者公告的专利文件中的专利申请。如果涉案专利存在抵触申请，基于先申请原则，在后申请的涉案专利不符合先申请的条件，不应予以授权，如果已经授权则应被宣告无效。但是抵触申请在涉案专利申请日之前并未公开，其不构成现有技术，故不能以抵触申请为基础适用现有技术抗辩。

（二）单独对比原则

值得注意的是，现有技术抗辩，仅仅限于一项技术方案的使用，即单独对比原则，也就是说，其所述现有技术应是一项完整的技术方案，该技术方案并不需要完全是被控侵权物所使用的技术，而只需要包括被控侵权物被诉落入专利权保护范围的全部技术特征的相应技术特征。通常作为现有技术的一项技术方案记载于一份对比文件内，但不能认为一份对比文件中所记载的技术方案就是一项现有技术，一份对比文件中可能记载了多个完整的技术方案，每一个技术方案都记载了部分相应的技术特征，该篇对比文件记载了现有技术抗辩所需要的全部的相应的技术特征，但是现有技术抗辩所需要的全部的相应的技术特征并未记载于同一项技术方案中，在这种情况下，现有技术抗辩不能成立，只有其中记载的某一个完整的技术方案记载了现有技术抗辩所需要的全部的相应的技术特征，现有技术抗辩才能成立。作为现有技术的一项技术方案也可能记载于多份对比文件，例如有的期刊分期连载，但其内容总体却是一项技术方案，这种情况下可以以多份对比文件结合作为现有技术抗辩的依据。另外一种情况是，作为现有技术的一项技术方案并未记载于文件中，可能直接以物（包括实际的产品或具体的方法）的形式存在，这时应该以一物作为一项技术方案进行现有技术抗辩，不能以一物结合另一物或者另一对比文件共同进行现有技术抗辩。两项或者多项技术方案共同使用,即使满足技术启示的要求,能够使涉案专利无效,但是多项技术方案的组合本身已经超出了现有技术的范围,不能够作为现有技术抗辩的依据。

(三)上位概念与下位概念问题

在现有技术抗辩对比中,存在下位概念与上位概念的问题,当涉案专利使用了上位概念,如"传送装置",被控侵权物使用了"传送车"这一具体技术特征,现有技术相对应技术特征中使用了"传送带"这一下位概念,"传送车"这一技术特征足以破坏涉案专利中"传送装置"这一技术特征的新颖性,尽管"传动车"与"传动带"并不相同,但是"传送车"与"传送带"之间从本领域技术人员角度出发是可以认定为"无实质性差异"的,故公知技术抗辩能够成立。一般来讲,当现有技术中的相应技术特征能够落入涉案专利的保护范围时,被控侵权物的被诉技术特征落入现有技术的相应技术特征的范围,可以认定被诉技术特征与现有技术的相应技术特征相同或者无实质性差异;当现有技术中的相应技术特征的范围比涉案专利的必要技术特征大,被控侵权物的被诉技术特征落入现有技术的相应技术特征的范围,则不应轻易认定为现有技术抗辩成立。

(四)多项现有技术抗辩的对比问题

本案中原告引用了一项独立权利要求和三项从属权利要求为权利依据,法院在判决中不仅把独立权利要求和对比文件进行了对比,同时还将从属权利要求和对比文件进行了对比,其理由在于,专利权人获得了专利授权,独立权利要求表示了其最大的保护范围,其从属权利要求则在该最大保护范围之内界定的较小的保护范围,其当然也应受到专利法的保护,专利权人也有权选择单独使用独立权利要求作为权利依据,也有权选择从属权利要求作为权利依据,还有权选择同时使用独立权利要求和从属权利要求作为权利依据。

专利侵权诉讼中的现有技术抗辩

从理论上讲，当专利的独立权利要求被新发现的在先技术破坏了其新颖性，那么其相应的从属权利要求是否符合专利授权标准颇值得质疑，应该由专利授权机构重新根据新发现的现有技术判断其是否符合专利授权标准，但是目前在专利无效程序中，当申请人只针对专利的独立权利要求申请宣告无效且成立时，其原从属权利要求自动上升为独立权利要求，专利继续有效。因此，在被告据以抗辩的技术已经破坏了专利权人的独立权利要求的情况下，当专利权人以从属权利要求为权利依据时，仍然被允许，被控侵权人也可以继续提出现有技术抗辩，法院仍需继续比对以判断现有技术抗辩是否成立。

（撰稿人：韩羽枫）

15. 在先专利说明书公开的非专利技术方案构成现有技术

——徐炎、北京东方京宁建材科技有限公司诉北京锐创伟业房地产开发有限公司、北京锐创伟业科技发展有限公司等侵犯实用新型专利权纠纷案

案件索引：北京市第二中级人民法院（2008）二中民初字第120号，2008年6月20日判决；北京市高级人民法院（2008）高民终字第1165号，2008年11月20日判决。

基本案情

徐炎是"一种带硬质加强层的轻质发泡材料填充件"实用新型专利的权利人，专利申请日是2004年7月16日，授权日是2005年8月10日，专利号ZL200420077923.9。2007年7月15日，徐炎许可东方京宁公司以普通实施许可方式使用本专利技术，合同有效期为7年。北京锐创伟业房地产开发有限公司、北京锐创伟业科技发展有限公司在其建设的"中关村电子城西区（望京科技创业园）E6/E7地块研发中心"工程的LPM空心楼盖项目的施工中，使用了由北京睿达华通化工材料技术有限责任公司（以下简称"睿达华通公

在先专利说明书公开的非专利技术方案构成现有技术

司")制造、销售的"PCM内膜"。东方京宁公司与徐炎指控该"PCM内膜"侵犯其专利权,向北京市第二中级人民法院起诉。睿达华通公司答辩称涉案专利不具备创造性,不应当受到法律保护。

北京市第二中级人民法院一审查明,涉案专利权利要求1记载的内容为:"一种带硬质加强层的轻质发泡材料填充件,包括一个本体,其特征在于本体四周具有一个密封层,密封层与本体之间具有加强层。"被控侵权的"PCM内膜"的全部必要技术特征包括:a.轻质发泡材料即本体;b.本体四周缠绕有胶带;c.胶带与本体之间是水泥浆和网格状纤维布的组合体。睿达华通公司提供的名称为"具有多种截面形状用于混凝土中的轻质多孔材料填充体"实用新型专利(以下简称"对比文件1")的申请日为2002年12月24日,授权公告日为2004年2月25日,专利号02293406.5。该对比文件记载的全部必要技术特征包括轻质多孔材料即本体(以下简称"A特征")和隔离层(以下简称"B特征"),B特征体现为:构成隔离层的隔离材料包括塑料胶带,并缠绕在本体外壁,同时还包括把水泥浆与纤维布、塑料胶带组合使用的形式。

北京市第二中级人民法院认为,本案的焦点问题是被控侵权产品使用的技术是否属于公知技术。根据专利侵权判断原则,如果被告能够证明被控侵权产品与一项公知技术相同或者等同,则被告的行为不构成侵权。在具体运用上述抗辩原则时,只需要对被控侵权产品与公知技术是否构成相同或者等同作出判断。本案中,被告睿达华通公司提供的对比文件1的公开日早于本专利的申请日,该证据构成可进行对比的公知技术文件。该对比文件记载的A特征与被控侵权产品的a特征相同,B特征与被控侵权产品的b、c特征等同。因此,本案被控侵权产品属于公知技术,被告睿达华通公司制造、销售该产品的行为不构成对涉案实用新型专利权的侵犯。遂判决驳回北京东方京宁建材科技有限公司和徐炎的诉讼请求。

东方京宁公司不服一审判决，向北京市高级人民法院提出上诉，请求撤销原审判决并支持其诉讼请求。

北京市高级人民法院二审查明，对比文件1记载了两种技术方案：一是其权利要求1记载的专利技术方案（以下简称"A技术方案"），二是对比文件1的说明书在说明权利要求1记载的A技术方案的同时记载的B技术方案，其技术特征为：a.本体即轻质多孔材料；b.由灰浆类材料（如水泥浆）、纤维类（如纤维布）、胶带类（如塑料胶带）或其组合共同构成的隔离层。上述A、B两种技术方案的差异在于A技术方案必须包括加强层这一必要技术特征，而B技术方案则可省略加强层这一技术特征。关于本案的其他事实，二审查明的情况与一审相同。

判决与理由

北京市高级人民法院经审理认为，在侵犯实用新型专利权诉讼中，当被控侵权人主张现有技术抗辩时，既可在先判定被控侵权技术与专利技术相同或等同的基础上进一步判定被控侵权技术是否属于现有技术，也可先行判定被控侵权技术是否属于现有技术。被控侵权技术属于现有技术是指被控侵权技术使用的技术与现有技术相同或等同。只要判定被控侵权技术使用的是现有技术，就可判定侵权不成立，而无需进一步判定被控侵权技术与专利技术是否构成相同或等同。根据《专利法》第五十六条第一款规定，本案中B技术方案只是对比文件1记载的专利技术方案在获得专利保护的同时贡献给社会的技术方案，两种方案都属于本专利的现有技术。将被控侵权物的技术方案与对比文件1所记载的技术方案比较，其技术特

在先专利说明书公开的非专利技术方案构成现有技术

征与 A 技术方案既不相同亦不等同,但其 a 特征与 B 技术方案的 a 特征是相同的,其 b 特征与 c 特征共同构成 B 技术方案所揭示的隔离层。因此,可以判定被控侵权物使用的技术方案系现有技术。实用新型专利权的保护范围以其权利要求的内容为准,说明书及附图可以用于解释权利要求,但不能将说明书记载的内容直接搬进权利要求,否则将影响对专利权保护范围的准确界定。原审法院将对比文件 1 说明书中记载的 B 技术方案中有关加强层是可以被取消的记载,认定为对比文件 1 的全部必要技术特征是不恰当的。但其关于对比文件 1 的说明书所揭示的 B 技术方案属本专利现有技术,且被控侵权物系使用现有技术的 B 技术方案的判定结果是正确,故二审法院在纠正原审判决相关错误的同时,对其判决结果予以维持。

评 析

本案的关键是审查被告主张的现有技术抗辩是否成立。在侵犯实用新型专利权诉讼中,当被告主张现有技术抗辩时,首先应从证据的角度审查被告主张的现有技术是否构成原告专利的现有技术。当确认被告所主张的现有技术相对于原告专利权确实构成法律意义上的现有技术后,可以先行审查被控侵权物是否落入原告专利权的保护范围,当被控侵权物未落入原告专利权的保护范围时,可直接判定侵权不成立;当被控侵权物落入原告专利权的保护范围后,应进一步审查被控侵权物是否属于现有技术,当被控侵权物属于现有技术时,应当判定侵权不成立;即只有被控侵权物既不属于现有技术又落入原告专利的保护范围时,才能判定侵权成立。另一种更为简便的方法是,当被告主张现有技术抗辩时,先行审查被控侵权物是否属于现有技术的范围，当被控侵权物属于现有技术时，无需审查被控侵权物是否落入原告专利的保护范围，即可判定侵权不成立，本案即采用的这种侵权判定方法；在被控侵权物不属于现有技术时，应进一步审查被控侵权物是否落入了原告专利权的保护范围。但需要注意的是，当被告主张的现有技术是在先专利时，应准确把握现有技术的范围，切不可仅将在先专利的权利要求所披露的技术方案作为现有技术，更不可仅将在先专利的独立权利要求所披露的技术方案作为现有技术。事实上，包括权利要求书、说明书及其附图、实施例在内的该在先专利的法律文件所披露的全部技术方案，甚至该在先专利在申请及无效审查过程中所披露的技术方案，都可以构成原告专利的现有技术。

一、现有技术及现有技术抗辩的判定

现有技术又称公知技术，是指处于公共领域的技术。因此，现有技术必须是公开的技术。这里所谓的"公开"是指该技术已经进入了公共领域，任何人都可以接触到该技术。根据2000年7月施行的《中华人民共和国专利法》第十一条的规定，只要不是出于生产经营的目的，任何人都可以实施的技术就是公开的技术。因此，对于尚未公开的技术，例如仍处于保密状态的技术，无论该技术产生于多少年前，都不能视为现有技术。在专利法中，现有技术是相对于具体的某一个专利技术而言的，它是决定某一专利申请是否具有新颖性和创造性以及是否应获得授权的重要因素。一般说来，如果某一发明或者实用新型专利申请技术不同于现有技术中的任何一项技术，则该申请就具有新颖性；如果某一发明或者实用新型专利申请技术不同于现有技术的简单组合，或者说并非该技术领域的普通技术人员不用付出创造性劳动就可以从现有技术中得出该专利申请技术的，则应认定该专利申请具有创造性。可见，现有技术与专利

在先专利说明书公开的非专利技术方案构成现有技术

技术是相对而言的，一方面不同的专利具有不同的现有技术，另一方面相对于不同的专利技术，其现有技术的范围是不同的。

正因为现有技术是相对于某一具体的专利技术而言的，故确定现有技术的时间标准具有重要意义。通常是相对于某一专利技术的某个时间点来确定其现有技术的，而专利技术往往具有多个时间点，如该专利技术的研发开始日、完成日、专利申请日、专利授权日、专利技术的实际实施日等。2000年7月施行的《中华人民共和国专利法》第二十二条第三款规定："新颖性，是指在申请日以前没有同样的发明或者实用新型在国内外出版物上公开发表过、在国内公开使用过或者以其他方式为公众所知，也没有同样的发明或者实用新型由他人向国务院专利行政部门提出过申请并且记载在申请日以后公布的专利申请文件中。创造性，是指同申请日以前已有的技术相比，该发明有突出的实质性特点和显著的进步，该实用新型有实质性特点和进步。"这里就明确了在专利授权审查过程是以专利申请日为基准来判断现有技术的，即在专利申请日之前的所有在先为公众所知的技术都是现有技术。

现有技术可以分为自由现有技术和非自由现有技术。所谓自由现有技术是指现有技术领域中任何人都可以使用的技术，而非自由现有技术是指现有技术中虽然公开但并不是任何人都可以随意使用的技术。如已经过了专利权保护期的技术通常就是自由现有技术，任何人都可以使用，而尚处在专利保护期内的技术虽然已经公开，但并不是任何人都可以自由使用，实施他人专利技术尚需取得专利权人的许可，故尚在专利保护期内的现有技术就属于非自由现有技术。区分自由现有技术与非自由现有技术的主要标准是看该技术是不是任何人都能随意使用，即对该技术的使用是否会受到一定限制。专利法领域中的自由现有技术与非自由现有技术的一个重要的区分标准就是任何人在实施该技术时是否需要获得该技术的权利人或持有人的授权。如果任何人无需获得授权就可以使用的技术就属于自由现有技术，需要获得权利人、持有人或其他利害关系人的授权才能实施的技术一般就不属于自由现有技术。

需要注意的是，2000年7月施行的《中华人民共和国专利法》仅规定了专利授权审查过程中的现有技术，而未规定侵权诉讼中的现有技术，这主要是因为我国专利法并未规定现有技术的抗辩原则。但现有技术抗辩已经成为我国司法实践中的侵权抗辩的一项主要原则，而对于侵权诉讼中的现有技术与授权审查中的现有技术是不是同一概念，目前尚存在不同的认识和观点。在我国长期以来的专利司法实践中，侵权诉讼中的现有技术与授权审查中的现有技术是两个既有区别又有联系的概念。从联系上讲，两者都是专利法中的概念，都是相对于特定专利技术而言的，都会对专利申请人或专利权人及利害关系人的利益产生某种影响，如在专利授权审查过程中现有技术的范围直接决定申请人能否获得授权，而在专利侵权诉讼中现有技术的范围也决定着专利权人的侵权诉讼主张能否成立。从区别上讲，一般说来专利侵权诉讼中的现有技术的范围大于授权过程中现有技术的概念，这主要是因为两者时间基准不同。在专利授权审查过程中现有技术是以专利申请日来确定，而在专利侵权诉讼中现有技术可能不以专利申请日来确定，由此导致专利侵权诉讼中现有技术的范围可能比专利授权审查过程中的现有技术的范围大。需要特别指出的是，2008年第三次修订的《中华人民共和国专利法》第二十二条第五款明确规定现有技术是指申请日（有优先权日的指优先权日）前的技术，故目前的专利司法实践中，无论是专利权无效审查诉讼还是侵犯专利权诉讼，均已将现有技术的范围统一到了2008年第三次修订的《中华人民共和国专利法》的上述规定中。

在先专利说明书公开的非专利技术方案构成现有技术

根据我国专利法的规定，专利技术必须具有新颖性和创造性，专利技术的新颖性和创造性恰恰是相对于现有技术而言的。现有技术具有公共性，原则上任何人都可以使用，即使是非自由现有技术，其权利人没有恰当理由不许可他人实施的，他人可能以反垄断法、反不正当竞争法及专利法中的强制许可制度为依据取得实施权。因此，专利权人不能就现有技术申请专利，更不能就现有技术主张垄断权利。但是，我国专利法虽然规定了专利申请技术应当具有新颖性和创造性，但即使是经过实质审查后授权的发明专利，也可能出现该专利技术因不当侵占现有技术而被请求宣告无效的情况。对于未经过实质审查就授权的实用新型专利来说，更可能出现将现有技术申请专利并获得授权的情况。当出现这种情况时，任何人都可依法请求宣告该专利权无效。但对于社会公众来说，是否请求宣告专利权无效只是其一种选择，实施现有技术的任何人并无法定义务去请求宣告某一专利权无效。因此，当专利权人主张他人侵犯了其专利技术，而被控侵权人认为其实施的系现有技术从而未侵犯原告专利权的，被控侵权人的主张就是现有技术抗辩。简单地说，现有技术抗辩就是被控侵权人以其系实施现有技术为由对抗专利权人的侵权主张，人民法院经审查确认被控侵权人实施的系现有技术的，应当判定侵权不成立。

二、处于被控侵权物、专利技术之间的现有技术抗辩

（一）当被控侵权物与专利技术、现有技术相同时的现有技术抗辩

当被控侵权物与专利技术、现有技术均相同，表明三者是同一技术，此时被告能否主张现有技术抗辩有不同的观点。有的认为既然被控侵权物与现有技术完全相同，则应当允许被告提出现有技术抗辩。"在专利侵权诉讼中，当被控侵权人举出确凿证据，证明其所

实施的技术属于自由公知技术时,无论是法院还是专利行政部门都可以直接认定被控侵权人实施该技术的行为不构成侵犯专利权的行为,无须等待宣告专利权无效的审查和审理结果。"[1]有的认为既然被控侵权物与专利技术、现有技术均相同,则被告不能主张现有技术抗辩,而应依法请求宣告原告专利权无效,并在原告专利权被依法宣告无效后,由人民法院作出驳回专利权人诉讼请求的判决。[2]

我们认为,虽然在被控侵权物与专利技术、现有技术均相同时被控侵权物也完全落入了专利技术的范围,但此时不宜强求被告去请求宣告原告专利权无效,而应允许被告提出现有技术抗辩,并据此依法驳回原告诉讼请求。首先,是否请求宣告专利权无效并不是被告的法定义务,侵权诉讼的法院无权强制被告提出宣告原告专利权无效的请求。其次,如果一律要求被告发动行政程序宣告原告专利权无效,则侵权诉讼不得不中止审理,其诉讼效率过于低下。再次,侵权诉讼的受理法院虽然认为原告专利权应被宣告无效,但专利权无效宣告的行政程序及诉讼程序是一个复杂的过程,其结果取决于多种因素,如果原告专利最终维持有效,则被告不仅可能在侵权诉讼中败诉,其在专利权无效行政程序及诉讼程序中的大量支出必将血本无归,而法院并不承担被告的该支出,就没有理由强制被告去宣告原告专利权无效。因此,即使被控侵权物与专利技术、现有技术均相同时,也应许可被告提出现有技术抗辩。

(二)当被控侵权物与专利技术有差异但与现有技术相同时的现有技术抗辩

当被控侵权物与专利技术有差异时,如果这种差异不在等同技

---

[1] 尹新天:《专利权的保护》,知识产权出版社2005年第2版,第487页。
[2] 程永顺主编:《专利侵权判定实务》,法律出版社2002年版,第20页。

在先专利说明书公开的非专利技术方案构成现有技术

术特征的范围内,无论被告是否主张现有技术抗辩,人民法院都应判决侵权不成立,驳回专利权人的诉讼主张。当然,此时如果被告主张现有技术抗辩的,人民法院既可先审查被控侵权物是否落入原告专利权的保护范围,并在查明被控侵权物未落入原告专利权保护范围后直接判决侵权不成立,也可先将被控侵权物与现有技术进行比对,并在确信被控侵权物与现有技术完全相同时直接判决驳回原告诉讼请求,而无需再审查被控侵权物是否落入原告专利权的保护范围。

当被控侵权物与专利权技术有差异时,如果这种差异属于专利技术的等同技术特征的范围,即被控侵权物相同于现有技术而等同于专利技术的,被告提出现有技术抗辩,人民法院在查明被控侵权物与现有技术相同的事实后,是否继续审理被控侵权物与专利技术的关系并不重要,完全可以直接判决侵权不成立并驳回原告诉讼请求。

(三)当被控侵权物与专利技术相同但与现有技术有差异时的现有技术抗辩

虽然被控侵权物与现有技术有差异,但如果这种差异超出了现有技术的等同技术特征的范围,则被告主张的现有技术抗辩不能成立,人民法院在查明被控侵权物与原告专利技术相同时,应当认定被告的现有技术抗辩不能成立并判决侵权成立。但如果被控侵权物与现有技术的差异仍在现有技术的等同技术特征范围内,即使被控侵权物与专利技术相同,仍可认定被告的现有技术抗辩成立并判决被告不侵权。

(四)当被控侵权物与专利技术、现有技术均构成等同时的现有技术抗辩

当被控侵权物与专利技术、现有技术三者相互均构成等同时,

如果被告主张现有技术抗辩的,则该抗辩理由成立,应判决原告侵权主张不成立并驳回其诉讼请求。

当被控侵权物与专利技术、现有技术分别构成等同但现有技术与专利技术既不相同也不等同时,如果被告提出现有技术抗辩,则应判断被控侵权物是更接近于现有技术还是更接近于专利技术。如果是前者则应认定被告的抗辩成立并判决不侵权,如果是后者则应认定被告抗辩不成立并判决侵权成立。

三、本案现有技术的确定及现有技术抗辩的审查

现有技术是相对于特定专利而言的公知技术。在专利侵权诉讼中,被告主张现有技术抗辩的,该现有技术应当是相对于原告专利权而言的公知技术。在确定被告主张的现有技术是否构成相对于原告专利而言的公知技术时,一个重要的因素就是判断时间的确定,即相对于什么时间而言构成现有技术。从司法实践来看,确定现有技术的时间标准有原告专利的申请日、公开日、授权日及侵权日、起诉日之争,其中尤为突出的是原告专利的申请日及侵权日之争。所谓以原告专利的申请日确定现有技术,是指只有在原告专利申请日前公开的技术才可能构成其现有技术,在原告专利申请日及申请日以后公开的技术都不可能构成其现有技术。以侵权日确定现有技术,是指在侵权日前已经公开的技术都可以构成原告专利的现有技术,在侵权日以后公开的技术自然就不能构成原告专利的现有技术。显然,在上述确定现有技术的时间标准中,以原告专利申请日确定的现有技术的范围最窄。从我国司法实践来看,现有技术的确定通常采用的原告专利申请日作为时间点。

本案对比文件1所记载的在实用新型专利的申请日为2002年12月24日,授权公告日为2004年2月25日,而本专利的申请日为2004年7月16日,授权公告日为2005年8月10日,即使以本

在先专利说明书公开的非专利技术方案构成现有技术

专利的申请日为标准，对比文件1也构成本专利的现有技术。当然，判断某一技术是否构成原告专利的现有技术时，时间基准的确定只是简单地排除了不属于现有技术的技术，否认迟于该时间基准公开的技术方案属于现有技术并不意味着在该时间基准之前公开的技术都属于现有技术。事实上，判断某一技术是否属于现有技术，还应当从技术领域、所要解决的技术问题、技术方案和预期效果等方面进行综合判断。只有某一技术不仅在原告专利申请日前公开，而且其与现有技术在技术领域、所要解决的技术问题、技术方案和预期效果等方面实质上相同时，该技术才能构成原告专利的现有技术。本案中，对比文件1不仅在本专利申请日前就已经公开，而且两者所属技术领域相同，都属于建筑用的轻质多孔材料填充体；二者所要解决的技术问题相同，都是解决现有技术中的建筑板材的硬度和强度的问题；二者的技术方案相同，都提供了一种在建筑板材中安嵌轻质多孔材料填充体技术方案，而且都注意对该轻质多孔材料填充体的保护并增加其强度；二者的预期效果相同，都实现了增加建筑板材的硬度和强度并减轻其质量的预期效果；二者的用途相同，都是作为建筑材料应用于水泥墙板之中。综合以上因素，应当认定对比文件1构成原告专利的现有技术。

本案对比文件1的独立权利要求公开的技术方案与被控侵权物并不相同。对比文件1的独立权利要求公开的技术方案（即A技术方案）的必要技术特征至少应包括：A.轻质多孔材料；B.经涂刷或缠绕一层或数层由灰浆类材料（如水泥浆）、纤维类（如纤维布）……胶带类（如塑料胶带）其中一种或几种的组合构成的隔离材料形成的隔离层；C.在隔离层外周圈由螺旋筋或钢筋笼构成的加强层。如果仅将被控侵权物与上述A技术方案进行对比，二者显然是不同的，如A技术方案的加强层位于隔离层的外围，且该加强层系由螺旋筋或钢筋笼构成的，而被控侵权物并无这一结构特征。因此，对比文件1的独立权利要求公开的A技术方案与被控侵权物所使用的技术方案既不相同也不等同。

当被告以在先专利作为现有技术时，确定现有技术的范围不能仅限于该在先专利的独立权利要求所披露的技术方案，在先专利的说明书及其附图、实施例等法律文件所公开的技术方案都可构成现有技术。本案对比文件1的说明书除了说明权利要求1记载的A技术方案外，还揭示了不同于A技术方案的B技术方案，而上述A技术方案与B技术方案的差异在于A技术方案必须包括加强层这一必要技术特征，而B技术方案则可省略加强层这一技术特征。如何看待A技术方案和B技术方案的关系？我们认为，作为在先专利，A技术方案是对比文件1的独立权利要求所披露的技术方案，并且得到了说明书的支持，故A技术方案是该在先专利所保护的技术方案。B技术方案是A技术方案在获得专利权保护的同时公开的技术方案，由于在先专利的权利要求并未记载B技术方案，故B技术方案不属于在先专利所保护的专利技术方案，而应当视为A技术方案在获得专利保护的同时贡献给社会公众的一种技术方案。任何人都应当尊重在先专利所保护的A技术方案，同时任何人都可以自由利用B技术方案。而且，由于A技术方案和B技术方案都是对比文件1公开的技术方案，两者都构成本专利的现有技术。一审法院的错误就在于未认识到对比文件1的说明书在公开其独立权利要求所记载的A技术方案的同时，还披露了与A技术方案不同的B技术方案，从而错误地将B技术方案视同为A技术方案。

作为本案现有技术的对比文件1公开了两种技术方案，其中A技术方案与被控侵权物所使用的技术并不相同也不等同，如果仅以A技术方案来判定，被告主张的现有技术抗辩显然不能成立。但与

在先专利说明书公开的非专利技术方案构成现有技术

通常的现有技术抗辩不同的是，本案对比文件1的说明书除了公开了独立权利要求所记载的A技术方案外，还公开了与A技术方案不同的B技术方案。将被控侵权物与对比文件1所揭示的B技术方案进行比较：可以看到被控侵权物的a特征与B技术方案的A特征是相同的；被控侵权物b特征为本体四周缠绕有胶带，c特征为胶带与本体之一面之间是水泥浆和网格状纤维布的组合体，两者共同构成B技术方案所揭示的隔离层。显然，本领域的普通技术人员无需付出创造性劳动即可由对比文件1公开的B技术方案得出被控侵权物所使用的技术方案。因此，被控侵权物使用的是现有技术。原审法院虽然未能准确判定对比文件1的独立权利要求所记载的A技术方案的必要技术特征，并错误地将B技术方案作为其专利技术方案，但其正确地判定了对比文件1的说明书所揭示的同属本专利现有技术的B技术方案，且其有关被控侵权物系使用同为现有技术的B技术方案的判定结果正确。正是在这一基础上，二审法院在纠正原审判决相关错误的同时，对其判决结果予以维持。

四、现有技术抗辩中的几个问题

（一）现有技术抗辩是否必须以被控侵权物落入专利权的保护范围为其适用前提

在司法实践中，有种观点认为现有技术抗辩是侵权抗辩的一种事由，应以被控侵权物落入原告专利权的保护范围为前提，因此如果被告主张现有技术抗辩，则应先审查被控侵权物是否落入了原告专利权的保护范围。[1]如果被控侵权物未落入原告专利权的保护范围，则无需审查被告的现有技术抗辩即可直接判决驳回原告的侵权主张。只有在被控侵权物落入了原告专利权的保护范围后，才能进一步审

---

[1] 参见程永顺主编：《专利侵权判定实务》，法律出版社2002年版，第61页。

查被告的现有技术抗辩主张是否成立,而不能在未查明被控侵权物是否落入原告专利权的保护范围基础上直接审查被告现有技术抗辩理由是否成立。

我们认为这种观点是不恰当的,在被告提出现有技术抗辩后,是先审查被控侵权物是否落入原告专利权的保护范围还是先审查被告的现有技术抗辩理由是否成立并不必然遵守某种先后顺序,如果要求现有技术抗辩必须以被控侵权物落入原告专利权的保护范围为适用前提,是不符合诉讼效率的,尤其是在被控侵权物是否落入原告专利权的保护范围较难判定但现有技术抗辩却容易判定时,如果要求现有技术抗辩的适用必须以被控侵权物落入原告专利权的保护范围为前提,必然大量增加人民法院的无效劳动。实际上,是先审查被控侵权物是否落入原告专利权的保护范围还是先审查被告的现有技术抗辩理由是否成立应由法院自主决定,如果被控侵权物与现有技术完全相同且易于查明时,人民法院可以直接判决被告有关现有技术抗辩的理由成立,同时驳回原告的侵权诉讼主张。

(二)现有技术抗辩是否必须以当事人主张为前提

现有技术抗辩是否必须以当事人主张为前提?这一问题也可以有另一种提法,即在当事人未主张现有技术抗辩时,人民法院能否以被控侵权物与现有技术相同或等同为由判决侵权不成立并驳回原告诉讼请求?司法实践中对这一问题也有不同观点,有的认为既然现有技术抗辩是一种侵权抗辩,则只能由被控侵权人主张,当被控侵权人未主张现有技术抗辩时,人民法院不得主动适用现有技术抗辩来驳回原告的侵权主张。"公知技术抗辩是被控侵权人的一种抗辩手段,只有当被控侵权人提出适用公知技术抗辩的请求时,审理专利侵权纠纷的法院或专利行政部门才应当予以考虑。审理、处理专

在先专利说明书公开的非专利技术方案构成现有技术

利侵权纠纷的法院和专利行政部门没有主动进行检索和发掘公知技术的义务。"[1]而相反的做法却以探求客观真实和实质公平为目标,当人民法院已经查明被控侵权物与现有技术相同或等同时,无论被告是否主张了现有技术抗辩,都可直接适用该抗辩规则认定侵权不成立并驳回原告侵权诉讼请求。

我们认为,现有技术抗辩是一种诉讼对抗手段,是否主张现有技术抗辩应当是被控侵权行为人的权利。如果被告未主张现有技术抗辩,人民法院可以适当行使释明权。如果经人民法院释明后被告仍不主张现有技术抗辩的,则人民法院一般不得以被控侵权物与现有技术相同或等同为由判决侵权不成立。

(三)现有技术抗辩是否必须是单独对比抗辩

所谓现有技术抗辩中的单独对比抗辩,是指作为不侵权抗辩的现有技术只能是一项技术,而不是多项技术的组合。在司法实践中对于现有技术抗辩是否必须是单独对比抗辩有不同的观点,但主流观点和做法是,在审查现有技术抗辩是否成立时应当坚持单独对比抗辩原则,即作为对比的现有技术只能是一项技术,而不能是多项技术。"作为抗辩他人专利的公知技术,应当掌握一比一的原则,即用一项已有公知技术去比他人的一项专利技术,切忌将分散的公知技术加以综合或组合后去作为抗辩的公知技术。"[2]

我们认为,现有技术抗辩原则上应坚持单独对比的原则,也就是通常所说的新颖性对比方式。这主要是因为如果允许将多项现有技术组合起来,则很可能出现"事后诸葛亮"式的错误。事实上多项技术的组合本身就可能具有创造性,从多项技术的组合中推导出

---

[1] 尹新天:《专利权的保护》,知识产权出版社2005年第2版,第508页。
[2] 程永顺主编:《专利侵权判定实务》,法律出版社2002年版,第87页。

专利技术是否导致该专利丧失可专利性,这属于专利授权及无效审查的内容,超出了侵权诉讼的审理范围。因此,在适用现有技术抗辩时原则上应坚持单独对比的方法。

(撰稿人:刘晓军、丁文严)

16. 为药品注册审批目的使用专利方法不构成侵权

——（日本）三共株式会社、上海三共制药有限公司诉北京万生药业有限责任公司侵犯发明专利权纠纷案

案件索引：北京市第二中级人民法院（2006）二中民初字第4134号，2006年12月20日判决。

基本案情

三共株式会社是"用于治疗或预防高血压症的药物组合物的制备方法"发明专利的权利人，专利申请日是1992年2月21日，授权日是2003年9月24日，专利号ZL97126347.7。2006年1月10日，三共株式会社与上海三共制药有限公司（以下简称"三共制药公司"）签订专利实施许可合同，许可三共制药公司在中国以普通实施许可方式使用涉案专利技术，有效期自1999年12月8日至2009年12月7日。北京万生药业有限责任公司（以下简称"万生药业公司"）向国家药监局申请了"奥美沙坦酯片"新药注册及审批，该化学药品的结构式与涉案专利所涉及的产品结构式相同。三共株式会社与三共制药公司指控万生药业公司在申请新药注册和生产许可的

过程中生产了"奥美沙坦酯片",而将奥美沙坦与药用辅料混合制成片剂的行为落入涉案专利权的保护范围,因此被告侵犯了涉案发明专利权。万生药业公司答辩称该公司生产涉案药品"奥美沙坦酯片"的目的,是专门为了获得和提供该药品申请行政审批所需要的信息,并将该信息报送给国家药监局,以获得该药品的新药证书和生产批件,不构成侵权。

北京市第二中级人民法院一审查明,涉案专利权利要求1记载的内容为:一种制备用于治疗或预防高血压的药物组合物的方法,该方法包括将抗高血压剂与药物上的可接受的载体或稀释剂混合,其中抗高血压剂为至少一种如下所示的式(I)化合物或其可作药用的盐或酯,

其中:
R^1代表具有1至6个碳原子的烷基;
R^2和R^3相同或不同,且各自代表具有1至6个碳原子的烷基;
R^4代表:
　　氢原子;或

具有 1 至 6 个碳原子的烷基；

R^5 代表羧基、式 $COOR^{5a}$ 基团或式－$CONR^8R^9$，其中，R^8R^9 相同或不同并各自代表：

氢原子；

含有 1 至 6 个碳原子的未被取代的烷基；

含有 1 至 6 个碳原子的被取代的烷基，该烷基被羧基取代或被其烷基部分含有 1 至 6 个碳原子的烷氧羰基取代；或

R^8 和 R^9 一起代表含有 2 至 6 个碳原子的被取代的亚烷基，该亚烷基被一个其烷基部分含有 1 至 6 个碳原子的烷氧羰基取代；

以及其中的 R^{5a} 代表：

含有 1 至 6 个碳原子的烷基；

烷酰氧烷基，其中的烷酰基部分和烷基部分各自含有 1 至 6 个碳原子；

烷氧羰基氧烷基，其中的烷氧基部分和烷基部分各自含有 1 至 6 个碳原子；

（5－甲基－2－氧代－1,3－二氧杂环戊烯－4－基）甲基；或

2－苯并[c]呋喃酮基

R^6 代表氢原子；和

R^7 代表羧基或四唑－5－基。

万生药业公司向国家药监局申请了"奥美沙坦酯片"新药注册及审批，该化学药品的结构式与涉案专利所涉及的产品结构式相同。该药品的操作步骤为，将奥美沙坦酯、乳糖等混合均匀，加入制备好的黏合剂制软材，再加入其他成分混匀、压片。

判决与理由

北京市第二中级人民法院认为，本案的焦点问题是为药品注册审批目的使用专利方法是否构成侵犯专利权。万生药业公司向国家药监局报送的涉案药品操作步骤表明，万生药业公司使用的方法与涉案专利方法基本相同。三共株式会社和三共制药公司指控万生药业公司侵权的涉案药品"奥美沙坦酯片"尚处于药品注册审批阶段，虽然万生药业公司为实现进行临床试验和申请生产许可的目的使用涉案专利方法制造了涉案药品，但其制造行为是为了满足国家相关部门对于药品注册行政审批的需要，以检验其生产的涉案药品的安全性和有效性。鉴于万生药业公司的制造涉案药品的行为并非直接以销售为目的，不属于《中华人民共和国专利法》所规定的为生产经营目的实施专利的行为，故万生药业公司的涉案行为不构成对涉案专利权的侵犯。遂判决驳回三共株式会社和三共制药公司的诉讼请求。一审判决后，双方当事人均未提起上诉，判决已发生法律效力。

评 析

本案的争议焦点在于为药品注册审批目的使用专利方法是否构成侵犯专利权。一审法院在我国《专利法》对于"Bolar例外"无明确规定的情况下，结合专利法的立法精神对本案作出了正确的判决，认定为药品注册审批目的使用专利方法制造用于临床试验和上市审批的药品不构成侵权。

为药品注册审批目的使用专利方法不构成侵权

一、Bolar 例外的概念及其历史沿革

（一）概念

Bolar 例外（Bolar exception），又称为 Bolar 豁免（Bolar exemption），是指在专利法中对药品专利到期前他人未经专利权人的许可而进口、制造、使用专利药品进行试验，以获取药品管理部门所要求的数据等信息的行为视为不侵犯专利权的例外规定。

（二）历史沿革

Bolar 例外，源于 1983 年美国 Roche Products, Inc. v. Bolar Pharmaceutical Co., Inc.[①]侵犯药品专利权纠纷案。在该案中，Bolar 公司在原告的专利保护期届满前一年从加拿大购进专利药品并开始为仿制药品新药申请进行试验。一审法院认为，专利保护过期前禁止研发商用该专利药物进行试验等于延长了专利保护期，故在判决中首次提出"试验例外"原则，并以此判定被告 Bolar 公司的试验行为不构成侵犯专利权。虽然该案在二审予以改判，但客观上获得新药的上市许可需要很长时间，如果专利期届满后才开始仿制药品相关试验，专利权人实际上将获得超过专利保护期的排他权问题，引起了相关行业的广泛关注。

后来美国国会在 1984 年通过的《药品价格竞争与专利期限恢复法案》（即 Hatch-Waxman 法案）中，对美国专利法进行了修改，即在第二百七十一条中增加（e）款，规定如果单纯是为了依照有关法律规定获得并提供为制造、使用或者销售药品或者兽医用生物产品所要求的信息，则不构成侵犯专利权的行为。上述规定实质上是在美国专利法中增加了侵犯专利权的新的例外情况，由于该例外是

---

① See Roche Products, Inc. V. Bolar Pharmaceutical Co., Inc., 733 F.2d 858 (Fed. Cir. 1984).

由 Bolar 案所引发的，因而被称为 Bolar 例外条款。此后，美国法院对 Bolar 例外原则的适用范围采取了越来越宽泛的解释。美国最高法院 1990 年在 *Eli Lilly and Co. v. Medtronic, Inc.* 案中，明确 Bolar 例外除适用于药品外，也适用于医疗设备。[①]美国联邦巡回上诉法院（CAFC）2007 年在 *Amgen Inc. v. International Trade Commission* [②]案中，明确 Bolar 例外条款既可以适用于进口专利产品的行为，也可以适用于进口通过专利方法制造的药品的行为。

继美国之后，Bolar 例外在很多国家和地区通过立法或判例被广泛认可。德国 2000 年 10 月通过判例确认在专利期满前使用某专利药品进行试验获得信息，即使目的是为了取得上市批准数据的行为都属于试验使用例外不构成侵权。日本《专利法》第 69（1）条规定了试验例外，明确规定专利权的效力不应延伸到以试验和研究为目的的对专利的使用。1993 年，加拿大在《专利法》第 55.2（1）条规定了 Bolar 条款。此外，阿根廷、澳大利亚等国家也纷纷引入 Bolar 例外原则。[③]可见，Bolar 例外原则的制度价值已经为大多数国家所认可，且该原则符合 TRIPS 第三十条关于成员国可对专利所赋予的专有权规定有限的例外的规定，Bolar 例外与专利的正常利用不存在冲突，也不会不合理地损害专利权人的正当利益。英国知识产权委员会在 2002 年 9 月的《知识产权和发展政策的整合报告》中也提到大多数欧洲国家都规定就某项专利内容进行试验的行为（包括为了商业目的行为）不应该被认为是侵权行为，因此该报告建议发

---

① 尹新天：《专利权的保护》，知识产权出版社 2005 年版，第 226—227 页。
② 519 F. 3d 1343（Fed. Cir. 2008），转引自吴玉和、熊延峰："中美两国有关 Bolar 例外的理论与实践"，载《中国专利与商标》2008 年第 3 期，第 6—7 页。
③ 赵烽："中国的选择：药品专利权的'Bolar 例外'"，载《产业与科技论坛》2008 年第 6 期，第 97—98 页。

展中国家将 Bolar 例外原则引入到专利制度中,以帮助发展中国家早日进入制药业基因领域的竞争中,鼓励进一步的创新。[①]

(三) 我国有关 Bolar 例外的规定

我国于 2000 年 8 月 25 日修正的《专利法》中,未规定在药品注册审批阶段使用他人相关药品制备专利方法的行为不构成侵犯专利权,但在 2006 年 12 月送审的《中华人民共和国专利法(修订草案送审稿)》中对此作出了规定。其中第七十四条在基本保留于 2000 年 8 月 25 日修正的《专利法》第六十三条第一款相关规定的基础上,增加了第(五)项的规定,即专为获得和提供药品或者医疗器械的行政审批所需要的信息而制造、使用、进口专利药品或者专利医疗器械的,以及为其制造、进口并向其销售专利药品或者专利医疗器械的,不视为侵犯专利权。

2008 年 12 月 27 日,全国人民代表大会常务委员会通过了《关于修改〈中华人民共和国专利法〉的决定》。在修改后的《专利法》第六十九条"不视为侵犯专利权"的情形中,增加了第五款有关 Bolar 例外的规定,即"(五) 为提供行政审批所需要的信息,制造、使用、进口专利药品或者专利医疗器械的,以及专门为其制造、进口专利药品或者专利医疗器械的。"从上述法律规定可以看出,我国法律规定了有利于仿制药品企业注册审批药品的 Bolar 例外原则,但并未如美国 Hatch-Waxman 法案一样增加延长药品或医疗器械专利保护期限的规定。美国该法案中规定,为了补偿专利权人在专利保护期限开始时由于药品审批程序造成的时间消耗,对审批时间过长

---

① 参见 "Integrating Intellectual Property Rights and Development Policy",载英国知识产权委员会网站,http://www.iprcommission.org/graphic/English_Intro.htm,访问时间 2012 年 1 月 1 日。

的专利延长其保护期限，保护专利权人的合法利益，以与Bolar例外条款对于仿制药品企业的保护相平衡。

二、Bolar例外在本案的适用

本案的焦点是在药品注册审批阶段使用他人相关药品制备专利方法，是否属于我国《专利法》所规定的侵犯专利权的行为问题。本案审理期间，我国于2000年8月25日修正的《专利法》中并未规定Bolar例外的条款，因此，对于药品注册审批阶段使用他人相关药品制备专利方法的行为是否构成侵犯专利权，主要存在以下两种不同意见：

第一种意见认为，根据我国于2000年8月25日修正的《专利法》第十一条的规定，发明专利权被授予后，除本法另有规定的以外，任何单位或者个人未经专利权人许可，都不得实施其专利，即不得为生产经营目的制造、使用、许诺销售、销售、进口其专利产品，或者使用其专利方法以及使用、许诺销售、销售、进口依照该专利方法直接获得的产品。而相关例外规定主要是第六十三条第一款规定的几种情况，其中第（四）项规定，专为科学研究和实验而使用有关专利的不视为侵犯专利权。但在药品注册审批阶段使用他人相关药品制备专利方法的行为是具有一定的商业目的的，而非以科学研究和实验为目的，故该项规定对此无法适用，应认定构成侵犯专利权。

第二种意见认为，虽然我国于2000年8月25日修正的《专利法》未规定在药品注册审批阶段使用他人相关药品制备专利方法的行为不构成侵犯专利权，但对此问题应当根据我国《专利法》的立法精神进行处理。药品注册审批阶段使用他人相关药品制备专利方法的行为并非直接以销售为目的，不属于我国《专利法》所规定的为生产经营目的实施专利的行为，且涉案药品尚处于注册审批阶段，

为药品注册审批目的使用专利方法不构成侵权

根本无法上市从而影响专利权人的合法权利，未给专利权人带来经济利益损失。综合考虑现行立法规定，应认定不构成侵犯专利权。

笔者认为，对本案涉及的药品注册审批阶段使用他人相关药品制备专利方法的行为是否构成侵犯专利权问题，应当采纳第二种意见，理由如下：

第一，虽然我国于2000年8月25日修正的《专利法》未规定在药品注册审批阶段使用他人相关药品制备专利方法的行为不构成侵犯专利权，但在2006年12月送审的《中华人民共和国专利法（修订草案送审稿）》中对此作出了规定。该条规定实质上是引入了许多国家专利法规定的药品和医疗器械的试验例外（即Bolar例外），允许专为获得和提供药品或者医疗器械的行政审批所需的信息而以规定方式实施专利。

第二，虽然我国于2000年8月25日修正的《专利法》对药品试验例外没有作出明确规定，但专利法的立法目的是为了鼓励发明创造，有利于发明创造的推广应用，促进科学技术进步和创新，适应社会主义现代化建设的需要等。而药品试验例外的规定，实质上是与该立法精神相一致的，实现了保护公共健康的目的。据此，有的观点认为可以参考于2000年8月25日修正的《专利法》第六十三条第一款第（四）项的例外规定进行处理，药品注册审批阶段使用相关专利方法的行为属于为科学研究和实验目的而使用专利的行为，不应视为侵犯专利权。但本案被告的涉案行为显然并非以科学研究和实验为目的，因此在本案中不应适用该项规定。

第三，本案被告万生药业公司虽然为实现进行临床试验和申请生产许可的目的使用涉案专利方法制造了涉案药品，但其制造行为是为了满足国家相关部门对于药品注册行政审批的需要，以检验其生产的涉案药品的安全性和有效性。被告万生药业公司制造涉案药品的行为并非直接以销售为目的，不属于我国《专利法》第十一条所规定的为生产经营目的实施专利的行为，且涉案药品尚处于注册审批阶段，根本无法上市从而影响专利权人的合法权利，未给专利权人带来经济利益损失。因此，综合现行立法规定，被告的涉案行为并不构成侵犯专利权，法院依据于 2000 年 8 月 25 日修正的《专利法》第十一条的规定判决驳回两原告的诉讼请求。

（撰稿人：张晓津）

17. 侵犯专利权案件中制造、销售主体的确定

——（美国）摩托罗拉公司诉付莲华、北京中天神州通讯市场有限公司等侵犯外观设计专利权纠纷案

案件索引：北京市第一中级人民法院（2007）一中民初字第417号，2007年12月17日判决。

基本案情

原告摩托罗拉公司是专利号为00305222.2，名称为"无线通信装置"的外观设计专利（以下简称"本专利"）的专利权人，本专利的授权公告日为2001年1月17日。

2006年9月8日，原告在中电大和通讯市场2层A-29摊位的华利科技（北京）开发有限公司以400元的价格购买到WEIERWEI对讲机（型号为VEV-3188）一台，并取得了由被告北京中天神州通讯市场有限公司（以下简称"中天公司"）出具的销售发票，及由华利科技（北京）开发有限公司出具的收款收据。上述全部过程由中华人民共和国长安公证处进行了公证。在公证封存的被控侵权产品中有被告付莲华的名片。被告付莲华所经营的北京华利民通讯器材经营部的工商注册地址为北京市海淀区中关村大街49号中天神州

通讯市场 2 层 A-29，即被控侵权产品的购买地点。

在原告购买的被控侵权产品上标注有被告广州威而威电子科技有限公司（以下简称"威而威公司"）的企业名称及地址。被告威而威公司为证明其并非被控侵权产品的制造者向法院提交了如下两份证据：

1. "WEIERWEI" 牌 VEV-3188 对讲机宣传单。该宣传单上所显示的 "WEIERWEI" 牌 VEV-3188 对讲机与原告公证购买的被控侵权产品有所不同。

2. 泉州飞捷电子有限公司（甲方）与被告威而威公司（乙方）签订的 OEM 协议合同。该合同第一条规定：乙方授权委托甲方生产 "WEIERWEI" 牌 VEV-3188 对讲机。

被告中天公司原企业名称为北京中电大和通讯市场有限公司，为证明其行为仅是代开发票，其向法院提交了委托代征税款协议书及委托代征税款证书。

将被控侵权产品与本专利相比，在本专利的主视图、左视图、俯视图、仰视图及后视图的对应部分，被控侵权产品与本专利基本相同。在本专利右视图的对应部分，被控侵权产品的侧面耳机/话筒接口处形状设计与本专利有所不同。

2007 年 1 月 9 日，原告摩托罗拉公司以被告付莲华、中天公司、威而威公司侵犯其外观设计专利权为由，向北京市第一中级人民法院提起诉讼。

判决与理由

北京市第一中级人民法院经审理认为：首先，关于被控侵权产品是否侵犯了本专利权利的问题。被控侵权产品为无线对讲机，与

侵犯专利权案件中制造、销售主体的确定

本专利无线通信装置为同类产品，被控侵权产品与本专利授权公告的视图仅在侧面耳机/话筒接口处形状设计有所不同，但该不同不会带来显著的视觉差异，故被控侵权产品与本专利为相近似的外观设计。未经原告许可，制造及销售被控侵权产品的行为构成对本专利权的侵犯，行为人应承担相应的民事责任。其次，关于中天公司的行为。鉴于被告中天公司针对被控侵权产品出具了销售发票，故应当认定其实施了销售被控侵权产品的行为。第三，关于付莲华的行为。鉴于公证购买的被控侵权产品中有付莲华的名片且北京华利民通讯器材经营部的工商登记地址与销售被控侵权产品的地址相同，故在被告付莲华未提交反证的情况下，依现有证据可以认定付莲华实施了销售被控侵权产品的行为。第四，关于威而威公司的行为。鉴于公证购买的被控侵权产品上明确标有被告威而威公司的企业名称，且由其提交的OEM协议第一条规定可知"WEIERWEI"牌VEV-3188对讲机是由被告威而威公司委托泉州飞捷电子有限公司生产的，故在无相反证据的情况下，可以认定被告威而威公司为被控侵权产品的制造者。鉴于三被告均未提交证据证明其制造及销售行为已获得原告许可，故被告中天公司及付莲华销售被控侵权产品的行为、被告威而威公司制造及销售被控侵权产品的行为均构成对原告专利权的侵犯，应承担停止侵权的责任。

对于原告要求三被告销毁所有库存的被控侵权产品，被告威而威公司销毁所有用于制造销售被控侵权产品的图纸、专用设备、产品说明书、广告宣传材料等相关资料以及模具或其他工具，并消除影响的诉讼请求，鉴于通过停止侵权的民事责任已足以达到原告希望通过上述诉讼请求所达到的效果，从而使原告的专利权得到保障，故对原告的该项诉讼请求不予支持。对于原告要求被告威而威公司在新闻媒体上赔礼道歉的诉讼请求，鉴于专利权为财产权利，而非人身权利，

而赔礼道歉为侵犯人身权利行为所应承担的民事责任,故对原告的该项诉讼请求不予支持。对于原告要求被告威而威公司赔偿经济损失50万元人民币的诉讼请求,因原告并未提交充分证据证明其损失或被告威而威公司因生产销售侵权行为而获得的利益,同时亦未提交专利许可使用费的参照依据,故法院根据专利权的类别、侵权行为的性质及情节等因素对于赔偿数额予以酌定。鉴于原告已提交证据证明公证费3000元、翻译费7000元确实是为本案而支出的合理费用,故对原告请求被告赔偿诉讼合理支出的诉讼请求予以支持。

综上,北京市第一中级人民法院依照《中华人民共和国专利法》第十一条、第五十六条第一款、第六十条、第六十三条第二款,《最高人民法院关于审理专利纠纷案件适用法律问题的若干规定》第十七条、第二十一条、第二十二条之规定,判决:一、自判决生效之日起,被告付莲华、北京市中天神州通讯市场有限公司停止销售"WEIERWEI"牌VEV-3188对讲机;二、自判决生效之日起,被告广州市威而威电子科技有限公司停止制造、销售"WEIERWEI"牌VEV-3188对讲机;三、自判决生效之日起十五日内,被告广州市威而威电子科技有限公司赔偿原告摩托罗拉公司(MOTOROLA INC.)经济损失(含诉讼合理支出)共计人民币五万元;四、驳回原告摩托罗拉公司(MOTOROLA INC.)的其他诉讼请求。

当事人双方对一审判决均未提起上诉,判决已发生法律效力。

评 析

本案的主要争议焦点问题是被控侵权产品的制造和销售行为主体的确定,以及专利权人可以获得哪些司法救济。

侵犯专利权案件中制造、销售主体的确定

制造、销售行为主体，即侵权行为实施者的确定，是很多侵犯专利权案件中的难点问题。在司法实践当中，由于一个被控侵权产品最终面市要经过多个环节，如生产、批发、零售等等，要辗转于多个经营者之手，如零部件加工商、组装商、贴牌商、批发商、零售商等等，各经营者之间，各经营环节之间又往往涉及多份合同。因此，要在这盘根错节的经营链条中确定侵权行为的真正实施者并不是一件简单的事情。而且，由于不同类型的侵权行为可能面临的侵权责任并不相同，如2001年《专利法》第六十三条第二款规定，为生产经营目的使用或者销售不知道是未经专利权人的许可而制造并售出的专利产品或者依照专利方法直接获得的产品，能证明其产品合法来源的，不承担赔偿责任，而侵权产品的制造者则无一例外地要承担赔偿责任。因此，为了正确确定被告所需要承担的侵权责任，也需要对被告实施的到底是制造行为还是销售行为或者其他行为等作出准确地界定。

一、关于制造行为实施者的确定

目前在我们的司法实践当中，一般通过以下几种途径来确定被控侵权产品的制造者：首先，在被控侵权产品及其包装上标注注册商标、厂商名称、地址、联系方式等直接表明其为生产商、制造商的，应认定其为侵权产品的制造者。其次，除通过注册商标、厂商名称等信息确定制造者外，如有其他证据足以证明侵权产品系由其他厂家生产制造，则两者应认定为共同制造者并承担连带责任[①]。具体到本案而言，原告将威而威公司作为被控侵权产品的制造者起诉至法院的事实依据，是在原告通过公证程序购买的被控侵权产品上标注了威而威公司的企业名称及地址，这即是我们前述所提到的直接

---

① 参见张广良主编：《外观设计的司法保护》，法律出版社2008年版，第39页。

表明生产、制造商身份的标注方式。也就是说，原告已经就威而威公司是被控侵权产品的制造者这一事实提供了初步的证据。在这种情况下，举证责任即发生转移，即如果威而威公司否认被控侵权产品并非如产品上所标注的那样系由其制造，那么，威而威公司就要承担提供相反证据的责任。我们看到，威而威公司提供的反证包括一份声称为被控产品的宣传单及威而威公司与案外人泉州飞捷公司签订的 OEM 协议合同。我们先看宣传单，威而威公司认为，宣传单中的产品与原告公证购买的被控侵权产品有所不同，故不足以认定被控侵权产品由威而威公司制造。但是，威而威公司所提交的宣传单仅有一份，原告对这份证据的真实性提出了异议，也没有其他能够证明宣传单中的产品已经实际生产、销售的证据对宣传单的真实性予以佐证，所以，这份证据本身的真实性就是无法确定的，更不能起到对被控侵权产品上所标注的制造者身份予以否定的作用。再看 OEM 合同，OEM 是英文 Original Equipment Manufacture 的缩写，中文可以翻译成"原始设备制造商"，是指一家厂商根据另一家厂商的要求，为其生产产品和产品配件，亦称为定牌生产或者授权贴牌生产。在 OEM 生产方式中，承接加工任务的制造商被称为 OEM 厂商，其生产的产品就是我们通常所说的 OEM 产品[①]。本案中，被告威而威公司与案外人泉州飞捷公司就被控侵权产品所形成的实际上就是这种 OEM 合同关系，即威而威公司是 OEM 的委托方，泉州飞捷公司是 OEM 的承揽加工方。在我国改革开放初期的南方沿海地区，大量劳动密集型产业所依托的就是这种被称为定牌加工或者贴牌生产的 OEM 合同模式。OEM 合同在履行的过程中一旦出现侵犯他人专

[①] 参见刘楠："OEM 中的知识产权问题及应对"，载《电子知识产权》2003 年第 12 期。

利权的问题，由委托方还是承揽方承担侵权责任常常成为各方当事人争议的焦点。根据本案中OEM合同的内容，威而威公司的委托方身份是确定无疑的，关键是这种委托方的身份是否会为威而威公司带来直接的侵权责任，我们认为在本案中是没有问题的。因为本案中的OEM合同采取的是"代工生产"的方式，即OEM委托方提供产品设计和生产技术，而OEM厂商只负责具体的加工生产任务。所以，威而威公司不仅因在产品上的署名行为成为了形式上的制造商，更由于其实际上提供了产品设计和生产技术而成为了实质上的制造商。所以，其行为完全符合侵权行为的构成要件。当然，由于我国《专利法》意义上的"实施"包括所有为生产经营目的的制造和使用行为，无论是自产自销还是接受委托为别人进行OEM生产，都有可能构成"实施专利"的行为，根据案件中的具体情况，OEM厂商的行为也完全有构成侵权的可能性。

二、关于销售行为实施者的确定

谁是应当承担侵权责任的"销售者"同样是本案中各方当事人存在不同认识的一个问题，其主要原因在于被告中天公司和付莲华之间存在一个"代开发票"的关系。代开发票是市场经营活动中经常发生的一种经营方式或者管理模式，特别是在一些集中了大量个体工商户的大型批发或者零售市场中。从便于管理、强化责任等多角度出发，税务部门通常会授权市场经营者统一为市场中的个体工商户开具发票，其法律依据是《中华人民共和国税收征收管理法》第三十条关于代收代扣税款的规定，即市场管理者通过代开发票的行为履行代扣、代缴税款的义务，国家税务机关在市场管理者完成代收、代缴工作后，向其支付一定的手续费。但是，不能因为市场经营者与税务部门形成了这种代征税款及代开发票的关系就使之因此而免除了其所开发票指向商品的可能的侵权责任。这不仅是因为代开发票的市场管理者在发票上通过加盖印章的方式直接表明了身份，而且，市场管理者也会因代开发票的行为而获得一定的收益[①]，根据权利与义务对等的法律精神，其当然负有监督个体工商户规范经营的法律责任，在个体工商户实施了侵权行为时，其亦不能免除相应的法律责任。由此可见，法院在本案中认定付莲华和北京中天公司均是被控侵权产品销售者的做法是正确的。

三、关于侵犯专利权行为的救济问题

专利侵权救济，是专利权人因其专利权受到他人损害所能够获得的法律上的救济。侵权行为成立后，专利权人什么样的诉讼请求能够得到法院的支持是实践当中很多权利人尤为关注的问题，因为这直接关系到专利权人的利益在多大程度上能够得到保护。原告在本案中针对三个被告所提出的诉讼请求主要有几种类型：停止侵权，赔偿损失，赔礼道歉，销毁库存产品及生产、宣传资料等。实践当中，对专利侵权行为的救济主要包括损害赔偿、停止侵权（禁令）、刑罚、诉讼费用等。本案中，停止侵权和赔偿损失的法律责任的承担是不存疑问的，值得讨论的是原告赔礼道歉及销毁库存及其他资料的诉讼请求应否得到支持。第一，关于赔礼道歉。我们知道，赔礼道歉是一项针对精神权利所受到的损害而产生的救济措施。专利权与著作权不同，它不包含如发表权、署名权等具有强烈人身性质的权利内容，而是一项财产性权利，因此，赔礼道歉这项诉讼请求在侵犯专利权、侵犯商标权的案件当中都不能够得到法院的支持。第二，关于销毁库存。我国《民法通则》第一百一十八条规定，公民、法人的著作权、专利权、商标专用权、发现权、发明权和其他科技成

[①] 根据《中华人民共和国税收征收管理法》第三十条第三款的规定，税务机关按照规定付给扣缴义务人代扣、代收手续费。

侵犯专利权案件中制造、销售主体的确定

果权受到剽窃、篡改、假冒等侵害的,有权要求停止侵害、消除影响、赔偿损失。上述救济措施的给予,应当以给予权利人充分、必要的救济为目的。本案中,原告所提出的销毁库存产品及生产、宣传资料的诉讼请求的目的,实际上也是为了实现使被告停止侵权产品的生产、销售的目的,由于原告已经同时提出了停止侵权的诉讼请求,而该诉讼请求也已经得到了判决的支持,如果再行对其销毁库存的诉讼请求予以支持,一是没有明确的法律依据,二是由于法院已经判决被告停止侵权行为,被告必然不能够再使用相关的设备、图纸或者其他资料再行生产侵权产品,也不能再对库存侵权产品进行销售,因此,判决销毁库存也并没有实际意义,法院对原告的上述诉讼请求没有支持的做法是正确的。

(撰稿人:佟 姝)

18. 故意制造销售专门用于专利产品的关键部件构成共同侵权

——深圳市捷顺科技实业股份有限公司诉浙江省东阳市冠科建筑智能工程有限公司等五被告侵犯外观设计专利权纠纷案

案件索引：江苏省南京市中级人民法院（2009）宁民三初字第326号，2009年9月2日判决；江苏省高级人民法院（2010）苏知民终字第0125号，2010年7月21日判决。

基本案情

深圳市捷顺科技实业股份有限公司（以下简称"捷顺公司"）系"停车场出入口控制机（2002P）"外观设计专利权人，专利申请日是2003年6月5日，授权日是2003年12月24日，专利号ZL03337278.0。2009年7月，其在南京市"长江路九号"楼盘发现侵犯其该专利权的P字形控制机。经查，该侵权产品由浙江省东阳市冠科建筑智能工程有限公司（以下简称"东阳公司"）和其南京分公司（以下简称"东阳分公司"）销售并进行安装，该侵权产品的P字形机箱是东阳公司向上海饶兴智能科技有限公司（以下简称"上

故意制造销售专门用于专利产品的关键部件构成共同侵权

海饶兴公司"),上海饶兴公司向深圳市饶兴智能科技有限公司(以下简称"深圳饶兴公司"),深圳饶兴公司向深圳市九鼎智能技术有限公司(以下简称"九鼎公司")所订购。捷顺公司认为东阳公司等五被告未经专利权人许可,为生产经营目的制造、销售捷顺公司的专利产品,共同侵犯了捷顺公司的专利权,向南京市中级人民法院起诉。东阳公司等被告答辩称:他们使用、销售的涉案产品系有合法来源,且不知道其系侵权产品;涉案产品的 P 字形外观系英文"停车"的开头字母,P 是众所周知且广泛使用的停车标志,其行为属于使用现有设计,不构成侵权。

南京市中级人民法院一审查明:东阳分公司在实施南京市"长江路九号"楼盘弱电工程建设项目中,应发包人要求,对停车场出入口进行改造。其总公司东阳公司遂向上海饶兴公司订购 2 台 P 字形票箱,上海饶兴公司随即向深圳饶兴公司订购该 2 台 P 字形票箱,深圳饶兴公司又转而向九鼎公司订购该 2 台 P 字形票箱。后东阳分公司利用订购的上述 2 台 P 字形票箱对停车场出入口控制机(包括入口和出口控制机各一台)进行了改装。

南京市中级人民法院认为,本案的焦点问题是五被告的行为是否构成侵犯外观设计专利权及应当承担何种法律责任。根据我国《专利法》的有关规定,外观设计专利权的保护范围以表示在图片或者照片中的该产品的外观设计为准。涉案被控侵权产品与涉案外观设计专利产品均系停车场出入口控制机,属于相同产品。根据二者的设计特征,二者只是在主视图显示屏、出卡口及出卡按钮等构造上存在细微差别,在其他视图上相同,在整体视觉效果上没有实质性差异,故被控侵权产品落入涉案外观设计专利权的保护范围。虽然英文字母"P"确是众所周知且广泛使用的停车标志,但其只是涉案外观设计专利的设计要素,作为字母或标志本身并不属于法律意义上的外观设计，各被告使用的并非是该字母或标志本身，故各被告关于其使用的是现有外观设计的抗辩理由不能成立。

依我国《专利法》规定，为生产经营目的使用或者销售不知道是未经专利权人许可而制造并售出的专利产品，能证明其产品合法来源的，不承担赔偿责任。这里的专利产品应当是指专利证书所表明的产品。本案中，就是以表示在授权公告图片或者照片中的"停车场出入口控制机"。作为停车场出入口控制机，不仅包括产品的外壳或机箱，还应当包括具有能实现相关控制功能的控制机构。各被告购得或制造的P字形票箱，并不具备控制功能，只是作为停车场出入口控制机的部件。虽然P字形票箱承载了停车场出入口控制机的全部外观设计，但不能认为该P字形票箱就是涉案专利所表明的专利产品。因此，各被告购买或制造销售的P字形票箱不属于专利产品。其抗辩理由不符合专利法规定的"合法来源"要件，为不必要。

东阳分公司为生产经营目的，利用东阳公司购得的P字形票箱用于改造"长江路九号"停车场出入口控制机，形成新的停车场出入口控制机，该控制机与涉案专利构成近似，属于制造和销售专利产品，其行为侵犯了捷顺公司涉案外观设计专利权，应当承担停止侵权、赔偿损失的民事责任。东阳分公司并非法人，不能够独立承担民事责任，该相应的民事责任由东阳公司与东阳分公司共同承担。

由于P字形票箱并非专利产品，东阳公司购买，上海饶兴公司、深圳饶兴公司购买并销售P字形票箱的行为，以及九鼎公司制造并销售P字形票箱的行为不侵犯捷顺公司外观设计专利权。捷顺公司不能证明九鼎公司、上海饶兴公司、深圳饶兴公司知道其制造或销售P字形票箱的行为系帮助东阳分公司实施侵权的共同行为，故捷顺公司关于上述被告共同侵权并承担连带责任的主张，没有事实与法律依据，不予支持。

故意制造销售专门用于专利产品的关键部件构成共同侵权

遂判决东阳公司、东阳分公司停止制造、销售涉案侵权产品，并赔偿捷顺公司经济损失及为制止侵权行为所支付的合理费用共计3万元，驳回捷顺公司的其他诉讼请求。

东阳公司不服一审判决，向江苏省高级人民法院提出上诉，请求撤销一审判决，依法改判驳回捷顺公司的全部诉讼请求。

江苏省高级人民法院二审查明的本案事实情况与一审相同。

判决与理由

江苏省高级人民法院认为，我国专利法所保护的外观设计是指工业产品的外观设计，即外观设计必须与其附着的特定产品相联系，其保护范围的确定不能脱离产品来考虑。就本案而言，涉案外观设计专利的名称已清晰地表明使用该外观设计的产品是"停车场出入口控制机"，即该外观设计要保护的是停车场出入口控制机产品的外观。虽然涉案外观设计专利的设计要点或者创新设计部分主要体现在出入口控制机的P字形票箱上，但是不能就此将该外观设计专利权的保护范围界定为单纯的P字形票箱。毕竟票箱只是出入口控制机的一个组成部件，不能将其等同于控制机产品本身。制造专利产品，不仅包括制造全新专利产品的行为，也包括将已有产品的零部件组装成专利产品的行为。东阳公司利用外购的票箱对原有的出入口控制机进行改装，形成与涉案外观设计专利相似的停车场出入口控制机，该行为同样属于制造专利产品，侵犯了捷顺公司涉案外观设计专利权。

我国《民法通则》规定，二人以上共同侵权造成他人损害的，应当承担连带责任；教唆、帮助他人实施侵权行为的人，为共同侵权人，应当承担连带民事责任。涉案外观设计专利保护的是票箱为P字形的停车场出入口控制机，仅仅生产、销售P字形票箱本身并不构成直接侵犯涉案外观设计专利权的行为，但是由于P字形票箱承载了涉案外观设计专利的核心创新部分，是涉案外观设计产品的整体外观部件；加之该票箱系九鼎公司根据东阳公司提出的具体订购要求而制造并销售的，九鼎公司作为P字形票箱的制造方和销售方，其应当明知合同相对方订购该P字形票箱就是用于停车场出入口控制机，事实上东阳分公司也确是利用该订购的P字形票箱改装了原有的停车场出入口控制机，故九鼎公司制造和销售P字形票箱的行为与东阳公司构成共同侵权，依法应当承担连带侵权赔偿责任。遂在维持原审判决关于东阳公司和东阳分公司承担停止侵权和赔偿损失的基础上，加判九鼎公司承担停止生产、销售用于停车场出入口控制机的P字形票箱行为以及与东阳公司、东阳分公司共同承担赔偿损失的民事责任。

评　析

本案涉及外观设计专利权保护范围的确定、外观设计专利产品制造销售行为的认定、合法来源抗辩的适用以及外观设计专利侵权诉讼中共同侵权行为的认定等诸多问题，具有一定的典型性。

一、关于外观设计专利权的保护范围

根据我国专利法和专利法实施细则的规定，我国外观设计专利保护的是工业产品的外观，即以产品为载体的外观设计，而非脱离产品的外观设计本身。这里所指的产品是指除了作为外观设计载体以外，还有其独立用途的各种制成品。因此，在确定外观设计专利权的保护范围时，应当同时考虑产品以及外观设计两个层面，而不能脱离产品只考虑外观设计本身。

就本案而言，由于涉案外观设计专利的产品名称为"停车场出入口控制机"，因此可以确定该外观设计专利要保护的应当是停车场出入口控制机的外观。由于外观设计专利权保护的对象是产品的外观，而涉案停车场出入口控制机的外观主要体现在P字形票箱上，故在案件审理中曾经就未经许可，单纯制造、销售P字形票箱的行为是否构成外观设计专利侵权存在争议。一种观点认为，既然外观设计专利保护的是产品的外观设计，而涉案外观设计专利产品的外观完全体现在P字形票箱上，因此只要制造、销售该P字形票箱即落入涉案专利保护范围。另一种观点则认为，确定外观设计专利权的保护范围不能脱离产品来考虑。既然涉案外观设计专利明确表明使用该外观设计的产品是停车场出入口控制机，而所谓停车场出入口控制机，不仅包括票箱，还应当包括机箱内部能够实现相关控制功能的设备等。因此仅仅制造、销售票箱本身不构成侵犯外观设计专利权。最终，一、二审法院采纳了后一种观点，认为尽管涉案外观设计专利权的设计要点主要体现在该出入口控制机的P字形票箱上，换言之，该控制机的P字形票箱承载了涉案外观设计专利产品的整体外观，但是P字形票箱本身只是停车场出入口控制机的一个组成部件，不等同于控制机产品。因此，不能将P字形票箱视为涉案外观设计专利产品，更不能因此将涉案外观设计专利权的保护范围界定为单纯的P字形票箱本身。最终，二审法院据此认定原告关于被告九鼎公司未经许可制造P字形票箱即侵犯其涉案外观设计专利的理由与法律规定相悖，不能成立。

二、关于合法来源抗辩的适用

《中华人民共和国专利法》（2000年8月25日修正）第六十三

条第二款规定:"为生产经营目的使用或者销售不知道是未经专利权人许可而制造并售出的专利产品或者依照专利方法直接获得的产品,能证明其产品合法来源的,不承担赔偿责任。"此条款是专利侵权诉讼中被告主张合法来源抗辩的主要法律依据。根据该条款规定,合法来源抗辩成立必须同时满足以下三个条件:一是主体必须是被控侵权专利产品的使用者或者销售者,即只有被控侵权产品的使用者或者销售者才有权主张该抗辩,对于侵权产品的制造商和进口商而言,其是无权主张合法来源抗辩的;二是使用者或者销售者主观上不知道也没有合理理由应当知道其使用或者销售的是未经专利权人许可而制造并售出的专利产品;三是使用者或者销售者能够提供产品的合法来源。同时应当注意的是,由于上述合法来源抗辩条款明确针对的是未经许可使用或者销售专利产品的行为,对于未经许可使用或者销售非专利产品的行为,则无适用的必要。本案中,由于P字形票箱不属于专利产品,而只是专利产品的组成部件,故作为P字形票箱的使用者、销售者的东阳分公司、东阳公司、深圳饶兴公司、上海饶兴公司等四被告主张合法来源抗辩因不符合法律规定的条件,其抗辩理由不能成立。

三、关于制造、销售外观设计专利产品的认定

《中华人民共和国专利法》(2000年8月25日修正)第十一条第二款规定,外观设计专利权被授予后,任何单位或者个人未经专利权人许可,都不得实施其专利,即不得为生产经营目的制造、销售、进口其外观设计专利产品。《中华人民共和国专利法》(2008年12月27日修正)增加了关于"对外观设计专利产品实施许诺销售的行为也构成侵权"的规定。无论是2000年修正的《专利法》还是2008年修正的《专利法》,均未将未经许可使用外观设计专利产品的行为视为侵权行为。换言之,外观设计专利权人依法只享有禁

故意制造销售专门用于专利产品的关键部件构成共同侵权

止他人未经许可制造、销售、许诺销售、进口其外观设计产品，而不享有禁止他人未经许可使用其专利产品的权限。因此，在涉及侵犯外观设计专利权纠纷案件中，准确界定被告的行为性质至关重要，因其直接关系到被告的行为是否构成外观设计专利侵权的认定以及其应当承担何种民事责任问题。

本案中，被告东阳公司坚持认为其利用购买的 P 字形票箱对原有的停车场出入口控制机进行票箱改造的行为不属于制造和销售停车场出入口控制机的行为。对此，一、二审法院的观点是一致的，即认为被告东阳公司的改装行为属于制造和销售外观设计专利产品的行为。理由是：

所谓制造专利产品，一般是指通过机械或者手工方式作出具有权利要求所记载的全部必要技术特征的产品[1]，或者作出与授权外观设计专利相同或者近似外观的产品的行为。不论用什么方法，完成了一件完整的专利产品，并能正常运转，产生预期的效果，就是制造专利产品[2]。根据该定义，制造全新的专利产品的行为固然属于制造专利产品，而外购零部件并将其组装成完整的专利产品的行为同样属于制造专利产品的行为。关于这一点，无论是理论界还是司法实务界应当说已基本形成共识。本案就属于后一种情形。尽管涉案 P 字形票箱不是被告东阳公司生产制造而是其从其他厂家外购的，但是东阳公司利用该外购的 P 字形票箱改装原有的停车场出入口控制机，形成新的停车场出入口控制机，该控制机与涉案外观设计专利构成近似，该行为已不属于单纯的使用或者买卖行为，而是属于

---

[1] 国家知识产权局条法司：《新专利法详解》，知识产权出版社 2001 年版，第 66 页。

[2] 汤宗舜：《专利法解说》，知识产权出版社 2002 年版，第 74—75 页。

制造外观设计专利产品。

所谓销售外观设计专利产品，是指将制造的外观设计专利产品的所有权从卖方有偿转移到买方的行为。制造是销售的前提，没有制造行为就没有产品的产生，也就不可能有对该产品的销售行为。本案中，被告东阳公司将其改装后的停车场出入口控制机交付发包方的行为同样构成销售外观设计专利产品。综上，一、二审法院认为被告东阳公司和东阳分公司未经许可，为生产经营目的改装停车场出入口控制机并提供给发包方的行为构成制造和销售外观设计专利产品，侵犯了原告的外观设计专利权是正确的。

四、关于外观设计专利共同侵权的认定

如前文所述，由于外观设计专利权保护的是产品的外观，如果仅仅制造、销售该产品的外观部件，未将该外观部件与产品相结合，根据专利侵权判断的一般原则，此种行为不构成外观设计专利权的直接侵权行为。但是这是否意味着本案中的被告之一九鼎公司作为P字形票箱的制造者和销售者，无需对涉案的侵权行为承担法律责任呢？对此，一、二审法院作出了两种截然不同的结论：一审法院认为被告九鼎公司的行为不构成侵权，二审法院则认为被告九鼎公司制造销售P字形票箱的行为虽不构成直接侵权行为，但是该行为与被告东阳分公司的组装行为构成共同侵权，应当承担间接侵权的法律责任。

在专利法理论界，学者们习惯于将专利侵权行为划分为直接侵权与间接侵权两种类型。所谓直接侵权，是指行为人直接实施了专利法赋予专利权人独占享有的实施专利权的行为，即制造、使用、销售、许诺销售、进口专利产品等行为。所谓间接侵权，是指行为人的行为本身并不构成直接实施他人专利的侵权，但却教唆、帮助、诱导他人实施专利，发生直接侵权行为，行为人在主观上有诱导或

故意制造销售专门用于专利产品的关键部件构成共同侵权

者教唆他人侵犯专利权的故意，客观上为直接侵权行为的发生提供了必要条件[①]。划分直接侵权和间接侵权行为的意义在于，二者的构成要件不同。其中最明显的区别在于二者的行为表现和归责原则不同：直接侵权行为表现为行为人未经许可直接实施了侵犯专利权行为，其成立与否和行为人是不是具有主观故意没有直接联系，不论行为人主观上是否存在过错，只要其客观上未经许可为了生产经营目的实施了专利，即构成专利直接侵权行为；而间接侵权行为的行为人并没有直接实施专利权，但却诱导、怂恿、唆使他人侵犯专利权，对直接侵权行为的发生起了推波助澜的作用，客观上损害了专利权人的利益。间接侵权行为成立与否必须考虑行为人的主观过错，一般情况下，只有行为人有主观故意时才应承担间接侵权责任。

为了给专利权人提供充分有效的法律保护，世界上许多国家都有专利间接侵权的规定。如美国1952年重新制定的《专利法》中明确规定："任何人在美国销售专利装置、组合品或者组合物的部件，或者用于实施一项专利方法的材料或者装置，如果他明知这样的部件、材料或者装置是为侵犯专利权而专门制造的或者专门改制的，而且这样的部件、材料或者装置不是一种常用商品或者具有实质性非侵权用途的商品，则应当承担连带侵权责任。"[②] 我国专利法没有关于间接侵权的规定，但是我国《民法通则》第一百三十条和《最高人民法院关于贯彻执行〈中华人民共和国民法通则〉若干问题的意见》第一百四十八条关于共同侵权的规定，为司法实践中判断和认定专利间接侵权行为提供了法律依据。本案即是依据上述法律规定认定外观设计专利间接侵权行为的一个例证。

[①] 程永顺主编：《专利侵权判定实务》，法律出版社2002年版，第237页。
[②] 尹新天：《专利权的保护》，知识产权出版社2005年版，第514页。

侵犯专利权纠纷案例

本案中，正如二审法院判决所认定，由于 P 字形票箱是涉案外观设计专利停车场出入口控制机的核心或者主要外观部件，被告东阳公司根据发包方的改装要求向被告九鼎公司订购该票箱，九鼎公司作为该 P 字形票箱的制造者和销售者，其明知对方订购该票箱的目的就是用于停车场出入口控制机上，且没有证据显示该 P 字形票箱除了用于停车场出入口控制机外，还有其他的实质性用途或者该票箱属于常用商品，加之客观上东阳公司也确是利用该订购的 P 字形票箱改装了原有的停车场出入口控制机，并形成了与涉案外观设计专利相近似的出入口控制机。因此，被告九鼎公司的行为实质上是在帮助东阳公司实施专利侵权行为，构成了对原告涉案外观设计专利权的间接侵害。二审法院最终援引我国《民法通则》和《最高人民法院关于贯彻执行〈民法通则〉若干问题的意见》关于共同侵权的规定，认定被告九鼎公司提供 P 字形票箱的行为与被告东阳公司的行为构成共同侵权，承担连带侵权责任。

（撰稿人：吕　娜）

19. 专利权人不当行使权利造成被告损失应承担损害赔偿责任

——袁利中诉扬中市通发气动阀门执行器厂、扬中市通发实业有限公司侵犯专利权案及扬中市通发实业有限公司诉袁利中损害赔偿案

案例索引：南京市中级人民法院（2003）宁民三初字第188号，2006年8月24日判决。

基本案情

原告袁利中是ZL01204954.9"消防用球阀"的专利权人。其于2003年8月6日向南京市中级人民法院起诉被告扬中市通发气动阀门执行器厂（以下简称"通发厂"）、扬中市通发实业有限公司（以下简称"通发公司"）侵犯其专利权。被告辩称，涉案专利的技术方案早已在相关国家标准中充分披露。原告申请和诉讼主观上明显存在恶意，被告将向法院提出恶意诉讼损害赔偿请求。此后损害赔偿之诉原告通发公司起诉被告袁利中对因专利无效和诉讼造成其损害应承担民事赔偿责任。

南京市中级人民法院经审理查明，1977年起袁利中即在吴江市

高中压阀门厂担任车间主任和厂长。袁利中于2001年2月8日提出了一项名为"消防用球阀"的实用新型专利申请,2001年12月12日授权公告。其权利要求为:"一种球阀,包括阀体、置于阀体内的球体、球体与阀体间设置的阀座、连接球体的阀杆,其特征在于封闭球体采用带螺纹且中间开有通孔的阀座盖旋紧在阀体上的结构。"

2004年8月25日,国家知识产权专利复审委员会作出第6355号无效宣告请求审查决定(以下简称"第6355号决定"),宣告ZL01204954.9号"消防用球阀"实用新型专利权全部无效。袁利中不服第6355号决定,向北京市第一中级人民法院提起行政诉讼。2005年3月21日,北京市第一中级人民法院作出判决,维持第6355号决定。

通发公司为应对袁利中提起的专利侵权诉讼,支付了无效宣告请求费、律师代理费及有关差旅、调查、鉴定、翻译等费用。

判决与理由

南京市中级人民法院认为:

一、关于袁利中诉通发厂、通发公司专利侵权纠纷

根据专利复审委员会第6355号决定与北京市第一中级人民法院(2004)一中行初字第955号行政判决,可以认定ZL01204954.9号"消防用球阀"实用新型专利权自始无效。因此,袁利中起诉通发厂、通发公司侵犯其专利权的基础条件业已丧失,故其全部诉讼请求本院不予支持。故一审判决驳回原告袁利中的诉讼请求。

二、关于通发公司诉袁利中损害赔偿纠纷

法院经审理认为,ZL01204954.9号"消防用球阀"实用新型专

专利权人不当行使权利造成被告损失应承担损害赔偿责任

利权虽然由国家知识产权局予以授权，具有形式上的合法性，但是由于其技术方案早已被公开，明显不符合专利授权新颖性要求；与现有技术相比没有实质性特点和进步，不符合专利授权创造性要求；并且也不属于转用途发明创造，因此该专利权并不具备专利权的实质要件。

袁利中于2001年申请涉案专利时，由于其自1977年以来，长期担任阀门厂的车间主任和厂长，在其担任厂长长达19年期间，吴江市高中压阀门厂的经营范围就包括了球阀的制造加工。GB／T-8464-1998《水暖用内螺纹连接阀门》国家标准批准于1998年，实施于1999年，虽然该国家标准是推荐性标准，但距袁利中申请涉案专利已有2年。作为阀门制造加工行业从业多年的专业人士，袁利中应当熟知相关球阀的国家标准。但袁利中却利用我国专利授权制度中对实用新型专利申请不进行实质审查的规定，将上述国家标准早已充分披露的技术方案申请为实用新型专利，其主观状态应当认为是故意的，其申请并获得专利权的行为本身应当认定为是恶意申请。袁利中明知申请的专利不符合专利法关于授予专利权的实质要件，恶意申请并获得专利授权，继而控告他人侵犯其专利权，将无辜的被告拖入专利侵权诉讼、专利行政诉讼等诉讼漩涡，干扰其正常的生产经营活动。其行为已严重背离专利制度设立的宗旨，侵害了他人合法权益，客观上给通发公司造成损害，已构成恶意诉讼，应当承担相应的法律责任。一审判决损害赔偿之诉被告袁利中赔偿原告通发公司经济损失21500元。

评　析

本案认定原专利权人不当申请专利并提起专利侵权诉讼具有一

定典型性，对于专利权人正当行使权利具有相当的示范和警示意义。
一、专利权人不当利用权利的制度空间

专利权是发明人在一定期限内享有独占的法定排他权利。权利本质决定了任何权利都可能被滥用，专利权也不例外。对专利权利人约束不够，在一定程度上放任了专利权人滥用权利，其在司法实务中即表现出滥用诉权和申请责令停止侵权行为等。专利权的取得或授权缺乏实质要件，权利获得过于容易与加强保护之间存在巨大的矛盾冲突，缺乏利益平衡。因此，在专利诉讼中，如何让权利人和竞争者以及社会公众明确其权利内容，特别是权利性质和边界显得尤为重要和迫切。

从社会的角度看，专利制度是一种成本高昂的激励机制，因为专利保护必然会导致垄断扭曲。[①]任何的制度安排都只能是牺牲局部来实现更大的利益，专利制度的根本目的是以一定的社会成本为代价来促进社会的整体技术进步。一项无效的专利权仍可高举旗帜，以维权之名大行其道，不得不让人们警觉，问题究竟出在哪儿？仅是专利权人滥用权利吗？背后是否还有更深层的制度问题？从起因上看，是权利人行使所谓专利权造成的结果。但该专利权本身是无效的，本不应被授权。由此可以发现：一是行为人依专利法规定而取得的专利权；二是专利授权机关依程序审查的结果。其实我国专利授权背后存在明显的制度问题，给专利权人不当行使权利或滥用专利权提供了制度空间。这就是我国对实用新型和外观设计专利申请实行的初步审查制度，或通常所称的形式审查制度。其权利的有效性留给社会公众去检验。但这一重担事实上就只能由相同的同业竞争者承担了，即是生产相同产品的经营者，一般是诉讼中的被告

[①] 寇宗来：《专利制度的功能和绩效》，上海人民出版社2005年版，第20页。

专利权人不当行使权利造成被告损失应承担损害赔偿责任

或被控侵权者。被告不仅为了自身的利益,还承担着为社会公共利益清除"垃圾专利"和解决"问题专利"的责任。但事实上,很多被告即使认为自己不构成专利侵权,出于自身利益的综合考虑,也不愿意被拖进程序繁复、时间冗长、费用高昂并存在一定不确定性风险的无效程序或诉讼程序之中,大多仍然会选择尽快妥协、屈服而解决争端,而不是将"专利"斗争到底。任何制度都不可能是完美无缺的,这种专利审查制度的最大缺点即授予的专利权不十分可靠,其法律稳定性较差。[①]以我国专利复审委员会的审查结果为例,经审查被宣告无效的以及部分无效的几乎占了请求量的1/2。[②]从实务中看,这些宣告无效的专利,一般都是专利权人在指控他人侵权后而由被告提出申请的,由此也可以推断在我国至少有一半左右的涉案实用新型和外观设计专利是无效或不稳定的。这一数字表明,滥用专利权的现象在现阶段有一定的普遍性。这一现象也并非只有我国所独有,在实行实质审查的美国同样也存在,在美国专利授权中,"有太多的专利只受到最少的审查就被授予;专利局甚至没有假装查明申请技术的创造性或有效性。同一发明被授予大量专利,或者甚至更糟糕的是,对那些几十年以前作出的发明授予大量专利"。事实上,用一名联邦法官的话来说,"专利局正在制造大量的坏事"。[③]纵观专利侵权诉讼中的权利滥用,一般只涉及所谓的"垃圾专利"和"问

[①] 国家知识产权局条法司:《新专利法详解》,知识产权出版社2001年版,第258页。

[②] 尹新天:《专利权的保护》,知识产权出版社2005年第2版,第566页。

[③] *Thompson v. Haight*, 23 Fed.Cas.1040, 1041(C.C.S.D.N.Y.1826).P.J.Federico, editor, *Outline of the History of the United States Patent Office*, Washington: Patent Office Society, 1936; Edward C.Walterscheid, *To Promote the Progress of Useful Arts: American Patent Law and Administration, 1789–1836*, Littleton, Col.: F.B.Rothman, 1998.

题专利"。这些所谓"专利"主要是由动机不纯的申请人作为"开发商"、不良专利代理人作为"运营商"、少数律师作为"整合商",形成三方利益链造成的。几方带来的利益,不仅可以获得各地方政府的资助奖励,还可以指控侵权相威胁或通过诉讼获得不当赔偿。更重要的是即使最终专利被宣告无效,已执行的原则上不具有追溯力。据国家知识产权局田力普局长介绍:"总体来看,'垃圾专利'并不是主流,实际上数量有限。每年专利申请量是几十万件,从无效情况来看,也就是几百件。加上一些没有被宣告专利无效的,只不过占千分之一,甚至更少。"[①]每年几百件的专利被宣告无效,数量也许并不多,但在专利有效期内的每年累计的总和应该还是很可观的,其造成的不良影响和危害更是巨大的。[②]同时这其中有市场价值的技术或产品可以更少,专利权完全是市场化的一个行为,具有市场价值的专利技术,在整个专利技术中所占的比例不会超过10%。[③]我们国家专利权的寿命往往比较短。比如发明专利,平均寿命只有5—7年的时间,而国外可能要十几年的时间。实用新型和外观设计平均寿命更短,平均下来就3—4年的时间。[④]有价值的专利尚且如此,"垃圾专利"、"问题专利"更应在此之前加以清除。我们应清醒地认识到专利权的行使都应受到适当的限制,而非只强调保护而忽视限制。

[①] 田力普:"'问题专利'与'垃圾专利'解说",2006年2月15日,载国家知识产权局网站,2008年12月20日登录访问。

[②] 参见"'数字陷阱'当道 '垃圾专利'泛滥成灾",2006年8月6日,载新浪网,2008年12月20日登录访问。

[③] 邢梦宇:"我国现阶段应注重防止专利权滥用",该文采访中国社会科学院李明德教授做上述介绍,载2008年3月21日中国贸易报产经网。

[④] 参见李慧燕等:"专家指国内授权专利八成是垃圾专利和问题专利",载《南方日报》,2005年11月16日第6版;另见"'数字陷阱'当道 '垃圾专利'泛滥成灾",2006年8月6日,载新浪网,2008年12月20日登录访问。

二、权利人滥用专利权的认定和界限

一般认为，构成权利滥用有四个要素：主体是正在行使权利的权利人；客体是社会的、国家的、集体的或其他公民的合法的自由和权利；主观方面是权利人存在故意的心理状态；客观方面是有危害他人利益和利益后果的行为。[①]在具体认定时，可以从行为人的主观动机、所追求的目的来判断，也可以从损害的实际后果来判断。针对侵权诉讼中的专利权滥用其核心要件有：（1）只存在形式上的专利权；（2）权利人故意指控他人侵权；（3）专利权人的诉讼行为造成他人损害后果。但这类专利侵权案件在起诉时由于根本无法判断权利的稳定性，也就无法判断专利权人行使权利时的主观状态。这类案件必须坚持从客观到主观的顺序，只有在查明客观事实的前提下，才能判断专利权人的主观状态。

原告专利是因为其未及时申请实际销售在先而丧失新颖性成为现有设计，并未采取"拿来主义"，其行使权利尚情有可原。这也是当前我国审判实务中的主流观点和实际做法。例如北京市第二中级人民法院审理的原告北京明日电器设备有限责任公司诉被告维纳尔（北京）电气系统有限公司损害赔偿纠纷一案，[②]法院认为，涉案四项外观设计专利被宣告无效的原因在于被告维纳尔公司在其生产的相关产品的宣传广告和宣传册中公开了相关外观设计，而非将其他自由公知设计或已有设计申请为外观设计专利，故据此不能得出被告维纳尔公司恶意申请涉案外观设计专利的结论。判决驳回原告诉讼请求。二审北京市高院人民法院同样持该观点[③]。

[①] 杨春福：《权利法哲学研究导论》，南京大学出版社 2000 年版，第 184 页。
[②] 详见北京市第二中级人民法院（2007）二中民初字第 15445 号民事判决书。
[③] 详见北京市高级人民法院（2008）高民终字第 163 号民事判决书。

此类案件,有两个最重要的时间点决定了案件的走向,一是原告申请专利时技术或设计的客观状态;另一个是专利权人在行使权利时的主观状态。确定这两个时间点行为人的主、客观状态即可以判断是否属于滥用专利权或者恶意诉讼。申请人将现有技术申请专利行为本身,是对专利制度的违背和破坏。未经实质审查的专利权,存在大量无效专利,法律却要提供强有力的保护。而且法律还规定不溯及既往,专利权人行使权利没有任何限制,权利义务明显失衡,对这样的专利权给予保护是不合理的。

我国修改后的专利法虽未明确规定滥用专利权相关条款,但对此类现实中出现的争议,法院只有根据现有法律规定寻求适当的解决路径。对于个案的相对明确的实证分析,借用来自侵权法理论,在专利侵权诉讼中应允许被告以专利权滥用作为诉因的抗辩权和请求权。在我国现行法律规定前提下,对类似案件中的问题处理,如果从恶意诉讼侵权角度处理似乎最为妥当。滥用专利权在诉讼领域主要是由于涉及的专利权不稳定造成的,修改后的《中华人民共和国专利法》第六十一条中将原第五十七条中的"检索报告"修改为"专利权评价报告",从法律条文具体规定来看,不仅进行检索,关键是对其还需要分析和评价后才能作出,比原检索报告增加了分析和评价的内容,似乎以此增强对权利稳定性的判断准确性。但对于专利这样的私权,在缺少真正权利人和使用人对抗的前提下,仍难以保证权利的稳定性。评价报告本身的性质并未改变,所以有学者建议取消这一规定。[①]这一制度仍不能解决专利侵权审判中的权利稳定性的核心和基础性问题。法律制度被制定出来,并不意味着就一

---

① 程永顺:"修改完善专利法,实现立法宗旨——从保护专利权的角度谈对《专利法修正案(草案)》的几点修改意见",载《中国专利与商标》2009年第1期。

定是最优规范或最优行为选择。①笔者认为，与其在原有基础上不彻底修补，不如建立对未经实质审查的实用新型和外观设计专利诉前实行实质审查制度，以根本解决专利权稳定性问题。这样的制度安排并不需要更多的立法和运行成本，在现有制度框架和条件下，为了规制权利人滥用专利权，在不改变现行形式审查制度时，只需要设置新的制度来矫正原有制度的偏差，因为实际产生纠纷并引起诉讼，与大量专利授权数量相比所占比例很小，应当修改专利评价报告制度，而采取诉前实审制度，即专利权人在起诉他人侵犯专利权前，必须通过专利局实质审查程序，将诉后法院中止程序，改为诉前授权实质审查程序，将实质审查作为起诉的必备前置条件，以保证专利权的相对稳定性。这样有利于平衡各方当事人的利益，减少不必要的环节（检索、分析、评价、启动无效程序、行政复审、司法审查、诉讼中止等），有利于行政程序和司法程序的协调，有利于原告与被告之间的权利义务对等，有利于减轻被告的负担，有利于缩短诉讼周期，最终减少和阻止专利权的不当利用。此外，更有利于法院加大司法保护专利权的力度，以保护真正的发明创造和专利权的声誉，确实维护专利权人的利益，堵塞专利制度被不当利用的漏洞。这样的制度设置并不需要改变当前行政和司法原有职权和增加工作量，只是将相关程序前置，更不会增加行政和司法成本。以 2005 年为例，当年国家知识产权局专利复审委员会受理的无效专利申请总计 2087 件，②而同年全国法院受理的专利侵权民事纠纷

---

① 钱弘道：《经济分析法学》，法律出版社 2005 年版，第 203 页。
② 参见"中国专利申请量世界第一 多少是'垃圾'专利？"，据专利复审委员会 2006 年 7 月 27 日向《中国经济周刊》提供的数据显示，2005 年复审委员会受理无效专利申请总计 2087 件，相较于 2004 年增长 9.6%，占当年专利申请受理量不到 1%。载 http://ip.people.com.cn/GB/8729722.html，2008 年 12 月 10 日登录访问。

案件为 2459 件。①如按每年增长率 10% 推算数量也不会太大。更重要的是节约了整个社会资源,减少了当事人循环诉讼的诉累。

三、结论

根据现行法律规定,针对专利侵权诉讼中的专利权滥用行为,本文提出以下界定:

(一)当专利权人主观上明知其权利无效或不符合专利授权的实质要件,故意指控他人侵犯专利权或以侵权指控相威胁,客观上其权利当然无效,②此即为典型的滥用专利权行为。对此类行为,不仅被告可以专利权滥用作为抗辩,而且应允许被告在本案中提出独立的损害赔偿请求,即如果因原告行使专利权造成被告损害后果,以被告提出赔偿请求为条件,法院以"因恶意提起专利诉讼损害责任纠纷"立案并与本案合并审理。

(二)当专利权人明知或应知其权利明显不稳定,故意行使专利权,在该专利权被部分无效前提下,或缩小专利保护范围时,如果被控侵权产品仍落入其专利保护范围,被告只承担停止侵权的民事责任。对起诉前的实施专利行为即制造、销售等不承担赔偿责任。这是因为,过分宽松的权利配置会使法律运行发生扭曲或变形,进而增加社会成本。权利配置总是以相应的义务配置为代价,滥用权利就带来外部成本。③首先从权利义务角度来看,享有权利的同时必须承担相应的义务,专利申请人申请专利的保护范围过宽,侵占了公有领域中的现有技术,人为造成技术障碍,被告作为无效请求

---

① 蒋志培:"中国对知识产权的司法保护",载 http://www.chinaiprlaw.cn/file/200512106520.html,2008 年 12 月 10 日登录访问。
② 专利法规定的专利无效理由很多,具体参见《中华人民共和国专利法实施细则》第六十四条第二款规定。此处无效应指明显不具备专利性的情形。
③ 钱弘道:《经济分析法学》,法律出版社 2005 年版,第 214 页。

专利权人不当行使权利造成被告损失应承担损害赔偿责任

人无故投入大量人力、财力、时间等成本，只有在原告专利权稳定、保护范围明确后才能请求损害赔偿。因为在现行专利制度下，申请人取得权利、专利权人行使权利便捷、成本低，而无效宣告时间长、程序多、费用高。授权程序、无效程序等明显倾向于申请人，在此前提下加重申请人一定的义务，符合权利义务对等原则。其次，从过错责任角度来看，如果原告专利权利要求保护范围跨入公有技术领域本身即存在过错，而被告实施现有技术不存在过错，损害赔偿责任以过错为条件，所以此类行为，只承担停止侵权责任，而不承担赔偿责任具有充分的法理依据。

（三）在专利侵权诉讼中，因申请财产保全或申请临时措施（临时禁令）错误应承担赔偿责任。申请财产保全或临时禁令作为权利人的一项具体程序性权利，当事人对行使该权利同样应受到限制，如果申请错误同样属滥用专利权行为。此类行为虽与申请时权利是否有效的主观过错有关，但更重要的与专利权是否最终被无效相联系，因为宣告无效的专利权视为自始即不存在，[①]行使一项本不存在的权利，不论行为人的主观过错如何，只要客观上专利被宣告无效，均应认为有错误，从而承担相应的赔偿责任，此类行为影响的是被告的正常生产经营活动，造成的是被告财产损害和生产经营损失。

通过对本案的分析，专利权人应谨慎行使权利，一定要明确其权利性质，这样才能正当行使专利权并得到社会的尊重。专利权是一种拟制占有的制度设计，不是取得了专利证书，就证明其权利在有效期内当然有效。拟制本身是允许提供证据加以推翻的，因此，

[①] 参见《中华人民共和国专利法》第四十七条第一款规定。

专利权人在行使权利的时候应当明白自己的权利边界和权利稳定性。当然，专利制度本身也应当选择最优专利制度设计，这就是本案给我们提供的有益启示。

（撰稿人：姚兵兵）

20. 诉前禁令在进口专利产品侵权行为中的法律适用

——炬力集成电路设计有限公司申请（美国）矽玛特有限公司（SIGMATEL INC.）、东莞市歌美电子科技有限公司、黄忠达诉前停止侵犯专利权纠纷案

案件索引：陕西省西安市中级人民法院（2007）西立禁字第001号，2007年5月21日裁定。

基本案情

申请人炬力集成电路设计有限公司因被申请人（美国）矽玛特有限公司、东莞市歌美电子科技有限公司、黄忠达侵犯其专利权，向西安市中级人民法院提出申请称，其是美国Nasdaq（纳斯达克）上市公司，国际著名的IC（芯片）设计企业，拥有专利号为01145044.4的"可变取样频率的过取样数字类比转换器"发明专利权，该专利的申请日为2001年12月31日，授权日为2005年5月11日。申请人发现矽玛特有限公司向中国境内销售侵犯申请人01145044.4号发明专利权的STMP35xx系列多媒体播放器主控芯片；东莞市歌美电子科技有限公司在进口、使用前述侵犯申请人专利权的多媒体

播放器主控芯片，并销售包含这些芯片的 MP3 播放器等产品；黄忠达在销售包含这些芯片的 MP3 播放器等产品。申请人经对上述芯片产品进行技术分析得知，该产品包含了申请人 01145044.4 号专利的全部技术特征，落入了申请人的专利保护范围。申请人认为，被申请人未经申请人许可，实施申请人专利，侵犯了申请人专利权。鉴于 IC 设计行业需要投入巨大的研发资源，知识产权的保护对于申请人具有生死攸关的意义。被申请人进口、销售、使用侵权产品数量巨大，涉及的利益重大，如不及时制止侵权行为，将导致申请人专利产品价格下滑、信誉受损，使其合法的权益受到难以弥补的损害，故向法院提出诉前停止侵犯专利权行为之申请。

裁定与理由

　　陕西省西安市中级人民法院经审查认为，专利权人或者利害关系人有证据证明他人正在实施或者即将实施侵犯其专利权的行为，如不及时制止将会使其合法权益受到难以弥补的损害的，可以在起诉前向人民法院申请采取责令停止有关行为和财产保全的措施。申请人提出申请时，应提交专利权人证明其专利权真实有效的文件，包括专利证书、权利要求书、说明书、专利年费交纳凭证；提交证明被申请人正在实施或者即将实施侵犯其专利权的行为的证据，包括被控侵权产品以及专利技术与被控侵权产品技术特征对比材料等。申请人提出申请时应当提供担保，申请人不提供担保的，驳回申请。本案中，因炬力集成电路设计有限公司已提交了证明其专利权真实有效的专利登记簿副本、权利要求书、说明书、专利年费交纳凭证及被申请人实施侵犯其专利权行为的初步证据，包括被控侵

诉前禁令在进口专利产品侵权行为中的法律适用

权产品以及专利技术与被控侵权产品技术特征对比材料；同时炬力集成电路设计有限公司向本院提供了**申请责令被申请人停止侵犯 01145044.4 号发明专利权行为的担保，故其申请，依法应予支持。**遂裁定：一、被申请人矽玛特有限公司在收到本裁定后立即停止侵犯申请人炬力集成电路设计有限公司 01145044.4 号发明专利权的行为，即停止向中华人民共和国境内销售侵犯专利号为 01145044.4 的"可变取样频率的过取样数字类比转换器"发明专利权的产品；二、被申请人东莞市歌美电子科技有限公司在收到本裁定后立即停止侵犯申请人炬力集成电路设计有限公司 01145044.4 号发明专利权的行为，即停止进口、使用、销售侵犯专利号为 01145044.4 的"可变取样频率的过取样数字类比转换器"发明专利权的产品；三、被申请人黄忠达在收到本裁定后立即停止侵犯申请人炬力集成电路设计有限公司 01145044.4 号发明专利权的行为，即停止侵犯销售专利号为 01145044.4 的"可变取样频率的过取样数字类比转换器"发明专利权的产品。

炬力集成电路设计有限公司在法院采取上述停止侵犯专利权行为的措施后，15 日内向法院提起民事诉讼。案件审理期间，炬力集成电路设计有限公司于 2007 年 6 月 27 日以双方和解为由，向法院提出撤诉申请，据此法院裁定：解除陕西省西安市中级人民法院（2007）西立禁字第 001 号民事裁定采取的矽玛特有限公司、东莞市歌美电子科技有限公司、黄忠达停止侵犯炬力集成电路设计有限公司 01145044.4 号发明专利权行为的措施。

评 析

一、诉前禁令的概念

诉前停止侵犯专利权行为的措施，在英美法系和大陆法系被称为临时禁令或者中间禁令，TRIPS 协议第九条称之为临时措施，我国专利法称之为"停止侵犯专利权有关行为"。虽然名称不同，但其实质内容基本是一致的，即在对侵犯专利权诉讼实体审判最终裁决之前，由法院依据权利人的申请，作出要求被控侵权人停止侵犯专利权行为的裁决。[①]在诉讼过程中，为及时制止正在实施或即将实施的侵害权利人权利的行为，法院有权根据当事人申请发布一种禁止或限制行为人从事某种行为的强制命令，就是临时禁令。临时禁令具有强制性和暂时性，以禁止或限制行为人某种行为为内容，其效力一般延续至诉讼终结，并被生效裁判所确定的永久或一定期间的禁令或撤销禁令的裁定所代替，在有证据证明临时禁令实施的条件不具备时也可以在诉讼中裁定撤销禁令。知识产权诉前禁令是指知识产权权利人在起诉前请求法院作出的要求被控侵权人不为一定行为的命令，以及时制止正在实施或即将实施的侵害权利人知识产权或有侵害可能的行为。TRIPS 协议第四十四条规定：司法当局应有权令一方当事人停止侵权，特别是应有权在进关后立即阻止那些涉及知识产权侵权行为的进口商品进入其管辖内的商业渠道。TRIPS 第四十五条在"临时措施"中对此也进行了专门规定。在美国，禁

[①] 段立红：."诉前临时措施的审查标准——中外专利侵权诉讼临时措施制度比较"，载《人民司法》2001 年第 9 期。

诉前禁令在进口专利产品侵权行为中的法律适用

令是指由法院作出的命令侵权人在专利权有效期间内停止一切侵权行为，包括直接侵权、诱导侵权以及帮助侵权。在专利受到侵害的大多数情形中，对专利权人最为重要的救济就是判给其防止进一步侵权的禁令。禁令救济的重要意义在于其折射出专利权的首要价值，即赋予专利权人以排他权。以诉讼是否结束作为区别点，美国的禁令分为永久性禁令与中间禁令。永久性禁令系在法院完成了整个诉讼依据的听证后，给予原告完整的禁止性救济，而中间禁令则是在诉讼过程中，为了避免原告遭受不可弥补损害之暂时性的、短期的、在法院决定永久性禁令之前所给予之救济措施。中间禁令亦分为两种，一是初期禁令，二是临时禁令，两者最大的不同在于初期禁令必须给予被告通知并经过听证之程序始得核发，而临时禁令则是法官片面的决定，并未给予被告通知或举行听证的机会。临时禁令主要是用在极端紧急的状况下，时间的紧迫使得通知与听证程序无法进行，如未立即获得救济原告将受到不可弥补之损害。中间禁令在美国是一个特殊的救济，无论是初期禁令还是临时禁令，其主要目的都是在法院最后决定出永久性的救济方式前，防止情事的改变而造成原告受到不可弥补之损害。只有专利权人完成了很强的证明义务后，法院才有可能颁发禁止令。我国在2000年以前法律法规中没有明确地规定"禁令"制度。在2000年后，我国分别修订了《专利法》、《商标法》和《著作权法》，并在《专利法》、《商标法》和《著作权法》中均增加了有关"诉前临时措施"的规定，正式确立了临时禁令制度在知识产权领域中的法律地位。最高人民法院于2001年6月7日发布了《关于对诉前停止侵犯专利权行为适用法律问题的若干规定》，该规定对申请禁令的主体、管辖、申请形式、申请人应提交的证据等相关内容均作出了规定。禁令属于知识产权权利人在其权利受到损害时的一项救济措施，它的建立对保护知识产权权利人及制止侵权行为的发生具有重要的意义。本案中，申请人提供了矽玛特有限公司生产的产品已进口至中国境内，且申请人认为涉诉产品侵犯了其专利权，因此申请人提出禁止矽玛特有限公司向中国境内进口侵权产品的申请，与 TRIPS 协议第四十四条、第四十五条及我国法律规定是相符的。但需要强调的是由于专利的地域性，法院不能裁定禁止国外企业在其本国内生产、销售其产品，只能限制其向中国境内进口在中国拥有专利权的产品。

二、裁定禁令的法律要件

美国联邦上诉法院根据其多年的审判实践，对作出禁令总结出四个实质性条件[①]：（1）实体上原告有胜诉的合理可能性。美国法院认为，"实体上原告有胜诉的合理可能性"是最为重要的条件，因为如果这一条件能够被"清楚地确立"，则第二个条件"不可挽回之损害"就可以推定成立[②]。为了证明实体上胜诉的合理可能性，原告需承担如下的举证责任：a. 通过优势证据证明侵权事实；b. 被控侵权人不能通过清楚的、令人信服的证据证明专利无效或专利不具有执行力。虽然，通常专利权人不需要证明其专利有效或具有执行力，但在中间禁令阶段，由于中间禁令属于特殊的救济，专利权人需要完成其专利有效或具有执行力以及被侵害的证明责任[③]。司法实践中，专利权人通常试图证明被控侵权物与先前已被判决认定侵权的产品雷同来证明侵权成立。至于专利的有效性，如果专利权人举出专利曾被其他的被告挑战过但最终被维持的例子来证明专利的有效，则

---

① Janice M. Mueller, *An Introduction to Patent Law*, 中信出版社 2003 年版，第 310 页。

② *Smith International, Inc. v. Hughes Tool Co.*, 718 F.2d 1581（Fed. Cir.1983）.

③ *Nutrition 21 v. United States*, 930 F.2d 867, 869（Fed.Cir.1991）.

诉前禁令在进口专利产品侵权行为中的法律适用

可以增加成功的机会。当然，专利权人还可以利用其他公众能够获得的证据或者科技文献来证明其专利的有效性。(2) 原告需遭受不可挽回之损害。专利权人应证明，法院如果不颁发禁止令，则其会遭受不可挽回的损失。在美国早期的案例中，法院认为这种情况仅仅发生在被控侵权人可能资不抵债或者濒临破产的边缘时。现在的观点则不要求被控侵权人难以赔偿，而是认为，如果在诉讼进行过程中，允许侵权行为继续则可能导致的无法进行金钱赔偿也是一种不可挽回之损害。实践中，如果专利权人"清楚"并"强有力"地证明了第一个条件，则法院推定不可挽回之损害成立。此时，被控侵权人可以采取如下的手段抗辩：引入证据证明所谓不可挽回之损害已经停止并且未来也没有计划恢复，或者专利权人在获知侵权后，经过一段长时间才提出禁止令，专利权人的懈怠也可以构成对"不可挽回之损害"的抗辩。还有，专利权人先前的许可他人使用的行为，也足以表明专利权人通过收取许可费来体现其专利排他权，这类证据也是对推定专利权人遭受不可挽回损失的有利抗辩[1]。(3) 中间禁令的颁发不会对被告有不衡平之伤害。中间禁令的强制性表明其是一个很强烈的手段。被控侵权人必须停止生产其主要的产品甚至是唯一的产品，承受不可避免的财产损失，某些被控侵权人由于法院颁发禁止令被迫破产。因此，必须考虑中间禁令的颁发是否会对被告造成不衡平之伤害。20 个世纪八十年代发生在美国的专利侵权诉讼中曾出现过这样的判例：1981 年第三巡回法院在确认被控侵权人确有偿付能力、的确能够偿付损害赔偿金的情况下，否决了原告的临时禁令请求。但是，联邦巡回上诉法院于 1983 年在对"宝丽

---

[1] *Polymer Technologies, Inc. v. Bridwell*, 103 F.3d 970, 974 (Fed. Cir.1996).

来诉伊斯特曼柯达公司"一案所作的判决中,没有遵循第三巡回法院的上述判决。在该案中,被告柯达公司声称,只要法院不颁发禁令,它可以支付超额的赔偿金。否则,它将面临着四千员工的失业,以及大约两亿美元的设备投资付之东流。对此,法院评论道:"柯达公司试图通过支付超额赔偿金以达到继续对宝丽来侵权的目的,这是对专利权的误解。如果侵权行为在继续,从而可能对专利权人造成将来的损害,单纯的金钱赔偿是不充分的。"在利益平衡这一条件下,还能从一些案例[①]看出,法院在作出禁令时,应考虑禁令的颁发对被控侵权人所产生的不利影响,同样,法院在拒绝作出禁令时,对专利权人会产生什么样的负面影响。衡平就是要求法院要仔细对比专利权人与被控侵权人的处境,以及禁令对其双方各自的影响是什么?具体地说,如果进一步侵权会对专利权人的市场份额、商誉、信誉有何影响;如果颁发禁令,则对被控侵权人的销售与员工的就业机会将产生哪些影响。(4)中间禁令之核发不会对公共利益造成危害。公共利益也是法院在作出禁止令时所要考量的因素。虽然,对一个有效专利提供法律保护本身就符合公共利益,是专利制度对创新的有力支持。但另一方面,法院也要考虑被控侵权人是否为公众提供短缺产品的另一种选择。例如,如果专利产品涉及一种对治疗癌症有明确疗效的药品,而专利权人无法满足公众的需求,切断被控侵权人提供该药品的第二来源可能导致药价飞涨,生命受到死亡的威胁。在这种情形下,法院就会考虑以违反公共利益而拒绝颁发禁令。

[①] *Illinois Tool Works, Inc. v. Grip Pak, Inc.*, 906 F.2d 679, 683 (Fed. Cir. 1990); *ATLAS POWDER CO. v. IRECO CHEMICALS*, 773 F.2d 1230 (Fed. Cir. 1985); *Critikon, Inc. v. Becton Dickinson Vascular Access, Inc.*, 120 F.3d 1253, 1259–1260 (Fed. Cir. 1997).

由于作出禁令的目的在于维持现状,因此中间禁令之内容不得为命令性,而应为禁止性。在上述四个实质性条件中,地方法院必须考虑每一个条件,并且综合考虑所有条件的平衡,每一个条件都不必然是决定性的[1]。不过,前两个条件是非常重要的,如果禁令的提出者不能够证明前两个条件中的任一个,则不必考虑第三、第四个条件[2]。此外,美国法律还规定了听证制度与担保制度。当专利权人提出禁令的动议之后,尽管法院有时候可以基于书面陈述和其他文件发出禁令,但法院通常的做法是召开听证会。目的是被控侵权人有机会发表抗辩意见。依据美国《民事诉讼联邦规则》第 65 条(a)(R. Civ. P.65a)之规定,无论是否举行听证会,在禁令发出前,法院需要事先通知对方。同样是依据美国联邦《民事诉讼联邦规则》第 65 条(c)之规定,禁令发出前,要求禁令的提出者必须提供担保,具体数额由法院根据被控侵权人由于禁令影响所遭受的成本或损害赔偿价值来适当确定。

我国在对诉前禁令进行审查时采取了类似美国的做法。诉前停止侵权措施是一把双刃剑,适用时既要依法满足迅速保护权利的正当需求,又要防止滥用诉前停止侵权制度不正当的损害竞争对手。要把事实清楚、侵权易于判断作为采取诉前停止侵权措施的前提条件。对于需要进行比较复杂的技术对比才能作出侵权可能性判断的行为,不宜裁定采取诉前停止侵权措施[3]。根据我国专利法和相关

---

[1] *Smith International, Inc. v. Hughes Tool Co.*, 718 F.2d 1573, 1579 (Fed. Cir.1983).
[2] *Reebok Int'l Ltd. v. J. Baker, Inc.*, 32 F.3d 1552, 1556 (Fed. Cir. 1994).
[3] 参见最高人民法院副院长奚晓明 2011 年 11 月 28 日在全国法院知识产权审判工作座谈会上的讲话:《充分发挥知识产权审判职能作用 为推进社会主义文化大发展大繁荣和加快转变经济发展方式提供有力司法保障》。

司法解释，司法实践中对诉前禁令的审查路径一般包括四个要件：（1）被申请人正在实施或即将实施的行为是否构成侵犯专利权，即是否存在侵权的可能性。对此判定既要避免类似证据保全的形式审查，也要避免绝对的实质审查。从诉前禁令制度的设立目的出发，在认定侵权的可能性标准上，应采取适当从严。通常应依据申请人提供的单方证据进行审查，首先对申请人的主体资格进行审查，其次对专利的有效性进行审查，再次对被控行为侵权的可能性进行审查，侵权可能性的标准应当是申请人提供的单方证据与被控侵权产品进行对比分析，这种审查方式不能过于苛刻，因为禁令证据的审查毕竟有别于案件审理的全案审查，可能不具有必然性，因此法律规定了申请诉前禁令必须提供担保。（2）不采取禁令是否会给申请人的合法权益造成难以弥补的损害。对于难以弥补的损害，应理解为既有财产损失，也应含有竞争优势、产品的市场占有率及可能造成的商誉等方面。（3）申请人提供担保的情况。法律规定了申请诉前禁令应提供担保，并规定了担保的形式为保证、抵押等，同时还规定了确定担保范围时应考虑停止有关行为所涉及产品的销售收入，以及合理的仓储、保管等费用，被申请人停止有关行为可能造成的损失及其他因素。但对担保数额没有进一步界定，因此审判实践中应由法官根据案情酌情确定，一般应以赔偿因禁令的执行给被申请人造成的损失为限。为平衡各方的利益，被申请人提出采取禁令给其造成的损失更大时，法律规定了追加担保的补救措施。（4）所采取的措施是否损害公共利益。如何界定公共利益，是审判实践中的难点问题。对此在法律没有明确界定的情形下，法官在审查案件中，应根据各案情况，具体问题，具体分析。

  总之，法院在采取临时禁令措施时应该慎重审查申请人及所提供的相关文件是否符合法律规定，确保当事人的合法权利不受侵犯。

诉前禁令在进口专利产品侵权行为中的法律适用

"从诉前禁令本身的属性看,是一种向权利人倾斜的制度,涉及到双方当事人的重大经济利益,只有从严掌握才能防止过度失衡。所以在侵权可能性的审查上,虽然不能要求申请人提供的证据能够清楚地、全面地证明被申请人的行为构成侵权,但从证明标准角度上说,申请人提供的证据要达到足以证明侵权行为发生或即将发生的程度。如果审查后认为申请人提供的证据不够充分,或者被申请人的行为是否构成侵权合议庭意见分歧较大,或者认为必须经过实体审理后才能确定的,则不支持当事人的申请。"[①]具体到上述案件,申请人系01145044.4号发明专利权人,炬力集成电路设计公司已提交了证明其专利权真实有效及被申请人实施侵犯其专利权行为的初步证据,包括被控侵权产品以及专利技术与被控侵权产品技术特征对比材料;同时炬力集成电路设计公司也提供了申请责令被申请人停止侵犯01145044.4发明专利权行为的担保,故其申请,符合最高人民法院《关于对诉前停止侵犯专利权行为适用法律问题的若干规定》的规定,法院裁定采取了诉前禁令。

三、驳回禁令申请后当事人不能提出复议

我国法律规定,禁令作出后,被申请人可以提出复议。但对驳回申请人提出的禁令申请后,申请人是否可以复议,法律没有明确界定。最高人民法院《关于对诉前停止侵犯专利权行为适用法律问题的若干规定》中规定的"当事人对裁定不服的,可以在收到裁定之日起十日内申请复议一次。复议期间不停止裁定的执行"。由此规定,可以解读出这里的当事人从字面理解,似乎包括申请人,但从本条规定的"复议期间不停止裁定的执行",则可以解读出本条规定

[①] 山东省高级人民法院民三庭:"知识产权诉前临时措施在我省的执行情况及改进建议",载《山东审判》2006年第2期,第35页。

是针对采取禁令措施后给被申请人的权利，不应包括申请人。其理由是：禁令是一种临时措施，对于较为复杂的知识产权案件，法官通过传唤单方或双方当事人对有关事实进行核对后，对某行为是否构成侵权仍不能作出初步判断，其结果可能是驳回禁令申请。如申请人对裁定不服，可以通过诉讼程序，维护自己的权利，即法律给出申请人的救济措施，没有必要申请复议；相反采取禁令措施，允许被申请人复议，是因为禁令作出前，被申请人或许没有陈述的机会，禁令的下发会给被申请人造成重大损失，因而应给被申请人复议的机会。此外，对上述司法解释第十条应以逻辑的方法全面解释，不应扩大解释，即本规定后一句是对前一句的补充；换言之，"复议期间不停止裁定的执行"是指禁令的执行，如驳回申请人的申请，此条就没有任何法律意义。

（撰稿人：孙海龙、姚建军）

后 记

中国的知识产权审判走过了近30年的历程，在中国加入WTO后，知识产权司法保护进入了一个崭新的阶段。总结入世后知识产权审判的实践经验，对于提升知识产权司法保护水平、展示知识产权司法保护形象具有重要意义。在商务印书馆的大力支持下，最高人民法院中国应用法学研究所承担了《中国专利案例精读》的编写任务，组织了全国法院的知识产权法官进行案例的筛选和编写。参与此书编写的法官有：

罗东川　最高人民法院政治部副主任、一级高级法官、教授

陈锦川　北京市高级人民法院知识产权庭庭长

张雪松　北京市高级人民法院知识产权庭副庭长

周云川　最高人民法院知识产权庭法官

佟　姝　最高人民法院知识产权庭法官

李燕蓉　北京市高级人民法院知识产权庭法官

刘晓军　北京市高级人民法院知识产权庭法官

焦　彦　北京市高级人民法院知识产权庭法官

石必胜　北京市高级人民法院知识产权庭法官

张晓都　上海市高级人民法院知识产权庭法官

吕　娜　江苏省高级人民法院知识产权庭法官

刘　莉　江苏省高级人民法院知识产权庭法官

后　记

姜　颖　北京市第一中级人民法院知识产权庭副庭长
陈文煊　北京市第一中级人民法院知识产权庭法官
许　波　北京市第一中级人民法院知识产权庭法官
张晓津　北京市第二中级人民法院知识产权庭庭长
周晓冰　北京市第二中级人民法院知识产权庭法官
韩羽枫　北京市第二中级人民法院知识产权庭法官
孙海龙　重庆市第四中级人民法院院长
姚建军　陕西省西安市中级人民法院知识产权庭庭长
姚兵兵　江苏省南京市中级人民法院知识产权庭庭长
丁文严　最高人民法院中国应用法学研究所研究员

本书的编写肯定存在一些不足之处，还请读者批评指正。

2012 年 12 月 29 日

图书在版编目(CIP)数据

中国专利案例精读 / 罗东川主编. —北京:商务印书馆,2013
ISBN 978-7-100-09911-0

Ⅰ.①中… Ⅱ.①罗… Ⅲ.①专利权法—案例—中国 Ⅳ.①D923.425

中国版本图书馆 CIP 数据核字(2013)第 072629 号

所有权利保留。
未经许可,不得以任何方式使用。

中国专利案例精读
罗东川　主编

商 务 印 书 馆 出 版
(北京王府井大街36号　邮政编码 100710)
商 务 印 书 馆 发 行
北京瑞古冠中印刷厂印刷
ISBN 978-7-100-09911-0

2013 年 9 月第 1 版　　　开本 787×960　1/16
2013 年 9 月北京第 1 次印刷　　印张 20
定价:46.00 元